Erich Loest · Völkerschlachtdenkmal

Erich Loest

Völkerschlachtdenkmal

Roman

Lizenzausgabe für die Büchergilde Gutenberg,
Frankfurt am Main, Olten, Wien,
mit freundlicher Genehmigung des
Hoffmann und Campe Verlages, Hamburg

Satzherstellung: Fotosatz Otto Gutfreund, Darmstadt
Druck und Bindung: Franz Spiegel Buch GmbH, Ulm
ISBN 3 7632 3227 3

1. KAPITEL

Ihre Personalien, Herr Linden?

Wollen Sie mich beschwichtigen, ich sei nicht verhaftet – also darf ich nach Hause gehen? Sie lächeln – vor Jahren hätte man formuliert: maliziös. Sie wollen *alle* Gründe herausfinden, derentwegen ich ins Denkmal eingedrungen bin. Ich hab in diesem strengen Haus in der Innenstadt schon darüber berichtet; sie wollen *Hintergründe* hören – nun schön. Ich streite keineswegs ab, daß ich das Völkerschlachtdenkmal sprengen wollte.
Ich bin Ihnen dankbar, daß Sie mich nicht in Handschellen über den Hof führen ließen. In den letzten drei Tagen war es anders. Ist bei einem alten Mann wie mir nicht nötig. Meine Personalien? Carl Friedrich Fürchtegott Vojciech Felix Alfred Linden. Wenn Sie wissen wollen, wie Vojciech geschrieben wird, buchstabiere ich. Die ersten beiden Vornamen gehören zusammen. Geboren bin ich am 20. Oktober 1913, da war das Völkerschlachtdenkmal seit zwei Tagen eingeweiht.
Wohnhaft: Weißestraße 12. Wenn ich vom Denkmal hinunterschaute, sah ich das Dach. Geboren in Stötteritz, aus Leipzig kaum rausgekommen. Beruf: Sprengmeister. Zuletzt beschäftigt als Pförtner. Sprengmeister, da guckt jeder erst mal. Wenn du in 'ner Kneipe sitzt, Entschuldigung, wenn Sie sitzen, also: Wenn ich beim Bier gesagt hab: Bin Sprengmeister, da war Ruhe. Dachten manche, ich veralbere sie. Dann hab ich meinen berühmten Bierdeckeltrick vorgeführt, vierzehn Stück zu 'ner Pyramide aufgebaut, manchmal schaff ich's noch. Das kann nur einer, der Nerven in den Fingern hat wie Spinnweben. Ich hätte auch Geldschrankknakker werden können.

Sprengmeister sein: Das ist ein wunderbarer Beruf. Ohne Sprengen kein Bauen, keinen Stein. Wenn's nötig ist, schaffen wir Platz. Man kann mit dem Sprengen zerstören, aber denken Sie ja nicht, Sprengmeister hätten das meiste in der Welt zerdöppert.
Im Personalausweis steht: Alfred Johannes. Den Johannes hab ich allmählich weggelassen, war ein nutzloser Einfall meiner Eltern. Die anderen Vornamen sind nach und nach hinzugekommen, Carl Friedrich zuerst. Auf dem Friedhof in Otterwisch hab ich einen Grabstein für Carl Friedrich Lindner entdeckt, erschlagen am 20. Oktober 1813, auf den Tag hundert Jahre vor meiner Geburt. Linden oder Lindner gehen ineinander über.
Ich mag keine schnellen Zwischenfragen. Den Tunnel unter dem Denkmal hat mir keiner zeigen müssen, den kenne ich vom Kriegsende her. Die SS hat ihn gegraben, er führte neben einem Luftschutzbunker mit einem System von Gängen und Kammern ins Freie. Im Frühjahr 1940 haben wir angefangen zu buddeln. Vierzig Jahre lang lagen die Wälle erst, aber kaum, daß was ins Rutschen kam. Den ersten Stollen haben wir von der Russenstraße aus vorgetrieben, der heutigen Leninstraße. An die achtzigtausend Kubikmeter Erde sind vor dem Bau ausgeschachtet worden, für die Wälle wurden eine Million Kubikmeter gebraucht. Zehn Jahre lang haben Leipzigs Müllkutscher ihre Fuhren dort abgekippt. Bißchen was davon haben wir gefunden: Ziegelbrocken, hellen Mörtelschutt, Rostschichten mit zerfallendem Eisen. Nach dreißig Metern haben wir elektrisches Licht gelegt, nach vierzig Metern Gleise für die Loren.
Die ersten Alarme waren mehr ein Spaß. Ich gehörte zum »Freiwilligen Selbstschutz Völkerschlachtdenkmal« mitsamt meiner Armbinde. Meist beobachtete ich von der Brüstung vor dem Eingang aus, unter mir den steinernen Erzengel Michael, der die Arme über die Stadt breitet. Nach Nordwesten starrt er, von da mußten die Bomber kommen. »Gott

mit uns« ist dort in Jugendstillettern in den Stein gemeißelt. Auf dem Rangierbahnhof von Wahren stand Eisenbahnflak, dort kratzten Scheinwerferbündel am Himmel, manchmal packten sie ein Pünktchen. Ich schaute hinter mir hoch; wenn die Nacht hell war, sah ich die Krieger mit den Schwertern zwischen den Beinen, ich dachte: Wenn einer in den Himmel hinaufhaut, möcht ich kein Flieger sein.
Für viele Leipziger steht das Völkerschlachtdenkmal einfach so da; wenn sie Besuch von auswärts haben, führen sie den halb widerwillig hin. Bei mir war das anders. Mein Vater hat in Beucha die Steine gebrochen, Vojciech war beim Bau dabei bis zur obersten Plattform. Manchmal blicke ich auf eine Fuge und denk: Da hat Vojciech den Mörtel hineingestrichen. Vojciech hat Leipzig mitgebaut, den Krystallpalast und die Westvorstadt und eben das Denkmal. Vor dem Ersten Weltkrieg gab es innerhalb des Rings mehr Hotels, Restaurants, Cafés, Bierkneipen und Imbißstuben als heute im ganzen Bezirk. Dieses Leipzig *können* Sie sich gar nicht vorstellen, das kann noch nicht mal einer, der's erlebt hat.
Der Luftschutzbunker: Nach einem Jahr haben wir von der südlichsten Ecke her gegraben, von der Kante des Friedhofs aus. Wir sollten nicht zu weit an die Pfeiler ran, damit die Massen nicht drückten. Wir haben Abstand gehalten, auch, als die Stollen aufeinandertrafen. Von dort haben wir einen Luftschacht hochgetrieben, auf der Wiese südlich vom Denkmal kamen wir raus. Nun zog immer ein frisches sächsisches Lüftchen durch die Stollen. Wir, der »Freiwillige Selbstschutz Völkerschlachtdenkmal« mitsamt Familien, hatten unsere Stammnische mit einem Schild an der Tür: »Bunkerleitung – Betreten verboten«. Dort war's beinahe gemütlich. Und warm wie in 'nem Kuhhintern.
Die Waffen-SS hat sich im April 1945 dann doch durch die Fundamente gekratzt. Ohne ihren Gang wäre ich nicht mit den Männern in den gelben Overalls ins Gemenge gekommen. Diesen Gang hab ich...

Ich dachte, ich sollte vom Bunker erzählen. Wenn Sie doch weitere Stationen meines Lebens aufschreiben wollen: Ich bin in die Volksschule am Weißeplatz gegangen, der alte Bau steht noch, viel hat sich nicht verändert. Ostern 1920 hat mich meine Mutter hingebracht, bevor sie zu den Leuten waschen ging, sie hat immerfort gesagt: »Baß schön auf, Freedi, und sei schön artich, Freedi, bist mei guder Freedi, nich? Und daßde ooch wieder nach Hause findst.«
Ostern 1928 hatte ich die Schule hinter mir, ich rechnete am besten von allen. Mein Vater war Arbeiter im Steinbruch in Beucha, der hat mit seinem Chef geredet, und dort hab ich als Lehrling angefangen. Ich hab mit dem Bohrer zu tun gehabt und nach einem Jahr mit Sprengstoff und Kapseln, und als ich meine erste Ladung hab knacken lassen – so'n Ausdruck bei uns –, lief ein Zittern durch die Arme. Die Detonation werde ich nie vergessen, nicht das Dröhnen des Bodens und der Luft, Steinbrocken brachen aus der Wand wie mit dem Messer geschnitten. Ich werde den Steinstaub noch in meiner letzten Stunde schmecken, den von damals, nicht den tausendmal danach. Ich wußte in dieser Sekunde, daß ich nichts anderes hätte werden können als einer, der mit Dynamit und Donarit und Knallquecksilber umgeht, kein Zerstörer, das möcht ich abermals betonen. Ich hab nicht ein einziges Mal etwas vernichtet, vor allem die Universitätskirche nicht. Sie soll einfach so davongeflogen sein, wie'n Engel, aufgefahren gen Himmel?
Meister bin ich kurz vor dem Krieg geworden. Ein paarmal hab ich auf dem Truppenübungsplatz von Zeithain gelernt, wie man Bomben und Granaten entschärft, auch englische und französische. Ich dachte natürlich, sie ziehen mich bei erster Gelegenheit ein, aber ich war u.k. gestellt. Seltsam: Die Abkürzung rutscht mir über die Zunge, aber was sie bedeutet hat – »unabkömmlich«?
Nee, das liegt nicht an mir, daß Sie mit Ihrem Fragebogen so langsam weiterkommen. Jede Antwort erweckt Geschichte

und Geschichten. Ich kann Vornamen hinsprechen: Carl Friedrich. Das umfaßt dann gleich ein Leben. Das sagen Sie so hin: Ich hätte mir Vornamen *vorgestellt*. Ich gehe gern auf Friedhöfe. Ich versuche mir zusammenzureimen, wer da liegt, wie er gewesen ist. Auf dem Friedhof hinter dem Völkerschlachtdenkmal sind bald mehr Menschen begraben, als in der Stadt leben. Wenn ich nicht zuletzt Denkmalspförtner gewesen wäre, hätte ich Listenführer auf dem Friedhof sein wollen.

Carl Friedrich Lindner, gestorben am 20. Oktober 1813, ich entzifferte das auf einem Stein hinter der Kirche von Otterwisch. Dreiundzwanzig ist er nur geworden, Infanterist in einem provisorischen sächsischen Linienregiment ist er gewesen, vorher Bauernbursche. Der Stein war grau und verwittert. Basalt mit Einsprengseln von Gneis aus dem Steinbruch von Klinga. Sein Vater war ein gar nicht so armer Bauer.

Sie sagen: Phantasie. Meinethalben. Ich weiß alles über Carl Friedrich, sein Leben ist nach hundert Jahren in mein Leben übergegangen. Mir wäre es recht, wenn wir über diesen Umstand nicht streiten wollten. Mit siebzig, junger Mann, hat man andere Einsichten.

Nein, keinen Zucker bitte. Die Sachsen haben stets auf der falschen Seite gestanden – nehmen Sie meinen Carl Friedrich Lindner. Ich hab's immer merkwürdig gefunden, daß wir Sachsen die Geschichte allemal von der preußischen Seite aus sehen. Österreicher, Russen und Preußen schlugen Napoleon bei Leipzig – und was machten die Sachsen? Wie meistens dummes Zeug.

Ich war erst im Frühjahr 1813 Soldat geworden, nach dem schlimmen Ende in Rußland also. Ich sag ich, wenn ich längere Zeit von Carl Friedrich rede. Dann seh ich ihn deutlicher. Wir hatten einen Hof mit sechs Pferden und gutem Akkerland, auch ein bißchen Wald. Zwei unserer Pferde waren in Rußland krepiert. Fünf Jungen aus dem Dorf waren mit-

marschiert, sie gaben keine Nachricht mehr. In manchen Zeiten wollen die meisten Jungen Soldat werden, und 's gibt andere, da ist der Krieg so weit in alles Leben eingedrungen, daß er die Angst vorm Töten und Getötetwerden jedem eingebleut hat. Bei uns hatten blutjunge Franzosen quartiert mit schnellen Augen und Zungen, auch Holländer mit breiten roten Händen und Spitzbuben aus Neapel. Sie alle hatten Jagd auf Hühner und Mädchen gemacht und die Krätze zurückgelassen. In Rußland waren sie verdorben, erschossen und erschlagen worden, ausgeplündert und liegengelassen, in Gefangenschaft verhungert oder mitsamt dem Lazarett und hundert, zweihundert siechen, wunden Kameraden eingeäschert; so wurden die Sieger sie am schnellsten los. Heute hat keiner eine Ahnung mehr, was die Krätze für eine Folter sein kann.
Carl Friedrich Lindner hatte sie an Händen und Armen und am schlimmsten auf dem Bauch. Er rieb Schweinefett drauf, im Schlaf kratzte er sich blutig. Eines Morgens wurde er zu den Soldaten nach Riesa befohlen, später nach Zeithain verlegt. Carl Friedrich Lindner – ich konnte ein wenig schreiben und mit Dutzend und Schock rechnen, konnte hinter dem Pflug gehen und Schafe scheren. Nun lernte ich strammstehen und das Gewehr mit dem Bajonett vorstrecken, lernte meine Montur putzen und wurde im Wachdienst unterwiesen, lernte präsentieren und Parole und Gegenparole rufen. Die sächsische Armee unterstand Generalleutnant Freiherr v. Thielmann. In der Festung Torgau und um sie herum zog Thielmann seine verstreuten Bataillone zusammen und füllte sie auf, unter anderem mit mir. An den König im sicheren Böhmen schickte er geheime Berichte über den Übergang zu den Russen und Preußen; aber der König zögerte, denn die Preußen hatten seine Absetzung angekündigt.
Ich stand Wache am inneren Ring, als Thielmann seinen Geburtstag feierte, sah Kerzen hinter offenen Fenstern flackern, Körbe mit Weinflaschen wurden vorbeigeschleppt. Tumult

entstand, wenig später wußte ich von den Ordonnanzen, daß Thielmann gerufen hatte, auch den Sachsen werde sehr bald das Glück zuteil, in den Reihen der hohen Alliierten, auf deren Wohl er den Becher leere, gegen den gemeinsamen Feind fechten zu können. Da war ein anderer General aufgesprungen und hatte sich dagegen verwahrt, als Offizier Politik zu betreiben, der Eid an den König binde ihn und damit basta.

Dieser elende Krieg: Der Soldat bekam am Tag ein halbes Pfund Brot und eine erbärmliche Suppe, Fleisch war kaum noch für die Offiziere da. Dieser Kohldampf! Wir rückten gegen die Elbe vor und von den Höhen nach Dresden hinunter. Unter freiem Himmel amputierte ein Arzt, dort war das Licht am besten. Füße und Beine, Hände und Arme lagen auf einem Haufen, das Blut versickerte im Dreck. Der Krieg keilte sich fest und ruckte vor und zurück, bis von allen Seiten Armeen ins Sachsenland marschierten, Österreicher von Süden und Russen und Preußen von Norden und Osten.

Der arme Thielmann! Er hielt Torgau franzosenfrei für seinen König, doch der, von zwei Seiten vom Berufsverbot bedroht, schrieb ihm, er fühle sich bewogen, auf das Verlangen des Kaisers von Frankreich die Festung Torgau und deren Besatzung den Befehlen des Generals Reynier zu unterstellen. Da lief Thielmann endlich zur Roten Armee über, will sagen, zu den Russen. Wir Sachsen sind propagandistisch dämlich: Wir hätten längst Thielmann zum Widerstandskämpfer aufbauen können wie Körner oder die Leute vom Nationalkomitee Freies Deutschland. Verrat oder nicht – das ist immer eine Frage des Zeitpunkts.

Woher stammen Sie, Herr Doktor? Aus Fürstenwalde – also Randberliner. In Berlin studiert, seit fünf Jahren in Leipzig – ich mache es Ihnen nicht zum Vorwurf, daß Sie von sächsischer Geschichte keine Ahnung haben. Wir Sachsen haben unsre Vergangenheit ja selber untergebuttert.

Ich marschierte und kratzte mich, suchte nach Stroh und ein

paar Körnern in nassen Ähren; einem württembergischen Dragonerpferd stahl ich fauliges Futter aus dem Sack. Es ist Unfug zu glauben, daß jeder Soldat immerzu heiß den Sieg der eigenen Fahnen wünschte, freilich erhoffen die wenigsten den Triumph der Gegenseite, denn das gefährdet stets den eigenen Kopf. Ich sehnte mich nach einem Winkel zum Schlafen und einer hilfreichen Salbe. Naß stob der Wind über zertretene Felder. Wir kamen näher an Machern heran, ich hab geheult in der Kälte und weil ich nicht den Mut fand davonzulaufen und mich von meinen Leuten in Busch und Sumpf verstecken zu lassen. Dann kampierten dreitausend Sachsen auf einem Feld, das ostwärts von Holzhausen sachte abfällt, man kann weit blicken bis zum Kohlenberg und den Höhen von Ammelshain. Das Feld war von Gräben zerschnitten; ich hoffte inbrünstig, durch sie würden feindliche Reiter aufgehalten. Ein schlimmes Wort flog durch unsere Reihen: Kosaken! Kosakäään! So wie hundertdreißig Jahre später: Panzer! Panzääär! Wir steckten die Bajonette auf und zitterten davor, sie in die Beine eines Reiters oder die Brust eines Pferdes stechen zu müssen. Nach einer Weile setzten sich die ersten auf die Erde, die Offiziere brüllten und prügelten sie hoch. Der Nordwestwind steigerte sich zum Orkan, der Dächer abdeckte und Bäume entwurzelte, der Regen fiel in Strömen auf die ungeletzten Krieger, deren Bett die nasse Erde war. Ungeletzt – das Wort gebraucht heute keiner mehr. Dabei ist es so praktisch: Es bedeutet hungrig und durstig sein. Aus allen Dörfern ringsum wurden Bäume, Zäune, Türen und Dielen zu den Wachfeuern geschleppt, die im Regen qualmten.
Die Elemente beruhigten sich, da grummelte von Süden her Kanonendonner, dort begann das Schlachten. Ich hockte auf der Erde und kratzte mich. Durch einen Schlag über den Nacken wurde ich hochgejagt. Wir mußten unsere Patronen vorzeigen, bei manchen war das Papier zerweicht. Aus der Stadt drang Glockenklang, Napoleon ließ läuten, denn er

meinte, er habe schon gesiegt. Während dieser Zeit spähte der Sachsenkönig vom höchsten Turm, seine alten Augen waren trüb, von jungen scharfsichtigen Adjutanten ließ er sich erläutern, was der Pulverdampf dort und da zu bedeuten habe. Neben mir zogen neunzehn sächsische Kanonen auf, die letzten meines Heeres, ich hoffte, sie würden eine etwaige Attacke der Kosaken zersprengen. Gegen Abend rückten wir hundert Schritt vor, die Offiziere riefen, dort sollten wir die Nacht verbringen. So legten wir uns auf die Erde; wer einen Mantel hatte, wickelte sich hinein. Diese Nacht wird in keiner Schlachtgeschichte geschildert, wohl aber die Marschleistung unserer Besieger, die von meinem Heimatort Machern aus früh um drei aufbrachen, um beim Kampfbeginn uns, den linken Flügel, zu umfassen.

Die Offiziere hatten in uns hineingeschrien, was ein Karree sei und was eine Kolonne, wir hatten geübt, uns aus dem einen in das andere zu formieren, ohne daß jemand aus der Reihe tanzte. Uns war eingebleut worden, den Kopf oben zu halten, wenn die Kugeln pfiffen, Mann an Mann stehenzubleiben, wenn neben uns eine Kanonenkugel eine Schneise in die Leiber hieb. Wer schiffen mußte, hatte aufzupassen, daß er dem Vordermann nicht den Hintern näßte. Ich hab erlebt, wie neben mir ein Kamerad im Karree kackte, ich hielt unterdessen sein Gewehr. Erde wurde mit dem Stiefel über das Häufchen gekratzt, geschimpft wurde, auch gelacht. Im Karree waren wir fast sicher gegen feindliche Reiter, und unsere Offiziere wußten, daß keiner von uns ausbrechen konnte. Das Karree galt als die Heimat des Fußsoldaten.

Im Morgengrauen wurden wir hochgetrieben. Jenseits der Gräben und Baumreihen, auf der Höhe von Beucha, krümelten Marschkolonnen und Fahnen davor, auch sich schnell bewegende Pünktchen, Reiter, vielleicht Kosaken. In Filmen über solche Bataillen haben ganze Divisionen mitgespielt, vielleicht haben Sie einige gesehen. Wenn ein Fim über die

Völkerschlacht gedreht würde: Wir Sachsen kämen drin nicht vor. Von heute aus gesehen sind wir ein bißchen Abfall, ein Rest auf der falschen Seite, Peinlichkeit, Krätze der Geschichte.
Wagen mit Branntweinfässern fuhren vor, wir kippten jeder einen Becher auf nüchterne Mägen, sofort schlug unsere Stimmung um, schlug hoch: Ein paar brüllten, sie würden's den verdammten Preußen zeigen! Immerzu hatten Sachsen gegen Preußen gekämpft, alle rühmten, die Sachsen hätten sich tapfer geschlagen, aber verloren hatten sie am Schluß doch. Nun würden wir endlich gewinnen, im Branntwein steckten Wut und blöder Mut. Soldaten, die am Morgen nicht mehr aufgestanden waren, weil sie fieberten, wurden auf Wagen gehoben und zur Stadt fortgerüttelt, wer weiß, ob sie unterwegs gestorben oder an die Straßenränder geworfen worden sind, weil ein Offizier meinte, es sei wichtiger, Munition nach vorn als Kranke nach hinten zu karren.
In mir kam es nicht zum trutzigen Rausch, vielmehr betete ich: Lieber Gott, laß mich den Abend erleben und das Ende dieser Schlacht, die vielleicht noch Tage und Wochen dröhnen wird, so lange Soldaten marschieren und zu Karrees geprügelt werden können, laß mich durchkommen, und wenn ich die Krätze mein Lebtag lang bekratzen muß, laß mich auf unseren Hof zurückkehren, und nie mehr will ich... Nach etwas suchte ich, daß ich geloben könnte, es künftig zu lassen. Heimlich Eier austrinken. Garben vom Nachbarland stehlen. Mich zärtlich der Ziege nähern. Hinter meinem Vordermann stapfte ich her, stolperte ich auf ein Dorf zu, das von Wällen umgeben war, dort starrten Kanonen zwischen mit Sand gefüllten Körben hervor. Mölkau.
Auf den Spuren meines Carl Friedrich war ich natürlich in Mölkau. Wie nach allen Seiten hört Leipzig auch nach Osten allmählich auf oder beginnt sachte. Ich bin mit dem Rad herumgefahren und hab die alten Dorfkerne gesucht. Wo Straßen sich um Teiche krümmen, um die kleinen, alten Kirchen

standen damals die Gehöfte dicht bei dicht, dort lagen Gewehre eng auf Lehmmauern, salvenbereit. Die Eisenbahnlinie nach Karl-Marx-Stadt führt heute schnurgerade hindurch. Vierzig Jahre nach der Schlacht krachten die Spaten beim Ausheben der Gräben noch durch Schädel und Bekkenknochen. Ein Graben mit fauligem Wasser kreuzt hier, die Östliche Rietzschke. Dort wagten die Sachsen kurze Rast, lösten sich aus ihren Formationen und mischten sich unter die Sechzehnjährigen, die Napoleon hatte in Monturen stecken und nach Teutschland marschieren lassen. Sie waren ohne Bärte, es war ihre erste Schlacht und für viele die letzte. Ihre Korporale schnitten gefallene Pferde auseinander und gaben den Jungen sehnige Fleischbrocken in die Hände, an Ladestöcke gespießt wurden sie über Feuern aus zerbrochenen Wagen und Dachsparren und Küchentischen geschwärzt und halbgar geschlungen. Carl Friedrich Lindner hätte um ein Haar ein Pfund Roßschenkel ergattert, aber der Schrei: »Kosakäään!« gellte auf und zwang die Sachsen Schulter an Schulter und ließ sie die Bajonette vorstrecken.
Es ist schlimm, eine Schlacht zu verlieren oder gar einen Krieg. Ich meine das ausnahmsweise nicht aus dem Blickwinkel des Frontschweins, des Kanonenfutters, des Menschenmaterials, sondern aus dem des Geschichtsschreibers. »Ein Volk steht auf, ein Sturm bricht los« – das läßt sich noch nach hundert Jahren jubeln, und so können Sie überall lesen, daß das preußische Korps Bülow mit der Kavallerie des russischen Korps Wintzingerrode anrannte. Wer aber befehligte die dreitausend zitternden, krätzigen Sachsen zwischen Mölkau und Stünz? Keiner der letzten Sachsengeneräle mochte mit leeren Händen übergehen, die fünfte Nachmittagsstunde war gekommen, da befahl der eine: »Schultert's Gewehr! Vorwärts marsch!« und wollte seine Truppe zum bisherigen Feind führen. Nach hundert Metern schon befahl der andere: »Halt! Gewehr bei Fuß!« Der eine erklärte den anderen für arretiert, der andere den einen für abge-

setzt, die Truppe ruckte vor und zurück, bis sie an den Rändern zu bröckeln begann. Schon schossen die Franzosen auf die Wankenden, Wankelmütigen, englische Brandraketenbatterien gaben den Fliehenden Feuerschutz, da zerflatterte rechts und links von Carl Friedrich die Kompanie, seine Nebenmänner begannen zu laufen, da rannte er mit, die aufgelöste Schar sprang ans östliche Ufer der Östlichen Rietzschke, manche traten ihre Gewehre in den Acker und warfen Patronen im Laufen unter sich, andere schnallten den Tornister ab, um schneller rennen zu können, die wurden später am meisten geprügelt, weil es bei ihnen am wenigsten zu plündern gab, und mancher krepierte, weil er sich in keinen Mantel wickeln konnte. Eine Lücke klaffte in der Front der Sieger, dorthinein drängten sich die Sachsen, mit jedem Schritt wuchs ihre Angst und verlor sich wieder, manche hoben ein verdrecktes Gewehr auf, um beweisen zu können, sie griffen an, dann warfen sie es weg, um sagen zu können, sie wollten sich ergeben. Tausend Schritt entfernt ballte sich eine Wand von Pferdeleibern.
Eine andere Schlacht als die in den Geschichtsbüchern, könnte man meinen. Napoleon kommt bei mir nicht vor, nicht der Todesritt der Garde unter Murat gegen Probstheida, nicht der Sturm aufs Grimmaische Tor und die Flucht der Franzosen über die Elster nach Westen, bis ihnen die letzte Brücke um die Ohren flog, nichts davon, wie der polnische Held Poniatowski ertrank: Der Untergang der sächsischen Bataillone hatte damit nichts zu tun. Er war nicht heldisch, nicht schlachtentscheidend, er war vernünftig und erbärmlich.
Die aus der Front taumelnden Sachsen hofften, die Kampfgier des Feindes würde von den neunzehn Kanonenschlünden angesaugt, sie selbst würden von den preußischen Reitern gering erachtet, viel Feind wäre für diese viel Ehr, aber da drehten die sächsischen Artilleristen ihre Kanonen um, Rheinbundherzen tauschten sie flugs gegen teutschen Sinn,

nicht wieder wollten sie auf der Seite der Verlierer aus der Bataille herausgehen, sondern schnell noch als Befreier des Vaterlandes vom korsischen Ungeheuer. Da wäre Carl Friedrich für ein paar Atemzüge lang liebend gern bei den behenden Artilleristen gewesen, denn die bewahrten ihre Bagage mit dem Brotkanten im Mantelsack, ihr, wie wir Sachsen sagen: Habchen und Babchen, ihre Pferde konnten sie aufessen und die eigenen Munitionswagen verheizen. Sie endeten nicht als letzter Dreck, sondern schlugen sich in letzter Sekunde zu den Siegern der Geschichte.
Endlich standen die Fliehenden vor russischen Dragonern, zwölf waren das gegenüber hundert wimmelnden Sachsen, die so gern gefangengenommen worden wären. Die Sachsen hoben die Hände nicht, das wurde erst im Ersten Weltkrieg todesängstlicher Allgemeingebrauch, wenn Deutsche, Franzosen oder Briten aus zertrümmerten Unterständen stolperten. Die SS-Männer, als sie aus den Bunkern unter dem Völkerschlachtdenkmal krochen, streckten die Hände am höchsten, denn ihnen gegenüber waren amerikanische Zeigefinger an den Maschinenpistolen locker gekrümmt, hatten schon den Druckpunkt gesucht und gefunden, um List zu begegnen oder Rache zu üben, einem Mißverständnis nicht abgeneigt. Die Sachsen um Carl Friedrich Lindner bewiesen Friedenswillen schon dadurch, daß ihre Hände nicht mehr Gewehr und Säbel trugen, allenfalls Packtaschen von Gestrauchelten, Beutel von Gefallenen oder den gerollten Mantel vom Sattel eines toten Reiters. Sie stapften ohne Hörnerklang und Trommelwirbel, die Blicke gesenkt auf Wagenspuren, Leichen und Verwundete. Einige wurden von schlesischen Munitionsfahrern angebrüllt, sie sollten gefälligst zupacken, einen Wagen durch eine Lache wuchten, sie griffen in die Speichen und schrien sich zu: Hau ruck! Zuuu gleich! Dabei kroch ihnen durch die Köpfe, ob sie wohl dadurch schon der Gnade nicht mehr bedurften, sondern mit auf der Siegstraße zögen hinter Napoleon her. Vielfältig

bunt waren die Uniformen, niemand konnte alle Farben kennen, alle Wappen, alle Schärpen. Hau ruck, vorwääärts! Zwischen dem schlesischen Train bedeuteten Kosaken keine Gefahr mehr. Vorwärts also beziehungsweise zurück.
Hinter einer Hecke lag ein Verwundeter, die Beine waren ihm zertrümmert. Ein uckermärkischer Hauptmann war's, sein Bursche kniete neben ihm, ich hockte mich zu ihm. Von unserer Scheune mit warmem Stroh in Machern erzählte ich ihm und von der Heilkunst meiner Großmutter; und wenn unsere Stuben nicht ausgeplündert wären, könnte der Herr preußische Offizier in einem Bett genesen, unter Federbetten, den Ofen wollte ich bullig warm heizen. Unsere Stube schmückte ich mit kupfernen Becken, Leinen und einem Schaffell aus, auf das der Herr Offizier seine lädierten Füße legen könnte. Der Bursche fragte mich allerlei, ich versicherte immer wieder in meinem Dialekt: »Ich bin gedärmt! Bin gedärmt!« So wollte ich ausdrücken, wie sollte er das begreifen, ich sei getürmt.
Alles war aus meinem Hirn geblasen, was von Offizieren und Feldwebeln hineingeschrien worden war: Jetzt werden wir's den Preußen zeigen! Rache für Kesselsdorf! Treue zu Napoleon, dem größten Feldherrn aller Zeiten! Unsere Ehre heißt Treue, wenn alle untreu werden, so bleiben wir doch... Verzeihung, das sang die SS. Will sagen: Ich hatte in Minuten kapiert, was mit mir vorgegangen war; einem Trainfahrer mit dunklem bäurischen Gesicht schrie ich zu, er solle herüberkommen, ich fragte den Burschen: Hat dein Herr Geld? Da fingerte er in dessen Brusttaschen und fischte ein Goldstück heraus. Wir hoben den Hauptmann zu dritt auf den Karren. Vor Glück und Erschöpfung spürte ich die Krätze nicht mehr. Das Goldstück steckte ich in der Aufregung leider in meine Tasche.
Wir kamen nicht nach Machern. An der Mulde wurde vor einer Postenkette angehalten, wer da nach Osten strebte, und obwohl ich mich am Wagen mit dem Preußen anklam-

merte und beteuerte, es wäre dessen Auftrag gewesen, bevor er ohnmächtig geworden war, ihn nach Machern in ein warmes Haus mit heilkundigen Menschen zu bringen, wurde ich seitab auf eine Koppel getrieben, auf der schon andere Sachsen, Franzosen, Württemberger und Hessen auf feuchtem Gras kampierten.

Ach, wäre ich doch bei meiner Einheit geblieben, in einem Sachsenpulk. Denn ein General ließ in Reih und Glied antreten, was immer an Sachsen noch wimmelte, und führte es zur russischen Reservearmee hinüber, er konnte sogar erreichen, daß die neunzehn sächsischen Kanonen nicht mehr auf die ehemaligen Rheinbundgenossen feuern mußten. Waffenruhe, Internierung. Ach, hätte ich mich schnell nach einem Gewehr bücken dürfen, vielleicht wäre ich schon wenige Tage später bei der Belagerung der Franzosen in Torgau dabeigewesen. Und ich wäre mit an den Rhein und nach Frankreich hineinmarschiert unter dem neuen alten Sachsengeneral Thielmann, der aus dem »Nationalkomitee Freies Deutschland«, wollte sagen, von der russischen Seite, zurückgekehrt war und das Vertrauen des neuen Bundesgenossen reichlich genoß.

Durch Wind und Regen wurden indessen die Gefangenenkolonnen südwärts getrieben. Unterwegs trafen wir auf Tausende von Leichen gefallener Franzosen. Sie waren alle von ihren Besiegern ausgezogen worden. Die nackten Leichen lagen auf dem Rücken mit dem Gesicht nach Osten; die Fledderer, als Russen oder Österreicher waren sie ja gute Christen, hatten ihnen jeweils drei Häufchen Erde auf die Brust gelegt, sie wenigstens symbolisch bestattet. Mochten Würmer, Füchse und Krähen ihr übriges tun.

Wenn Ihre Dienstzeit für heute abgelaufen ist, Herr Doktor, werde ich mich kurzfassen. Bloß noch: Carl Friedrich Lindner ist tags darauf, am 20. Oktober 1813, auf einem Feld nahe Otterwisch von pommerschen Husaren erschlagen worden. Als sie ihn plünderten, fanden sie einen preußischen

Thaler in seiner Tasche und straften ihn des schandbaren Verdachts wegen ab, *er* hätte geplündert.
So, Sie sind unzufrieden mit dem Ergebnis dieser Vernehmung. Zu sprunghaft, ich habe auf Zwischenfragen nicht reagiert, Herr Doktor. Die Herren in jenem strengen Haus im Stadtzentrum, die mich in den letzten Tagen befragten, kritisierten mich genauso. Was wollen Sie, ich bin ein alter Mann mit Erinnerungen, lassen Sie mich sie ausbreiten. Die Herren Vernehmer im Stadtzentrum wiederholten genüßlich: Wir haben Zeit! Ich wünschte, Sie dächten ebenso.

2. KAPITEL

Woher haben Sie diesen Schädel?

Ich verstehe nicht, warum Sie mir einreden wollen, dies hier sei *kein* Gefängnis. Sie bieten Kaffee an und möchten das Wort Vernehmung nicht hören: Es sei ein *Gespräch* – aber die Gitter vor allen Fenstern? Und wenn ich sagen würde: Ich bummle bis Mittag ein wenig in der Stadt herum – bitte, Sie lachen.
Ich hab nicht besonders schlecht geschlafen. Jede Nacht liege ich zwei, drei Stunden wach, das ist normal in meinem Alter. Es gibt so viel nachzudenken. Sie wollen wissen, wie ich unter das Denkmal geschlüpft bin. Von einer Gruft aus, ich kann Ihnen den Eingang zeigen. Durch ihn ist im April 1945 ein Trupp Waffen-SS ins Freie geschlichen. Die Kerle trugen Gehröcke von Totenträgern, die ihnen überall zu kurz waren. Überdies schleppten sie Leichen mit sich, die fielen ja wieder mal reichlich an. So haben manche die Amerikaner getäuscht.
Gewiß kann man jedes Bauwerk sprengen. Je besser es einer kennt, eine desto geringere Ladung braucht er. Ich hab mir schon vor Jahrzehnten Gedanken gemacht, wie man dem Völkerschlachtdenkmal beikommen könnte, das gehört zu meinem Beruf. Können Sie mit einem Menschen zusammen sein, ohne zu überlegen: Der könnte an dieser Krankheit leiden oder an jener?
Der Untergrund des Denkmals ist ausgezeichnet, eine vier Meter starke Kiesschicht auf einem sieben Meter tiefen Lettengrund; die Platte aus Stampfbeton darauf ist zwei Meter dick. Das Monument wird von vier Haupt- und einundsechzig Zwischen- und Nebenpfeilern gestützt. Die Hauptpfeiler

sind sechsundzwanzig Meter hoch, höher als fast jedes Kirchenschiff. Vojciech hat an ihnen mitgearbeitet. Wenn man einen der vier Hauptpfeiler beiseite drückte – das müßte ich Ihnen aufzeichnen, aber ich weiß nicht, ob ich das wirklich will. Das alles ist nur von einem Könner zu sprengen, und natürlich bliebe ein Riesenhaufen Schutt. Wer sollte ihn abfahren? Nein, das Denkmal wird noch stehen, wenn in Leipzig alles zerfallen ist, die Gewölbe des Hauptbahnhofs werden verrostet sein, das Universitätshochhaus hat gerissene Fahrstuhlseile, seine Klimaanlage ist übergekocht, Reudnitz ist zusammengefallen wie Gohlis, in Grünau fault heißes Wasser in allen Kellern. Wenn Leipzig zerbröckelt und vermodert ist, wird immer noch das Völkerschlachtdenkmal aufragen. Wie eine Pyramide des alten Ägypten.
Nun, das Abendbrot gestern war alles andere als üppig, aber in meinem Alter braucht man nicht viel. Zwei Scheiben Brot mit Margarine, Jagdwurst und Quark – mehr würde ich auch daheim nicht gegessen haben. Aber Sie sollten den Schwestern sagen, daß sie mir keine Arznei aufdrängen sollen. Auch nichts, das angeblich beruhigt. Ich nehme nichts, und je schneller es die Schwestern einsehen, desto besser für uns alle. Daß Sie diese Medizin verschrieben haben, ändert nichts an meiner Meinung. Sie sollten dafür sorgen, daß ›Neues Deutschland‹ und ›Leipziger Volkszeitung‹ auf meinen Tisch kommen, beide reden uns ein: Bei uns in der DDR ist alles in bester Ordnung, alle Menschen vom Kap Arkona bis zum Fichtelberg sind glücklich! Was braucht's da Pillen.
Das Denkmal. Oder meine Vornamen. Ich habe jede Zeile gelesen, die je über das Denkmal geschrieben worden ist. Meine Bibliothek – oh, Sie kennen sie, Hausdurchsuchung, ich hätte es mir denken sollen. Ich bitte nur, daß alles beisammenbleibt. Eines Tages werde ich meine Sammlung dem Museum für Stadtgeschichte schenken. Den Schädel, die mehr als fünfhundert Postkarten...

Sie werden im obersten Regal mehrere Bändchen und eine Handschrift gefunden haben. Der Verfasser war Fürchtegott von Lindenau, ein Rittergutspächter aus der Gegend von Altenburg. Die Denkmalsgeschichte, gäbe es sie, würde Lindenau am Rande verzeichnen, aber ohne ihn wären manche Gedanken nicht weitergetragen worden.
Die Schlacht war kaum vorbei, Carl Friedrich Lindners Grabstein gerade von seinen Eltern bezahlt, da redete man schon von einem Denkmal. In meiner Bibliothek werden Sie ein Bändchen von 1912 finden, »Leipziger Land«, herausgegeben vom Wandervogel; Fußrouten werden empfohlen, darunter eine über die südlichen Schlachtfelder. Der Autor bezweifelt, daß die verbündeten Monarchen wirklich dort standen, wo es durch einen Quader markiert ist, und fragt, warum sie nicht höher, auf der anderen Seite der heutigen F95, ihren Spähplatz bezogen haben sollten. Auch dort gebe es seit langem ein Denkmal; der Wanderführer berichtet, es stünde im Garten der Gastwirtschaft »Zum Monarchenhügel«, wo in einem Holzhäuschen auf den Feldern gefundene Totenschädel an das grausige Morden erinnerten. Die Schrift empfiehlt, um die Wanderlust zu erhöhen, diverse Thalysia-Flechtstiefel und -Sandalen in Naturform, Thalysia-Luftwäsche, delikate Kraftspeisen in der bequemsten Art sowie poröse Hosenträger. Aber zurück zu den Schädeln.
In den Erinnerungen eines Zeitgenossen las ich: »Da der Tod draußen auf dem Felde nichts mehr zu würgen fand, kam er auf den Flügeln der kalten Nacht herein in die seufzende Stadt und mähte unaufhörlich in den Reihen der Schmachtenden.« Leichengestank wehte bis Grimma und Wurzen. Die Schmiede weithin hatten sich mit Alteisen in Form von Säbeln, Kanonenkugeln, Gewehrläufen und Wagenbruch für Jahre eingedeckt. Private Plünderer hatten mit den uniformierten Schlachtfeldberäumern konkurriert, Jungen, sich beim Fleddern nicht ekelnd, verfügten über staunenswerte Münz- und Ordenssammlungen. Aufkäufer ka-

men sogar aus Mecklenburg und Böhmen, Ländern, die von diesem Krieg nicht mit Schrott gesegnet waren. Die Schlacht versickerte als Flächen-Flohmarkt.
Jedes Frühjahr gab die Erde beim Pflügen modrige Gebeine preis. Einer, der als erster von diesem mystischen Ballast beunruhigt wurde, war Fürchtegott von Lindenau. Sie kennen das Getue um den Unbekannten Soldaten, den die Franzosen aus einem Massengrab von Verdun klaubten und nach Paris brachten; bleiche Schädel übten auf Lindenau ähnliche Faszination aus. Einem Schädel sieht man nicht an, ob er von einem Russen, Schweden, Toskaner oder Basken stammt, es ist, wenn man von den seltenen Fällen des Kopfschusses oder der Säbelspaltung absieht, nicht zur erkennen, ob sein ehemaliger Träger stürmend durch die Brust oder fliehend in den Rücken geschossen wurde, ob er vor Angst oder Tötungslust wahnsinnig war, ob er am Wundbrand krepierte oder am Typhus. Schädel sehn sich alle gleich. So empfahl von Lindenau, man solle die Schädel sammeln und zu einer Pyramide türmen mit einem Kreuz drauf. Vorsorglich wollte er sie mit einer Halle umgeben.
Das Gut, auf dem er lebte, haben längst Braunkohlenbagger gefressen. Ich habe, als das Gelände beräumt wurde, das Herrenhaus, einen Pavillon im Garten und die Stümpfe der Eichen und Buchen gesprengt. Sandsteinskulpturen aus dem Park wurden geborgen. Ich finde es rührend, wie in diesen todgeweihten Wäldern die Naturschützer bis zuletzt Maiglöckchen, Himmelsschlüssel, das Große Gefiederte Mulpkraut und die Gefleckte Heckmeckschelle bewachen und Ausgräber mit Ordnungsstrafen belegen. Ein Jahr später schlingt der Bagger dann das rare Blümelein zusammen mit den Massenunkräutern.
Während wir die ersten Löcher bohrten, wurden noch Bücher, Möbel und Bilder aus dem Schlößchen getragen. Ein Porträt Lindenaus lehnte am Rad eines Lastwagens, es war, als ob er mich beschwörend anblickte. Er hat die Energiekri-

se nach 1830 erlebt; die Wälder waren soweit ausgedünnt, daß abzusehen war, wann die Kamine ausgehen würden. Doch der Kohleabbau begann, die Menschheit rettete sich wieder einmal. Ich nahm einige Bücher auf, blätterte, und so stieß ich auf die Schrift, in der Lindenau seine Vorstellungen über eine Schädelstätte niedergelegt hatte: Es fiel nicht schwer, das Büchlein in meiner Jackentasche zu bergen. Tags darauf rettete ich alle Handschriften, später studierte ich das schmale Gesamtwerk.

Die Zeit nach der Schlacht war für viele ohne erkennbaren Sinn. Sächsische Staatsmacht war erloschen, der König als Gefangener fortgeführt, ein russischer Oberst führte das Kommando über die Stadt. Nach ihm herrschten preußische Kommissare, und nicht viel hätte gefehlt, der Name Sachsens wäre durch den Wiener Kongreß getilgt worden. Schließlich wurden zwei Fünftel des sächsischen Gebiets zu Preußen geschlagen, an drei Seiten um Leipzig stieg der schwarze Adler an den Zollschranken auf, Leipzig war nahezu von aller bisherigen Holzlieferung abgeschnitten.

Was wäre der Mensch ohne seine Fähigkeit zu vergessen – darauf baute Lindenau nachahmlich auf. Der Korse als leibhaftiger Antichrist – ein früher Hitler. Lindenau hütete sich zu erinnern, daß Napoleon auch in der Messestadt mit Girlanden empfangen worden war, er hüllte das sächsische Königshaus in Flor – der alte, wackere Mann, nun schmachtete er verbannt im stockpreußischen Schwedt! Aber waren nicht Jünglinge aus besten Leipziger Familien schon früh heimlich zu den Fahnen der Patrioten geeilt? »Du Schwert an meiner Linken, was soll dein heitres Blinken?« Körner, so konnte Sachsen schwärmerisch rufen, war einer von uns! Körner als Widerstandskämpfer. Das ganze Teutschland soll es sein! jubelte Arndt, und Lindenau tat es ihm nach. Am ersten Jahrestag der Schlacht war er dabei, als Studenten zu der Stelle zogen, an der die verbündeten Monarchen angeblich in die Knie gesunken sein sollten, um für den Sieg zu danken; einen

Karren voller Schädel hatte Lindenau mitgebracht und garnierte damit den Stein, von dem aus flammende Reden gehalten wurden. Keineswegs Entnapoleonisierungskommissionen wurden gefordert, die so manchen Leipziger Bürger als Mitläufer eingestuft hätten. Ein Volksstamm mußte sämtliche Augen zudrücken. In jeder Familie gibt es einmal Streit, dann heißt es: Schwamm drüber. Da ist einer in den Knast oder fremdgegangen – man kann nicht ewig darüber zetern. Man muß wieder seinen Eintopf kochen und Wäsche waschen, die Kinder müssen ins Bett gebracht werden, gemeinsam setzt man sich vor den Fernseher und guckt einen Krimi an. Ohne diese Fähigkeit wären wir Sachsen längst ausgestorben.
Das Manuskript von Lindenaus Rede fand ich auf dem Boden des Schlößchens, das ich in handliche Brocken zerlegte. Ich jagte es nicht in die Luft – diese Redewendung würde nur gebrauchen, der vom Sprengen nichts ahnt. Sachgerechtes Sprengen hat Sanftes an sich. Ein Grummeln nur, und ein Haus sinkt, ein Schornstein neigt sich, in sich zerknickend. Dieses Schlößchen legte ich zusammen wie eine Hausfrau ein Bettlaken.
Keine Fehlerdiskussion! Lindenau hatte Handel mit Remonten betrieben, jungen Pferden für den rheinbündischen Dienst. Er hatte im Vogtland Posamenten für westfälische Uniformen sticken lassen und im Altenburgischen Nähereien betrieben, in denen Hosen und Mäntel der französischen Armee ausgebessert worden waren. Später rühmte er sich, die Mädchen dort hätten auch nachtschwarze Röcke für die Lützower genäht, heimlich, verschwiegen – vorsorglich widersprach ihm niemand. »Und wenn ihr die schwarzen Gesellen fragt« – die Lützower trugen Totenköpfe mit gekreuzten Knochen; wer sich so ausstaffiert, macht sich das Sterben leicht. Totenschädel um Leipzig, wo man geht und steht. »Die unselige Zeit« hieß eine von Lindenaus beliebtesten Formulierungen. Er strapazierte sie auch während seiner Re-

de am 18. Oktober 1814, als er die Schädelpyramide lauthals vorschlug. Dabei konnte er einen Artikel zitieren, in dem der Verleger Brockhaus mahnte, auf den blutgetränkten Blachfeldern um Leipzig ein dauerhaftes Mal zu errichten. Auch Arndts Forderung machte Lindenau zur eigenen: kein unscheinbares Denkmal, das irgendwo in der Natur unterginge, es müsse draußen stehen, wo so viel Blut geflossen sei; von allen Straßen aus sichtbar, ein Koloß, eine Pyramide, ein Dom wie in Köln.
Ihre Frage, Herr Doktor, warum ich gestern bei meinem Bericht über Carl Friedrich Lindner von der dritten in die erste Person wechselte, heute aber, wenn ich von Lindenau rede, in der dritten Person verblieben bin, ist berechtigt. Ich habe nur selten das Gefühl, in einem früheren Leben dieser Mann gewesen zu sein. Daß seine Daseinszeit sich mit der des armen Soldaten Lindner überschneidet, spielt dabei die geringste Rolle. Es ist denkbar, daß zwei Menschen, die gleichzeitig gelebt haben, später in einem dritten gemeinsam auferstehen: eine Frage der Zuneigung, der Innigkeit.
Fürchtegott von Lindenau war ein besessener Sammler. In allen Dörfern, die auf dem Schlachtfeld sich nach und nach wieder erhoben, kannte man ihn. Leicht war sein Kutschwagen, von zwei Pferden gezogen, mit ihm drang er durch jeden Schlamm, querte Bäche, durchkreuzte Waldstücke und Forsten. Anstelle eines Reisekorbs hatte er eine Kiste aufgeschnallt, in ihnen barg er Schädel um Schädel, die die Erde beim Ackern freigegeben oder die Bauern für ihn beiseite gelegt hatten; Jungen hielten die Hand auf: Für ein paar Kreuzer zeigten sie ihm grausige Stätten an Wegrändern oder in Lehmlöchern. Fürchtegott grub, fand, hob heraus. Zehntausend Schädel waren sein Ziel, niemand weiß, wie nahe er ihm kam. Mit Ärzten, Apothekern und Seifensiedern wechselte er Briefe über wirksame Methoden, Gebeine zu konservieren; weit ist er damit nicht gekommen. Vielen war sein Treiben unheimlich, niemand verspottete ihn.

In einer Seitenkammer des Pavillons fand ich einen Teil der legendären Sammlung. Ein Raum an der Rückseite hatte keinen Zugang, ich bohrte die Ziegelmauer an, brach Brocken heraus und prallte zurück, als mir ein Dutzend Hirnschalen vor die Füße schepperte. Meine Gehilfen verbreiterten mit der Spitzhacke das Loch, Schädel um Schädel hoben wir heraus. Wir Leute vom Sprengfach wissen, was zu geschehen hat, wenn wir auf menschliche Reste stoßen. Das Friedhofsamt muß informiert werden, rauhe Burschen fahren dann die Gebeine in Zinkkästen davon, um sie in der dafür vorgesehenen Erde zu deponieren. Harte Korn- und Wodkatrinker sind unter ihnen, mit Haut und Sehnen überzogene Skelette, daneben satte Bierschlucker mit schwappenden Bäuchen. Sie zeigen sich nicht zimperlich, wenn es um die Verwertung von Zahngold geht; stabile Schädel werden nicht nur an Medizinstudenten unter der Hand verscheuert.
Ich schickte meine Gehilfen zu anderer Arbeit fort und suchte einen Schädel heraus, dessen Kiefer erhalten und mit der Hirnschale verbunden war. Das kräftige Gebiß deutete darauf hin, daß hier ein junger Mensch den Tod gefunden hatte, ein zwanzigjähriger Bauernjunge, aufgewachsen mit kernigem Brot, rohen Möhren und Geselchtem, ob er nun aus der Ukraine oder der Normandie stammte. Mit meiner Schaufel trug ich den Schädel seitab und versteckte ihn zwischen Goldrute. Sie blühte dottergelb, schön anzusehen – mein Haß auf die Goldrute wuchs später. Heute sprießt sie ja zwei- bis dreimal so mächtig wie früher, längst übermannshoch, sie frißt sich in die Stadt ein, gedeiht üppig neben den heißen Schlammfluten der Pleiße und der Elster, und ich weiß nicht, ob Sie beobachtet haben, daß sie das Dach des Hauptbahnhofs zu erobern beginnt. Vielleicht wird außer dem Völkerschlachtdenkmal die Goldrute alles andere in Leipzig überleben: goldgelbe Blütenteppiche über den Trümmern, Dschungel auf allen Ruinen, dazwischen die kochenden Abwässer,

die Luft voll Schwefeldünste, eingerahmt der Horizont von Kuppeln, deren Existenz Sie staatsbewußt leugnen.
Ich nahm einen Schädel mit, habe ihn in einem Eimer ausgekocht, mit Wachs bestrichen und auf den Schrank gestellt, der meine Sammlung birgt. Marianne, meine Frau, sträubte sich anfänglich, den Schädel abzustauben, dann gewöhnte sie sich daran. Eine Zeitlang versuchte ich zu ertasten, wer sein Besitzer gewesen war. Er gehörte *meinem* Unbekannten Soldaten. Wichtig war mir, daß er sein Herkunftsland nicht kannte und nicht wußte, auf welcher Seite er gekämpft hatte. Das ist ein Gegensatz zum berühmten Soldaten in Paris, von dem ja feststeht, daß er Franzose war und nicht etwa ein »boche«, ein Schwein, ein Hunne.
Beharrlich rührte Lindenau die Trommel für die Denkmalsidee. Sein Konkurrent hieß Freiherr von Seckendorff, Gutsbesitzer aus der Nähe von Querfurt. In manchen Zuschriften wurde vorgeschlagen, erst einmal für die Opfer und Waisen des Krieges zu sorgen. Der Lustspieldichter Kotzebue wollte eine seit der Römerzeit im Odenwald liegende Granitsäule in Leipzig aufstellen lassen; er scheiterte, weil die Echtheit des Monstrums angezweifelt wurde. Eine Ehrensäule sollte »eine männliche Figur in der reichsten Lebensfülle, mit einer Löwenhaut bekleidet« tragen. Einer wollte eine Eiche aus Eisen gießen lassen – genug davon.
Die Fürsten hatten allen Grund, über die napoleonischen Jahre schweigend hinwegzugehen; hätte es in ihrer Macht gelegen, hätten sie sie aus der Geschichte radiert. Lindenaus Ziel war ein völlig neues Sachsengefühl: Wir werden weiterleben und ein Denkmal bauen, hier war die Schlacht, auch unser der Sieg!
Patriotisches Denken muß bisweilen umgepolt werden – Sie dürften alt genug sein, sich erinnern zu können, wann Sie als guter DDR-Bürger nicht mehr die Einheit Deutschlands erhofften. Ein rechter hiesiger Patriot liebte von da an nicht mehr Helgoland oder die Mosel. Journalisten haben notiert,

in welcher Nacht die Sender der DDR die Nationalhymne zum letztenmal mit dem Text: »Deutschland, einig Vaterland« erklingen ließen. Seitdem verkümmerte sie zur Staatsmelodie. Die Sachsen von damals trugen an ihrer Bürde. Napoleon hatte sie gegen das hochmütige Preußen aufgewertet, ein Königreich war Sachsen auf einmal, verbunden dem Genius, dem mächtigsten Herrscher der Welt. Die Jubler schrien »Vive l'empereur!«, wenn sie seiner nur von ferne ansichtig wurden. Im Mai 1813 war Sachsen beinahe franzosenfrei, da wurden an der Universität kecke Töne gegen den Korsen angeschlagen, die Lützower warben ungeniert in der Stadt. Als Napoleon sich zornig näherte, eilten ihm drei Ratsherren entgegen und baten um gut Wetter, danach lieferten ihm die Leipziger wieder Brot und Ausrüstung. Am 17. Juni 1813 – hundertfünfzig Jahre vor einem bekannteren Tumult – griffen Leipziger einige Posten an und versuchten, sich Waffen zu beschaffen; sie kamen nicht weit damit. Die Aufrührer wurden zu Festungsbau und Zuchthaus verurteilt; in der Verordnung hieß es, alle wären »verächtliche Menschen aus der Vorstadt«. Heute würde man sagen: kriminelle Elemente. Von einem Leipziger Kaufmann, der oft zu seinem Landhaus in die Gegend von Weißenfels fuhr, wird berichtet, daß er an der Grenze jedesmal zu seinen Kindern sagte: »Spuckt kräftig aus, jetzt kommen wir in das verfluchte Preußen!«
Als Lindenau seinem Schädelkult nachhing, war er ein junger Mann mit schütterem Lockenhaar. Man muß ihn sich schlank, zartgliedrig und blaß vorstellen, seine Stimme war leise, sein Auge von zuckendem Lid verschattet. Er ängstigte sich vor der Obrigkeit, sogar vor herzoglichen Steuerbeamten oder Zöllnern an den Grenzen. Gegen seine Mutter, eine herrische Frau, wagte er nie ein behauptendes Wort. Vettern quälten ihn, einer, den er liebte, schlug ihn noch, als er zwanzig war. Die Toten des Schlachtfeldes dagegen ruhten stumm, er konnte über sie hingehen und sich vorstellen: Hier

lagen fünfhundert, hier tausend, fünftausend. Er verharrte, wo ihn Bauern auf Massengräber verwiesen, und stellte sich vor, wie unter ihm Mägen, Rippen, Därme, Lungen sich in Erde auflösten. Aber die Schädel würden bleiben.
Einige Jahre hindurch versammelten sich Lindenaus Freunde in Privathäusern, um der Schlacht zu gedenken, dann versandete ihre Initiative angesichts der Metternichschen Verfolgungen. Untersuchungsgerichte traten alle Flammen und Flämmchen aus, die da freiheitlich gelodert hatten. Lindenau verbesserte die Schafherde durch Erwerb eines englischen Hammels, heiratete und zeugte Töchter und einen Sohn. Versonnen deklamierte er angesichts der öden Herbstfelder Kleists Verse aus »Die Kinder der Mutter Germania«:

> Euern Schlachtraub laßt euch schenken.
> Wenige, die dessen denken;
> Höhrem, als der Erde Gut,
> Schwillt die Sehne, flammt das Blut:
> Eine Pyramide bauen
> Laßt uns in des Himmels Auen,
> Krönen mit dem Gipfelstein
> oder unser Grabmal sein!

Manches mutet heute überzogen an. »Schwillt die Sehne« – wer denkt da nicht an lästige Sehnenscheidenentzündung? Und »flammendes Blut« wirkt lächerlich: Allenfalls an einen Tiegel könnte ich denken, in dem Blutwurst anbrennt. Lindenau durfte sich schmeicheln, Rheinbundgefühle in sächsischen Herzen und Hirnen durch Körnerschen Hörnerklang übertönt zu haben, nun baute er aufs Fortwirken. Am siebenten Jahrestag ritt er nach Leipzig, um heimlich mit patriotischen Freunden zu feiern. Fürst Schwarzenberg, ehemals Oberbefehlshaber der Verbündeten, war in Leipzig gestorben und lag aufgebahrt; auf dem Felde seines Sieges sollte er bestattet werden. Da zogen sie in der Nacht hinaus, den

Hut in der Stirn, Fackeln leuchteten, als sie sich illegal um den Redner Karl von Haase scharten. Dieser sagte: Seit die Fremdherrschaft gebrochen, seit die Sünde der Knechtschaft und Schmeichelei mit Strömen Bluts abgewaschen sei, habe man sieben Jahre lang Wasser getragen, die heiligen Flammen zu löschen, und nun sei alles wieder kalt und dunkel. Jeder Staat, jede Provinz, jeder Mensch denke und sorge für sich nur, wie er das jämmerliche Leben, das schmuckberaubte, friste; Vaterlandsliebe heiße wieder Schwärmerei, Freiheitssehnsucht werde von Gutmütigen Narrheit, sonst aber Jakobinismus und Demagogie gescholten. Ein deutsches Reich, ein deutsches Volk seien wieder Antiquitäten und Märlein geworden.
Käuzchen schrien, die Patrioten rafften ihre Radmäntel; Moritz v. Schwindt könnte diese Szene gemalt haben. Die Angst vor Spitzeln sind die Versammelten in keiner Minute losgeworden.
Ob er aus diesem Anlaß verpfiffen wurde? Eine Woche darauf wurde er aufs Schloß nach Altenburg geladen, drei Herren saßen an einer Tafel, von denen sich einer als Ministerialdirigent vorstellte, dem das Polizeiwesen unterstand, die anderen blieben stumm. Von Umtrieben mußte Fürchtegott hören, denen man auf der Spur sei, und da müßte man deutlich eine Mahnung, um nicht zu sagen Warnung, aussprechen: Was sollte das übertriebene Erinnern an jene Schlacht? Konnte ein Denkmal nicht gefährlich mißdeutet werden? Warum Schädelkult? Wie leicht könnte eine unerfahrene Jugend gefährliche Gedanken ableiten – also, Schluß mit der Sammelei. Hier sei das Großherzogtum Altenburg, Herr von Lindenau sei hoffentlich ein treuer Untertan, was kümmere er sich um königlich-sächsische, ja, sogenannte deutsche Belange?
Ich muß leider sagen: Fürchtegott kapitulierte. Die gesammelten Schädel mauerte er ein, seine Schriften barg er in einer Truhe. Schade um seinen Plan.

Dem frühen Lindenau bin ich nahe wie mir selber, später verrinnen Jahrzehnte ohne Kontur. Der Freiheitsbaum war gefällt, von einem Denkmal wollte niemand etwas wissen – fuhr Lindenau noch übers Schlachtfeld? Öffentlich war gar nichts zu erreichen, wer es dennoch versuchte, büßte es mit Kerker. Auch die Leipziger erbauten einmal Barrikaden zwischen dem »Café Français« und »Blumen-Hanisch« – Pardon, an der Mündung der Grimmaischen Straße in den Augustusplatz, der eine ungeregelte, pfützenreiche Fläche war. Die Aufrührer wollten die Zensur abschaffen, ließen Feuer aus Messebuden lodern, um aus den Dörfern Verstärkung anzuziehen – vergeblich. Leipzigs Buchhändler Blum büßte im fernen Wien mit dem Tode. Erschossen wie Robert Blum – das war in meiner Jugend eine Redewendung, wenn einer ausdrücken wollte: Einer ist total erledigt. Eine graue Zeit.
Die Messe brachte Geld und frische Meinungen. Die Zollschranken sollten fort, weg mit der Kleinstaaterei, auch wenn dies nicht ohne preußische Vormachtstellung möglich wäre! Das ließ die Regierung in Dresden Verdacht schöpfen, und so sah man es dort ungern, als die Wahl für ein deutsches Turnfest auf Leipzig fiel. Kaufleute, Bankiers und Advokaten ließen sich in die Kommissionen wählen, dem Festspielausschuß gehörte gar der Universitätsrektor an. Südlich der damaligen Stadtgrenze und nördlich vom Connewitzer Kreuz, wo heute die führende Partei bezirksweit leitet, wurde eine Festhalle mit siebentausend Tafelplätzen errichtet. Die Gänge zwischen den Tischen mußten breit sein, denn Krinolinen waren Mode. Davor lagen Turn- und Tanzplätze, abgeschlossen wurden sie von zwei Tribünen für fünftausend Gäste.
Fürchtegott ließ sich von seinem Gütchen mit dem Landauer nach Borna bringen, von dort fuhr er mit der Eisenbahn. Sein Kutscher hatte ihm zwei Koffer ins Gepäcknetz gehoben, vor dem Bayerischen Bahnhof halfen Turner aus Coburg dem alten Herrn. Leipzig war Deutschland: Blumen und

Girlanden prunkten, eine Feuerwehrkapelle schmetterte, Schulkinder führten die Gäste in die Quartiere – da straffte sich Fürchtegott, blickte freudig um sich und sprach mit vor Rührung bebender Stimme: »Dafür ham mir vor verzsch Jahrn schon gegämpft!«
Er schritt, den Stock klickend aufsetzend, durch die Nürnberger Straße zur Johanneskirche. Trubel war um ihn, denn zu den achtzigtausend Bewohnern der Stadt waren sechzehntausend Auswärtige gekommen. »Gut Heil!« riefen sich Turner aus Bayern und Schlesien, aus Hamburg und vom Rhein zu. Schwarzrotgoldene Fahnen wehten, sie sollten ausdrücken: aus der Finsternis durch blutigen Kampf in die goldne Freiheit. Zwanzig Jahre vorher wäre einer noch, der sie gezeigt hätte, ins Zuchthaus gegangen. Turnen war politische Haltung, Ansicht und Absicht. Fürchtegott von Lindenau war Turner durch und durch.
Er stieg in einem Gasthof in der Wintergartenstraße ab, den Koffer mit dem Nachtzeug ließ er durchs Zimmermädchen auspacken, den anderen, verschlossen, auf den Schrank heben. Zu Mittag bestellte er Leipziger Lerchen. Das waren keine Gebäckstücke, sondern wirkliche Vögel, gefüllt und gebraten, man aß sie mit Sauerkraut. Zu Zehntausenden wurden sie auf den Feldern gefangen, ohne daß jemand das Gefühl gehabt hätte, Naturfrevel zu begehen. Lerchen waren eine Delikatesse wie auch das Leipziger Allerlei, das wenig mit dem heutigen Mischgemüse gleichen Namens zu tun hatte. Lindenau aß mit frohem Appetit.
Brieflich hatte er sich im Rathaus angemeldet; der Bau am Markt war über und über geschmückt. Er versuchte sich zum Bürgermeister Georgi durchzufragen, mußte jedoch hören, der sei gerade unterwegs zum Schützenhaus, wo Fahnen und Standarten aufgestellt wurden. Ein freundlicher Sekretär teilte das mit, er trug die Rosette des Turnfestes im Knopfloch. An einem Stand auf dem Markt kaufte Fürchtegott ein solches Gebilde aus Leinen und Papier, von dem

Bänder hingen oder flatterten. Er fühlte sich frisch, fromm, fröhlich und frei.
Den Herrn Georgi traf er im Schützenhaus nicht an und nicht im großen Festzelt. Greise sanken sich in die Arme, die Veteranen von dunnemals. Manche ehemalige Marketenderin, auch die Samariterin, die nach dem Gefecht von Kitzen den blessierten Körner pflegte, empfing Huldigungen. Am »Café Français« überwölbte eine Ehrenpforte den Durchgang, ein doppelköpfiger Adler breitete seine brokatenen Schwingen. In Schaufenstern waren Erinnerungsstücke ausgestellt, Waffen und Proklamationen, Porträts, Zeichnungen. Auch Kuriosa fehlten nicht, so eine vertrocknete Semmel aus großer Zeit.
Fürchtegott folgte einer jubelnden Menge auf die südlichen Plätze. Dort wurde gebraten und gesotten, er fand Platz zwischen einem Schwaben und einem Franken, denen er etliche Schoppen spendierte. So mancher Gast zog den Rock aus und versuchte sich im Hochsprung, wer über die Leine kam, wurde mit Hurra-Rufen bedacht. Chöre schmetterten, die Kehlen befreiten sich wie die Muskeln. Weder Stoppuhren noch Zentimetermaß waren im Gebrauch, den Siegern wurden Eichenkränze aufs Haupt gedrückt, Händeschütteln, basta. Wie bedauerte Lindenau, daß sein Koffer im Gasthof lag und er nicht in dieser weihevollen Stunde den Inhalt preisgeben konnte! Im Koffer waren zwölf Schädel der Völkerschlacht.
Nun muß ich mich der guten alten Gose zuwenden, dem Getränk meiner Stadt, einem obergärigen, säuerlichen Bier, erfrischend und die Verdauung fördernd. Zweimal im Jahr wurde sie gebraut, in bauchige Flaschen abgefüllt und aus langstieligen Gläsern getrunken. Gosenschenken lagen in allen Stadtvierteln, »Ohne Bedenken« in der Menckestraße, das »Gosenschlößchen« in Plagwitz, die »Goldene Säge« in der Dresdner Straße, stadtbekannt war die »Gosenschenke« am Eutritzscher Markt. Bis in die fünfziger Jahre des 20.

Jahrhunderts hinein hab ich Gose getrunken, man mußte aufpassen, sonst hatte man am nächsten Tag das Gefühl, zwei Schädel zu besitzen, von denen der innere der größere war. Dann wurde sie wegrationalisiert. Die Brauanlagen waren verbraucht, es war umständlich, spezielle Flaschen und Gläser bereitzuhalten – also fort damit! Ich hoffe nicht, daß der, der schließlich vorschlug, das Gosebrauen einzustellen, dafür eine Neuererprämie kassiert hat. Flaschen und Gläser flogen in die Ecke, Ströme von Sternburg-Hell und Silberpils flossen künftig aus allen Hähnen. Nur alte Männer erinnern sich. Hätte damals ein Mächtiger ein Wörtchen gesprochen, alles wäre anders gekommen. Wäre Ulbricht ein Liebhaber der Gose gewesen – aber er war natürlich viel zu asketisch. Fröhlich, der Bezirkssekretär, stammte aus Bautzen; auch durch ihn keine Chance. Gose als bodenständiges Gebräu, beliebt bei Proletariern, schon der alte Liebknecht... – an Argumenten hätte es nicht gefehlt. Die Gose wird niemals wiederkommen. Die Pleiße wird kochen, Goldrute und Akazie..., ja, ich höre schon auf.
Lindenau, sonst ein mäßiger Mann, trank Gose bei Cajeri in »Lehmanns Garten«, in der »Guten Quelle« am Brühl, wo der freigesinnte Professor Roßmäßler und Drechslermeister Bebel auf ihren Stammplätzen saßen, und im »Blauen Hecht« in der Nikolaistraße, wo der langaufgeschossene Schneider, der für das Reklamebild der Döllnitzer Brauerei »Der achtzigjährige Gosentrinker« Modell gesessen hatte, in einer Ecke froh zechte. Im »Taubenschlag« im Preußergäßchen spendierte Lindenau der Harfenjule, einem verknitterten Weibchen, eine Flasche, dort saßen Turner um ihn, ein Allensteiner dabei und ein Basler, sie kosteten das für sie ungewohnte Gebräu und fanden es süffig. Auf mancher Flasche schwamm ein Kleckschen Hefe, Lindenau belehrte, wie man es herunterschwappte. Dort rief er in den fröhlichen Mischmasch deutscher Dialekte hinein: »Morschn werdsch däm Bärschermessdr ä Dutznd Schädl aus dr Välgerschlachd

iebergäm!« Ein Zwickauer prostete ihm zu, die anderen hatten nicht verstanden. Lindenau leerte sein Glas und schwankte fort in Richtung seines Hotels.
Am nächsten Tag erwachte er gegen Mittag. Er hatte etliche patriotische Ereignisse verpaßt: Wagenladungen mit Eichenreisern waren angefahren worden, jeder steckte sich einen Zweig an den Hut. Vom Augustusplatz aus marschierten die Turner durch die Innenstadt, voran Gäste aus Amsterdam, Basel, Kronstadt, London, Pisa und sogar Melbourne, dann die deutschen Gaue mit Schleswig-Holstein an der Spitze, das unter dem dänischen Joch schmachtete. Am Schluß die Sachsen; die Vereine des Leipziger Schlachtfeldes hatten allein 2350 Mitglieder aufgeboten. Fürchtegott von Lindenau erbat indessen Kamillentee.
Aber er kam noch zurecht, um mit zur Marienstraße zu ziehen; wenigstens einen der zwölf Schädel trug er im Beutel bei sich. Der Grundstein zu einem Denkmal sollte gelegt werden, aus auf dem Schlachtfeld gefundenen Kugeln getürmt. Lindenau schob sich bis an die Absperrungskordeln vor, dort stand der freundliche Sekretär, den er am Vortag im Rathaus getroffen hatte, heute würde man sagen: des Oberbürgermeisters persönlicher Referent. Einen Schädel aus der Völkerschlacht habe er bei sich, teilte Lindenau aufgeregt mit, wäre es nicht für das Denkmal eine besondere Zier, wenn er die Spitze der Kugeln krönte? Interessant! äußerte der Sekretär, leider sei es nicht der rechte Zeitpunkt, dies ins Kalkül zu ziehen, gleich werde der Oberbürgermeister seine Rede halten, das Protokoll: Sie verstehen? Noch einmal setzte Fürchtegott an, verhedderte sich, so klar war er noch nicht wieder im Hirn, seine Zunge war pelzig. »Von wem stammt der Schädel«, fragte der Sekretär, »ich meine: von welcher Armee?« Daß es ein Franzosenschädel sein könnte, kam dem Sekretär ohnehin nicht in den Sinn, aber könnte nicht gerade jetzt, da Einigung über alles ginge, ein deutscher Stamm sich benachteiligt fühlen, wenn der Schä-

del eines anderen Stammesbruders vorgezeigt und damit vorgezogen würde? Der Sekretär reichte den Beutel, in den er einen indignierten und zugleich proporzbewußten Blick geworfen hatte, an Fürchtegott zurück. Ein Tusch, der Oberbürgermeister trat ans Pult, in Fürchtegott machte sich jene Leere breit, die jeder kennt, der sich einmal aus den Tiefen eines schweren Katers in die Klarheit des Denkens zurückgezwungen hat. Das große Vorhaben seines Lebens war gescheitert.

Drei Jahre später standen die Sachsen wieder im Getümmel, mit den Österreichern fochten sie gegen Preußen und verloren wie gewöhnlich. Der Deutsch-Französische Krieg veränderte alles. Dabei, nur einmal in zwei Jahrhunderten, fochten wir Sachsen auf der siegreichen Seite. Tausendfünfhundert Soldaten der Leipziger Garnison starben, das nannte man Blutzoll. Der Sieg wurde großmächtig gefeiert, das Rathaus war mit hundert Fahnen und einem Transparent geschmückt: Lipsia huldigt kniend der Germania. Das Rathaus war mit fünfunddreißigtausend Gasflammen und dreitausend Öllämpchen illuminiert. Danach kam diese blödsinnige Redewendung auf: »Bei Leipzig-ein-und-Leipzig.« Wird immer noch angewendet, wenn einer ausdrücken will: Damals, weiß auch nicht genau, wann eigentlich. Mit derlei kommen wir Sachsen über manche Runde. Irgendwie war unsre Geschichte immer bei Leipzig-ein-und-Leipzig.

In den Jahren darauf wurde Deutschland mit Kaiser-Wilhelm- und Bismarckdenkmälern eingedeckt, die Rufe nach einem Völkerschlachtklotz klangen matter. Lindenau bot niemals mehr seine Schädel an. Er starb betagt.

Feieramd. Mir soll's recht sein, Herr Doktor.

3. KAPITEL

Aber doch nicht ohne Komplizen?

Ich protestiere! Sie haben zugesichert, mich nicht als Gefangenen, sondern als Patienten zu behandeln. Als Patienten unter Sicherheitsvorkehrungen, wie Sie es nannten. Nun bin ich den vierten Tag hier, vorher verbrachte ich drei Tage in dem Haus im Zentrum, noch immer werden mir Zeitungen, Radio und Fernsehen verweigert. Mein Lebtag hab ich am öffentlichen Geschehen Anteil genommen. Vielleicht stand gestern in der Zeitung, ein weitreichendes Wirtschaftsabkommen sei unterzeichnet. Wie ADN aus Leipzig erführe, solle der Bau von einem Dutzend Kernkraft...

Alles Unsinn, was ich sage? Sonst nehmen Sie jedes Wörtchen zu Protokoll, doch wenn ich auf den Kern komme, wehren Sie ab. Kern – wieder ein Wort, das Ihnen mißfallen dürfte.

Ob ich einen Komplizen hatte? Ich werde beweisen, daß ich keinen brauchte. Mit siebzig fühle ich mich rüstiger als mancher mit sechzig. Bewegung an der Luft, körperliche Arbeit haben das bewirkt, und lange Jahre habe ich gerungen. Wir Sportler haben ja immer die Idee eines Denkmals hochgehalten. Auch kurz vor der Weihe drehten Turner ihre Riesenwellen, ihr Anführer war Rudolf Witzgall, Festturnwart des 12. deutschen Turnfestes im August 1913. Noch heute ist in Stötteritz eine Straße nach ihm benannt. Neben ihm ruhen auf dem Südfriedhof die Ehrengauvertreter Mehlhorn und Hennig, Gauturnwart Goldstein – sie turnten für Deutschland.

Ich wüßte keine Stelle des Friedhofs, die weihevoller wäre. Wer sich hier für das Nachleben einrichtete, gönnte den Be-

suchern Platz zum Schreiten über Platten und Rasen. Vierzig Quadratmeter Ruheraum für eine Familie – bitte vergleichen Sie mit dem heutigen Urnengedränge! Eichen und Buchen schließen den Himmel, hinter ihrem Dach dunkelt die Masse des Denkmals. Kein würdigerer Platz wäre denkbar für den Geheimen Hofrat Clemens Thieme, den Denkmalsschöpfer, geboren 1861, gestorben am traurigen 11. 11. 1945, als niemandem nach Karneval zumute war und ich in der Nähe aus dem Fluchtstollen der SS noch immer Blutwurst- und Ölsardinenbüchsen, Wolldecken und aufgeweichte Zigaretten barg. Dieser Mann hätte bei einer Auferstehung sofort das Denkmal im Auge. Kaninchen und Eichhörnchen huschen. Wenn es nicht ausgeschlossen wäre, würde ich mir hier meine letzte Ruhestätte reservieren.
Neben dem Grab der Vorturner liegt das Grab derer v. Pussenkomm, einer fiel als Hauptmann 1916 an der Somme, darunter steht: »Der letzte Namensträger seines Geschlechts«. Darf ich Sie zwischendurch darauf hinweisen, daß Sie kein Wort erwidert haben, als ich um Zeitungen bat? Abgesehen davon, daß Presse, Rundfunk und Fernsehen der DDR die beruhigendste Wirkung ausüben, *muß* ich ganz einfach im Bilde sein, was in der Welt geschieht. Vielleicht geben mir auf einmal neue Tatsachen recht? Vielleicht lese ich, daß Stötteritz und Marienbrunn, die angrenzenden Viertel, geräumt werden, daß der Südfriedhof geschlossen werden muß – wäre das nicht Beweis, daß ich keinem Trugbild erlegen bin, als ich unter dem Denkmal die gelbgekleideten... Gut, Sie werden mit Ihren Vorgesetzten sprechen.
Vor dem Gedenkstein der Familie v. Pussenkomm mußte ich – eine Woche ist das nun her – einen metallenen Ring von Erde und Gras säubern, ehe ich die Gruftabdeckung zur Seite ziehen konnte. Ich fand den Fluchtstollen der SS intakt, Wassertropfen glitzerten an den Verstrebungen. An die zwanzig Meter waren mit Karabinern 98 k versteift, die bei Kriegsende im Überfluß herumlagen. Ich hielt, während ich

mich auf Händen und Knien fortbewegte, meine Taschenlampe zwischen den Zähnen. Eine Nische erkannte ich wieder, in ihr waren Konserven mit Schmalz und Rindfleisch gestapelt gewesen. Scho-Ka-Kola – ein unvergeßlicher historischer Begriff. Am ersten Pfeiler knickte der Gang ab, ich blickte hoch und sah die Initialen VM; Vojciech Machulski hatte sich im Stampfbeton verewigt. Darunter ruhten meine fünf Flakgranaten. Sie dürfen mir glauben: Mir wurde der Mund trocken. Die Granaten lagen da wie Kinder in ihren Steckkissen. Ich tröselte Schnüre auf und wickelte die Hüllen auseinander; auf den Zeltplanen war noch Blättermuster zu erkennen, die Waffen-SS benutzte bekanntlich ein besonderes Design. Das Fett brach knisternd, darunter lag das Metall blank und trocken, die Zünder waren im besten Stand. Ich streichelte über die Granaten, hob eine hoch und trug sie bis vor den Pfeiler, den zu sprengen ich die Absicht hatte. Da stieß ich auf die nicht vermutete Tür und trat in den hellerleuchteten Raum. In diesem Augenblick stürzten die Männer in den gelben Overalls auf mich zu.

Wenn ich diesen Punkt berühre, wehren Sie entrüstet mit den Händen ab: Es seien keine Männer dagewesen, es gäbe dort keinen erleuchteten Raum und keine Schalttafeln. Dagegen behaupten Sie, ich wäre von Laub kehrenden Friedhofsarbeiterinnen in der Gruft derer von Pussenkomm entdeckt und mühselig herausgezogen worden, dabei hätten die Frauen eine Granate zwischen den Särgen entdeckt und nach Hilfe geschrien. Nichts als Flunkerei von Wichtigtuerinnen. Ich hätte nach schlechtem Alkohol gerochen – ich bitte Sie! Jetzt mein Haupttrumpf: Wenn all dem so wäre, würden Sie mich dann hier festhalten und täglich von früh bis spät ausquetschen? Ich bin bereit, Ihnen die Männer im Denkmal zu schildern. Sie waren ausnahmslos nicht älter als dreißig, mindestens zwei von ihnen vollbärtig. Sie eilten erschrocken und lautlos heran, offensichtlich auf Gummisohlen. An ihren Brusttaschen steckten thermometerartige Instrumente.

Ich bin nicht sicher, ob alle unförmige Handschuhe trugen oder nur einige. Sie sahen aus und redeten wie hochgeschulte Spezialisten. Dialektfärbung ist mir nicht erinnerlich. Meinetwegen, trinken wir Tee, es muß nicht immer Kaffee sein.

Was ist mit meinen anderen Vornamen. Den vierten habe ich von Vojciech Machulski übernommen, der aus dem hintersten Oberschlesien kam, dem Sohn von Landarbeitern, die eine Kate und ein Stück Feld besaßen, selten ein Schwein, meist ein paar Hühner und Gänse und ein Dutzend Kinder, aber nie mehr als vier gleichzeitig, denn die Sterblichkeit war groß. Der Lehrer, der vier Klassen in einem Raum unterrichtete, erkannte Vojciechs rasche Auffassungsgabe, und da des Lehrers Sohn recht schwerfällig war, lud er Vojciech an den Nachmittagen in sein Haus; Vojciech sollte anspornend wirken. So lernte Vojciech weit mehr, als sonst möglich gewesen wäre, er schrieb bald fast fehlerfrei deutsch mit steiler, sauberer Handschrift, las ein verbreitetes fortschrittliches Journal, die »Gartenlaube«, jahrgangsweise durch und erwarb allerlei Vorstellungen über Geometrie und Physik. Als er zwölf war, baute er eine Wassermühle, die einen Häcksler treiben sollte und ihm zwei Finger brach. Mit dreizehn verblüffte er mit Plänen, Cumuluswolken in riesigen Leinensäcken einzufangen, Gondeln daran zu hängen und mit ihnen um die Welt zu reisen. Das Problem, die Leinensäcke in Wolkenhöhe zu hieven, blieb leider ungelöst. Als er vierzehn war, zog er mit älteren Freunden westwärts. Sie arbeiteten bei Bauern in Schlesien und Gärtnern in der Lausitz, 1892 fand Vojciech nach Leipzig, da war er sechzehn. Ein Fuhrunternehmer in Stötteritz stellte ihn als Stallburschen an. Wenn er die Rücken der Pferde putzte, mußte er sich auf eine Kiste stellen; zum Abschluß striegelte er ein V und ein M ins Fell. Er schlief in einem Verschlag hinter der Futterkammer im Stroh, das war weder demütigend noch etwas Besonderes. Sein Chef fand ihn anstellig und flei-

ßig und verhalf ihm zu Papieren, in denen er Viktor Machul genannt wurde.
Vojciech karrte Holz, Steine, Ziegel. Er erlebte Leipzig, als es die Gestalt annahm, die heute noch überwiegt trotz der jüngst entstandenen Betonviertel. Er fuhr Baustoffe in die innere Westvorstadt: Kolonnadenstraße, Nikischplatz, Apels Garten. Die Bomben haben dort drei Fünftel aller Häuser zerstört, die übrigen sind dabei zu verfallen. Jetzt wirkt die Westvorstadt wie ein Akazienwäldchen, das durch bröckliges Pflaster und schäbige Häuser unterbrochen wird. Hierher rollte er Granitplatten für die Fußwege, er lernte, sie ohne andere Technik als schräg gestellte Balken und die Brechstange auf- und abzuwuchten, ihm ging in Fleisch und Blut über, Hebelgesetze zu berücksichtigen, von denen hinter den schwarzen Wäldern nur theoretisch die Rede gewesen war. Hau ruck! Zuuu gleich! Der Proletarier V. M. baute Steige und Häuser für Bürger, fünf Stockwerke hoch mit Erkern und Giebeln, er trug Ziegel die Gerüstleitern hinauf, dafür wurde Akkordlohn gezahlt; Arme und Schenkel wurden eisenhart, sein Herz weitete sich wie heute bei einem Sportler, aber bei ihm blieb als Resultat *ein Haus* und nicht eine dumme Zahl in der Statistik und eine unnütze Medaille. Überall ritzte er sein VM in den Putz. Kolonnadenstraße 17 steht noch heute mit einer schmiedeeisernen Tür, ihr Griff stellt einen Ritter in seiner Rüstung dar und ist so solid gefertigt, daß er nach neunzig Jahren weder gestohlen worden noch abgebrochen ist.
Kolonnadenstraße 14: Hier war die Fabrik von Heinrich Bauer, sie möblierte Schlösser, Kirchen und Hotels, dort konnte einer sich seinen Salon mit Mahagoni, Kirschbaum oder Birke ausstatten lassen. Heinrich Bauer hat alle Holzarbeiten für den »Fürstenhof« entworfen und eingebaut, dem heutigen »Hotel International« – ein Handwerksmeister, der sich hochgeschuftet hat. Schönschön, ich gerate nicht ins Schwärmen für diese Zeit, die Sie ironisch die gute alte nen-

nen. »Willy Schubert, See-Fische, Fluß-Fische« ist noch zu erkennen, die Fenster darunter sind blind vor Dreck, der Laden ist zum Lagerschuppen degeneriert. Natürlich war im Eckhaus eine Kneipe, das »Alexander-Eck«, gegenüber ein Café. Die Kneipe ist verbrannt, das Café vergammelt. Ach, Herr Doktor, was war das ein Leben, geballt, urban und produktiv bis in die Keller und Hinterhöfe. Alexanderstraße 11 mit dem Wappen über der Tür und dem VM an der Kellertreppe. »Sauber – schnell – preiswert« ist schwach im Putz zu erkennen, keiner weiß mehr, welche Dienstbarkeit da angepriesen wurde.
Vojciech wuchtete Granitplatten vom Rollwagen, legte sie aufs Kiesbett, da konnten Bürger in Lackschuhen spazieren und Bürgerinnen den Kinderwagen schieben. Über den Ring hinweg, und sie waren im Zentrum. Die Platten lagen tischeben mit so schmalen Fugen, daß die Kinder Mühe hatten, die Kreisel einzustecken, ehe der erste Peitschenhieb sie traf. Heute liegen die Platten zerbrochen, unterspült. Den Verfall hält keiner mehr auf, und auch deshalb hab ich meine Flakgranaten aus den Hüllen gezogen. So, wie die innere Westvorstadt, zerfallen Stötteritz, Plagwitz, das Waldstraßenviertel, die Straßenzüge südlich vom Connewitzer Kreuz. Goldrute und Akazie werden siegen. Beide sind Steppenpflanzen.
Vojciech war der Herkunft nach Pole, seiner Staatsangehörigkeit nach Reichsdeutscher; drei Dörfer weiter hätte der Zar ihn unter russische Fahnen gefordert. Ich lege Wert darauf, unter meinen Ahnen auch einen Slawen zu nennen. Angehörige dieser Gastarbeiterwelle haben unser Blut gemischt, unser Temperament aufgemöbelt, sie nahmen heftigen Anteil beim Bau der Städte und Fabriken, ohne sie wären diese Jahre zäher, öder verlaufen.
Auf der Höhe über Stötteritz, in der Reitzenhainer Straße, stand eine hohe, seltsam ausladende Pappel. Um sie lag das Gras trocken und festgetreten, Findlinge waren von Brom-

beergestrüpp überwuchert. Dort trafen sich Jungen und Mädchen aus Stötteritz und Thonberg. Vojciech saß gern unter ihnen, Dienstmädchen waren dabei, Fabrikarbeiterinnen, Kutscher wie er, Bäckerlehrlinge, Markthelfer. Sie sangen Volks- und Soldatenlieder, auch Küchenschnulzen: »Ein König von Rom, Napoleons Sohn, er war viel zu klein, ein Kaiser zu sein.« Von der Höhe sahen sie, wie in der Stadt die Gaslaternen angingen. Vojciech mischte sächsische Wörter in seinen Sprachschatz. »Euja« zum Beispiel, es heißt soviel wie »doch«.
Er war semmelblond, seine Augen waren karpfenblau, schmal und pfiffig, seine Ohren klein wie bei einem Seehund und lagen eng am runden Schädel. Das Haar trug er am Hinterkopf kurzgeschnitten und als Bürste über der Stirn. Mal brachte er dieses, mal jenes Mädchen nach Hause und knuddelte es unter dem Torbogen. Als er Soldat wurde, hatte er noch neben keinem Mädchen gelegen; es waren andere Zeiten. Die Pappel: Die Straßenbahn der Linie F wurde rechts und links im Bogen herumgeführt. Später wurde die Pappel wegen Altersschwäche gefällt. Auch dann noch trafen sich die Halbwüchsigen »an dr abbn Babbl«. Heute zieht dort der Damm vorm Denkmal seine nördlichste Kurve. Am Kiosk kann einer Bier kaufen, auch Bockwurst und Schnaps. Zähe, schmuddlige Trinker haben davor ihr Stehquartier, kleben von morgens bis abends, manchmal spielen sie auf einem Sims Klammergaß, ein Leipziger Kneipenspiel. Gesungen wird ja heute nicht mehr. Höchstens gegröhlt: »Sing, mei Sachse, sing!«
Vojciech schrieb zu Weihnachten und zu Ostern nach Hause. Nie mehr fuhr er hin. Es wäre zu weit gewesen und zu teuer, und Urlaub gab es für ihn nicht. Einmal stand einer seiner jüngeren Brüder unverhofft in der Tür, wollte bleiben oder weiterfahren, je nachdem. Der Bruder schlief eine Woche lang auf dem Fußboden, streunte, stahl einen Rock und zwei Hemden von einer Leine, Äpfel und Möhren von einem

Marktstand. Vojciech weigerte sich, ihm bei der Arbeitssuche zu helfen. Der Bruder zog nach Belgien und Frankreich davon. Später wurde gesagt, sie hätten bei Verdun gegeneinander gekämpft.
Wurde Vojciech gern Soldat? Diese Frage spielte eine für uns heute überraschend geringe Rolle. Ob ihn ein Fuhrunternehmer oder ein Korporal anschiß, kam auf dasselbe hinaus. Eine Uniform war fast immer fester und wärmer als ein Arbeitsanzug, vom Schuhwerk ganz zu schweigen. Er rückte beim Pionierbataillon der Hundertsiebener in Gohlis ein, vom dritten Tag an striegelte er wieder sein VM ins Pferdefell wie vorher auch. Er wurde am Karabiner ausgebildet und schoß nicht übel, der imitierte Bajonettkampf mit langen Knüppeln war ihm ein Spaß. Bohlen und Bretter fuhr er hinaus zum Bienitz, dort übte er das Brückenschlagen über Elster und Luppe. Nachmittags lagen er und seine Kameraden bisweilen in Schützenlinie, den Karabiner im Arm, und schliefen ein Stündchen in Erwartung des eingebildeten Feindes. Wenig Zeit und wenig Geld blieben für einen Kneipengang, das war nicht anders als sonst auch. Der Pionier Viktor Machul zählte selten die Tage bis zur Entlassung und schnitt kein Bandmaß in zentimetergroße Stücke. Zwei Drittel seiner Mitpioniere stammten aus Leipzig, die anderen aus Dörfern und Städten der Umgebung. Alle Offiziere waren Sachsen, sie waren überzeugt, die sächsischen Soldaten seien die besten des Reiches, und schauten hochmütig auf Preußen, Hessen und Bayern hinab, was bildlich zu verstehen ist, denn sie bekamen nie einen zu Gesicht. Der letzte Krieg lag so lange zurück, daß niemand mehr ihn sich richtig vorstellen konnte. Krieg fand allenfalls in China statt, aber doch nicht in Europa. Das Soldatenleben war eine Art Ertüchtigung; Hammelbeine wurden langgezogen. Die Offiziere galten vielen als überflüssig, manche von ihnen fühlten sich selber so. Vojciech brachte es auch am Ende seiner Dienstzeit nicht zum Gefreitenknopf, er war nicht danach aus. Als er probe-

weise vor die Front gestellt wurde, tat er so, als stolpere er ins Polnische seiner Kindertage; da wurde er gleich wieder ins Glied geschickt. Während er auf dem Strohsack lag, dachte er sich ein Handgranatenweitwurfgerät aus, das auf Hebelgesetzen beruhte, zusammengenagelt aus Balken und Stangen. Drei Mann sprangen gleichzeitig aufs kurze Ende – er behielt seine Erfindung für sich. Und wurde in Ehren entlassen.
Vojciech wuchs noch, als er zwanzig, sogar als er zweiundzwanzig war. Da stand er, da stand ich – so erinnere ich mich deutlicher –, da stand ich also, Vojciech Machulski, bekleidet mit gewichsten Stiefeln, einer sauberen Tuchhose, einer gebraucht gekauften Joppe und plustriger Mütze dabei, als am 18. Oktober 1889 der symbolische erste Spatenstich fürs Denkmal zelebriert wurde. Der Tag hatte trüb begonnen; als der Festzug auf der Höhe anlangte, brach die Sonne durch. Ich war vorher durch Herren in Gehröcken an den rechten Ort dirigiert worden, stand neben meinen hübschen mittelschweren Braunen mit dem eingestriegelten VM, strich ihnen über die Nüstern und redete ihnen gütlich zu. Sonntäglich gekleidete Herren marschierten heran mit Schärpen und Orden, sie trugen Fahnen von Turner- oder Sängerbünden, von soldatischen Traditionsvereinigungen und Studentenverbänden, besonders vom Deutschen Patrioten-Bund, der sich am stärksten für ein Denkmal einsetzte. Ich hatte einen Spaten mitgebracht, er wurde durch ein Spalier von Händen weitergereicht, eine Kapelle spielte einen Tusch, ein Herr hob Kopf und Stimme: »Mit Gott für Kaiser und Reich, für König und Vaterland Hand ans Werk!« Das war Clemens Thieme. Er stach einen Grasbatzen los und warf ihn in Richtung meines Wagens. Dann schwenkte er den Hut, Jubel erscholl, zusammengesetzt aus Hoch!- und Hurra!-Rufen. Andere Herren grapschten nach dem Spaten und stocherten, jeder wollte der zweite, fünfte oder zehnte sein. Einer warf täppisch-emphatisch Dreck hoch, der auf Gehrockschultern

niederfiel. »Hand ans Werk!« wurde immer wieder gerufen. »Das Vaterland, es lebe!« Die Kapelle spielte: »Es braust ein Ruf wie Donnerhall!« Die Herren stießen die Zylinder gen Himmel. »Zum Rhein, zum Rhein, zum deutschen Rhein«, sangen sie, »wir wolln des Stromes Hüter sein.« Damals konnte in Deutschland nichts geschehen, ohne daß dieser Fluß mitschwappte: »Ein rheinisches Mädchen bei rheinischem Wein, das müßte der Himmel auf Erden sein.«
Die Patrioten zerstreuten sich. Während noch heroische Gesangsfetzen durch die Lüfte flatterten, setzte ich mich auf den Bock, meine Braunen zogen an, ich zottelte die Reitzenhainer stadtwärts in einer Kolonne von Kutschen, in denen Bürger zurückstrebten, besonders zum Festgelage, zu Zander, Rehrücken und Rheinwein. Zwei von ihnen hatten kürzlich vor dem Haus Kolonnadenstraße 17 gestanden, den Kopf im Genick, hinaufzeigend, wo ich, Ziegel huckend, über Leitern und Bretter balanciert war, der Bauherr und sein Architekt. Jetzt räumte ich ihren Dreck weg, nicht weit übrigens, in Stötteritz mußte ein Fundament verfüllt werden, ich schlug zwei Fliegen mit einer Klappe.
Abends saß ich in meinem sozialdemokratischen Spar- und Bildungsverein. Ein neues Mitglied wurde aufgenommen, über Lohnsenkungen in Spinnereien berichtet, kein Wort fiel über das Denkmal, und ich fühlte mich nicht aufgerufen, darüber zu referieren. Daß unter der Denkmalsidee bürgerlicher Firlefanz verstanden werden mußte, war uns allen klar. Zwei Glas Bier genehmigte ich mir, meinem Mädchen Erna wollte ich einen Likör spendieren; es lehnte stolz-bescheiden ab. Ich hatte Mühe, der Diskussion zu folgen; Sphinxrätsel der gerechten Verteilung der Güter, Expropriation, Cottagesystem, latente Assoziation. Ein Herr Sax wollte Gasbeleuchtung, Warmwasserheizung, Badekammern, Kinderbewahranstalt, Schule, Betsaal und Bibliothek, auch Wein- und Bierstube den Arbeitern gönnen, und ich dachte, dies wäre wunderschön, aber dann vernahm ich, der Genosse En-

gels habe es als verbürgerlicht abgelehnt. An einem anderen Ende müsse man anpacken – an welchem? Ich konnte zehn Stunden lang Granitplatten wuchten, aber eine Stunde Zuhören drückte mir die Augen zu. Pschakreff!
In diesem Jahr heiratete ich Erna, wir zogen in die Alexanderstraße, Hinterhaus dritter Stock, Küche, Stube, Kammer, Wasserleitung auf dem Flur, Abort auf halber Treppe. Ich wechselte zur Firma Stoye in der Kreuzstraße, Hoch- und Tiefbau mit Motorbetrieb. Zwischen perfekten Maurern klotzte ich in der Wand, schwitzte, hing hinterher, ziegelte, mörtelte, holte auf, fluchte polnisch. Aber ich hatte mehr Kraft als alle. Natürlich wurde ich ausgebeutet, das brauchen Sie mir nicht zu sagen.
Ans Denkmal bin ich drei Jahre später gekommen. Am Krystallpalast hab ich Außenmauern mit hochgezogen, dem größten Vergnügungsetablissement in Deutschland mit Zirkus, Theater, Konzertgarten, Ballhaus, acht Kegelbahnen, Weinrestaurant, Wiener Café, Konditorei und Bierstuben. Raten Sie mal, wie viele Gäste gleichzeitig hineinpaßten? Sie kommen nie drauf. Ein Lokalkomplex für *fünfzehntausend Menschen* – rechnen Sie bitte zusammen, ob heute alle Lokale der Stadt so viel aufnehmen können! Der Krystallpalast ist 1943 verbrannt, ich hab im Frühjahr darauf die Ruinen gesprengt.
Also Vojciech: Ich verdiente über zwanzig Mark in der Woche bei zehnstündiger Arbeit an sechs Tagen. Wo ich auch arbeitete: Ich ging zu Fuß hin und zurück, Elektrische konnte sich kein Arbeiter leisten. Ich baute bei Hübel & Denck mit, der königlich-bayrischen und königlich-rumänischen Hofbuchbinderei Barthel, an Blüthners Klavierfabrik und am Pelzhaus Nauck am Brühl. Überall ritzte ich meine Initialen in Holz, Stein oder Beton. Dann stand ich im Büro von Rudolf Wolle und hielt meine Papiere hin. Wolle war ein kleiner, sehniger Mann, den ich nie anders als im Maurerkittel gesehen habe, auf der Baustelle nicht und nicht hinter sei-

nem Zettelkram. Vielleicht war er damals schon steinreich, aber er hatte seine Anfänge nicht vergessen. Ob ich etwas von Verschalung verstünde, von elektrischen Aufzügen? Eine Woche zur Probe!

Ich ging kurz vor vier aus dem Haus, da waren die Bäckerjungen schon unterwegs mit Semmelkörben auf der Schulter und Laternchen am Gürtel, sie füllten die Beutel an den Klinken der Bürgerwohnungen. Im Trab fuhren von den Dörfern die Milchkutscher herein, Wagen mit Zeitungen waren unterwegs, Kolonnen von Straßenreinigern rückten mit ihren Karren aus. Ein Wettrennen leichter Wagen nach Süden: Die Fleischergesellen preschten zum Schlachthof. Gedränge hinter der Markthalle am Panorama. Die Masse der Straßenbahnen bimmelte erst später für Angestellte und Handelsleute aus den Remisen. In »Reclams Universum« von damals können Sie lesen, endlose Menschenzüge pilgerten nach dem Osten und Westen der Stadt, wo ein Wald von Riesenschloten durch seinen wirbelnden Qualm den dämmernden Himmel verhüllte, so daß die Morgensonne einen schweren Kampf hatte. Tausende und Abertausende beiderlei Geschlechts und jeden Alters wurden von weitgeöffneten Pforten der Fabrikbetriebe verschlungen, damit sie in harter Arbeit hülfen, den Siegesruf in alle Welt zu tragen: Ehre der deutschen, Ehre der Leipziger Arbeit! Hübsch, nicht wahr?

Heute dreht sich neben jedem Eigenheim ein elektrischer Quirl; wir haben von Hand gemischt. Der Kies schwebte an einer Drahtseilbahn heran, wir kippten aus, schütteten sächsisch-böhmischen Portlandzement hinzu, wässerten und griffen zu überbreiten Schaufeln, hoben von außen nach innen, ließen rutschen, schlugen Achten hindurch, schoben und hoben und drehten den Beton, bis er sämig war wie guter Kuchenteig. An der Rutsche stand unser Vorarbeiter, er ließ den Beton in die Grube hinunter, diesen tadellos durchgearbeiteten Brei, in dem jeder Kiesel gleichmäßig in seinem

grauen Mantel lag. An die hundert Kubikmeter jeden Tag. Der Grundstein vom Turnfest des Jahres 1863 wurde angefahren und eingemauert, wo sich heute der Erzengel Michael erhebt. Jeweils einen Meter hoch gossen wir die Pfeiler, die nächste Lage verkürzten wir um zehn Zentimeter, auf dem Vorsprung stützten wir die nächste Verschalung, so kamen wir ohne Gerüste aus. Die Pfeiler enthalten nicht die geringste Armierung, das ist für jemanden, der sie sprengen will, natürlich wissenswert.
Die Welt, Deutschland, Leipzig und Vojciech Machulski feierten den Beginn eines neuen Jahrhunderts. Der Patrioten-Bund stiftete seinen Bauleuten ein Sülze-Essen mit Freibier und fünf Schnäpsen pro Mann, Clemens Thieme hielt die Rede. Daß das neue Jahrhundert unvergleichlich besser werden würde als das alte, hörte ich auch in meinem Spar- und Bildungsverein. Friedrich Engels hatte 1892 geschrieben, der Kapitalismus würde, falls es zum Krieg käme, in zwei oder drei, sonst in höchstens zehn Jahren zusammenbrechen und dem Sozialismus Platz machen. Wenn einer ungeduldig fragte, wann es denn endlich losginge, besänftigte ihn der Zirkelleiter: Bei einem so gewaltigen historischen Vorgang könne man sich nicht auf Tag und Stunde festlegen. Inzwischen habe sich das Tempo des kapitalistischen Schwungs von England auf Deutschland verschoben, es wäre also nicht mehr *wissenschaftlich* voraussehbar, ob die Revolution zuerst in England ausbrechen *müßte*, auch Belgien, sogar die Vereinigten Staaten von Amerika kämen in Frage. Also, ein wenig revolutionäre Geduld, Genossen!
In meiner Sammlung werden Sie Postkarten finden: Posaunenengel vor Sternenhimmel, Germania mit Fackel und Schwert, Sonne im Strahlenglanz, Werkmänner am Amboß, die Zahl »1900« schmiedend – es sollte das glänzendste Jahrhundert der Menschheit werden, voller frappanter technischer Erfolge, das Jahrhundert des Aeroplans, des Automobils, der Glühbirne und des deutschen Namens in aller Welt.

Von einem Jahrhundert des Friedens sprachen nur Außenseiter.
Erna brachte mir das Essen auf die Baustelle. Sie kochte Bohnensuppe mit Kerbel, Graupen mit Sellerie und Petersilie, saure Kartoffelstücke mit gedünsteter Zwiebel, sie trug den Topf in einem Korb, eingewickelt in Zeitungspapier und einem wollenen Unterrock. Sie wartete, bis ich satt war, und löffelte rasch den Rest weg, nicht, weil sie Hunger hätte, sagte sie, sondern damit nichts umkäme. Dabei lehnten wir etwa am Kopf einer Statue, die wir gerade montierten, sie sollte den »Opferwilligen Reichen« darstellen. Dieser Kopf war so hoch wie Erna, sein Ohr vierzig und seine Nase fünfunddreißig, sein Mittelfinger hundertzehn Zentimeter lang. Im Schoß des Vaters sollte ein Knabe von sieben Metern Länge ruhen – Erna schüttelte halb ungläubig, halb bewundernd den Kopf: »Was das kostet!« Das stand in allen Zeitungen, auch in meinem Bildungsverein waren Summen genannt worden: Fünfzigtausend, hunderttausend, zweihunderttausend Mark wurden pro Jahr zusammengebracht und verbaut. »Innen Schuln sammeln se ooch«, sagte Erna. »Pfeng for Pfeng.«
»Von uns gibt's nischt.« Unsere Linie war klar: Wir konnten den Bau nicht verhindern, verdienten sogar unseren Unterhalt dabei, aber eines baldigen Tages der proletarischen Revolution würden wir ihn in unsere Hände nehmen. Vielleicht ließen wir ihn als kapitalistische Ruine stehen, vielleicht bauten wir ihn weiter als Mahnmal für die gefallenen Revolutionäre – der »Opferwillige Reiche« hieß dann »Vater eines Revolutionsopfers«. Daß es dem Patrioten-Bund gelingen sollte, das Denkmal in seinem Sinne zu vollenden, hielt ich für undenkbar: Bis 1913 hielt sich der Kapitalismus auf keinen Fall.
Erna trug mir gebackene Weißfische mit Kartoffeln, Schöpsenbrühe mit grünen Bohnen oder gepfeffertes Lungenmus – nicht *einmal*, daß sich etwas in zwei Wochen wiederholte. In

ihrer Tasche brachte sie Abfallholz zurück, Brettstücke und Balkenenden vom Gerüstbau; abends war mein Rucksack selten leer. Ich baute mit am Pfeiler für die Schicksalsmaske in der Krypta und an den äußeren Sockelschichten. Wolle stellte mich an seinen elektrischen Aufzug; ich ließ Tonnengewichte schweben. Was sollte nach der proletarischen Revolution mit Wolle geschehen? Er gäbe später mal einen brauchbaren Meister in der sozialistischen Industrie ab, meinte ich.

Einmal riß eine Kette am Kran, ein Granitbrocken zerbarst an den Kanten der Säulen und kam in Stücken unten an. Wir Bauleute sagten lässig zu den Zulieferern aus Beucha: Unser Beton war besser. Es ging schon vertrackt kreuz und quer in uns: Überzeugte Sozialdemokraten, ein Pole darunter, türmten ein bürgerlich-reaktionäres Denkmal auf und waren stolz auf dessen erstklassige deutsche Qualität.

Ich möchte gern mit Ihnen durchs Denkmal gehen. Nicht während einer Führung, sondern an einem Sommermorgen ganz zeitig, wenn es kühl und still ist, wenn Sonnenlicht durchs Ostfenster fällt. Die Figuren sind ja nicht nur gigantisch, nicht nur tonnenschwer. Ich möchte mit Ihnen die Stufen vom Becken hinaufsteigen. Der Michael, die Adler, die Köpfe der Pferde, die Schrift darüber: »Gott mit uns«, die Brüstung, und immer wieder, von welcher Seite einer auch hinaufschaut, die Wächter mit dem Schwert und ihren bärtigen Gesichtern – da soll keiner sagen: häßlich, protzig, gigantomanisch. Ein Stück deutscher Geschichte steht da.

Also wieder Vojciech: Archäologen einer fernen Ära könnten, das Denkmal in seine Schichten zerlegend, tief innen meine Notierungen finden. In einen Pfeiler in Höhe der Krypta ritzte ich in den sämigen Beton: »1900, Boxeraufstand in China. Gelbe Brüder, nicht alle Deutschen sind Hunnen!« Zehn Meter höher unter dem Westfenster: »1903, Hereros und Buschmänner, die deutschen Arbeiter werden euch die Freiheit wiedergeben!«

In den Zeitungen, mit denen Erna mein Mittagsmahl warm hielt, las ich, daß Karl Liebknecht in Königsberg als Verteidiger auftrat: Sozialdemokraten hatten Schriften nach Rußland geschmuggelt, in denen sie den Zarismus der Barbarei bezichtigten, sie wurden in *Deutschland* verurteilt wegen Geheimbündelei, Hochverrat gegen Rußland und Zarenbeleidigung. Und ich, Vojciech Machulski, Viktor Machul, baute mit an diesem Denkmal, das das Bündnis mit dem Zaren rühmen sollte, ich, Mitglied der Sozialdemokratischen Partei! Die Zeitung mit der Rede Liebknechts steckte ich in eine Konservendose und goß sie unter der östlichen Vortreppe ein. Als sich die Arbeiter in Rußland erhoben, ritzte ich: »Auf, Sozialisten, schließt die Reihen!« in die Stützen der Kuppelhalle. Allmählich verstrichen die von Engels verkündeten Revolutionstermine auch bei schmeichelhafter Auslegung. Als das nördliche Bogenfenster gewölbt wurde, half ich die Sinnbilder der Frömmigkeit und der Volkskraft ins Mauerwerk zu fügen. Zwischen zwei Granitquader klemmte ich einen Zettel mit der Aufschrift: »Wilhelm, keinen Schuß für Marokko!« Über den nördlichen Fensterluken schrieb ich in den Mörtel: »In Spanien und Schweden wackeln die Throne. Auch bei uns!«
Das alles sei naiv gewesen, sagen Sie. Daraus spricht geschichtsferne Überheblichkeit eines Nachgeborenen. Ohne den Glauben an den *baldigen* Sieg ist die Sozialdemokratie vor dem Ersten Weltkrieg nicht denkbar. Jede Geschichtsphase hat Propheten und Gläubige, ohne beide bliebe nichts als Zynismus.
1908 war der Klotz schon dreiundfünfzig Meter hoch. Um das Fundament herum wimmelten Besucher, ihr Besichtigungsgeld schlug bei den Bauausgaben zu Buche. Im Winter und im Frühjahr stürmte es in unserer Höhe. An der Innenseite der oberen Kuppel half ich, Reiterfiguren plastisch herauszuarbeiten. Wir legten Formen mit Eisenstäben aus, gossen den Gips ein, stellten die Reiter im Ring auf und brach-

ten den Beton dahinter ein. Bis heute ist noch nicht ein einziger Pferdefuß abgebröckelt, das will bei den Kräften, die in einem so schweren Gebäude notwendigerweise arbeiten, viel heißen. Hinter einen Reiter im vierten Ring klemmte ich einen Wahlaufruf der SPD, das war 1907, die Partei verlor viele Stimmen. Zwei Jahre später stritten sich die Rechten über Erbsteuer, darüber stürzte der Kanzler. Wir Sozialdemokraten standen ungerührt dabei.

Bei den Bildungsabenden meiner Partei hörte ich, man müsse die Gewerkschaften stärken, im Reichstag Sitze gewinnen, die Jugend schulen. Die Ereignisse in Rußland hätten gelehrt, daß nichts schädlicher sei als ein vorschneller Aufstand. Hier und da hätten sich auch in Leipzig Gruppen eingenistet, angeführt von russischen und polnischen Emigranten, die den Aufruhr predigten, den Anarchismus zu schüren gedachten – ihnen gelte die Abgrenzung eines jeden organisierten Sozialdemokraten. Der Feind stand nicht nur rechts!

In einem Hinterzimmer einer Kneipe am Bayerischen Platz lernte ich ein Grüppchen kennen, das bei Tee und Wodka seine Wunden leckte. Einer war aus sibirischer Verbannung geflohen, einer eben aus dem Gefängnis von Warschau entlassen. Das Polnisch meiner Kindertage half, Mißtrauen blieb: Schlich sich da ein Spitzel ein? Über Revolution und Reform stritten sie erbittert, jetzt fehlten mir die Vokabeln nicht mehr wie in meinen ersten Leipziger Tagen, Bernstein und Kautsky waren keine böhmischen Begriffe. Bärtige Männer weinten vor Wut, daß der Zar, vom Kaiser geleitet und von Hunderten von Polizisten geschützt, deutschen Boden betreten durfte. »Das läßt du zu!« schrien sie mich an. »Der Bluthund, und du bringst ihn nicht um?«

Ein temperamentvolles polnisches Paar zog mich an seinen Tisch: Maria und Tadeusz. Sie war Studentin, er Drucker, jetzt schlugen sie sich als Hilfsarbeiter durch. Soziale und nationale Frage, ihr Kampf gegen Zar, Fabrikherr und

Grundbesitzer; als Verbündeten, wenn überhaupt, hier und da einen Priester, dagegen wir Deutschen mit der stärksten sozialdemokratischen Partei der Welt, dem wortgewitztesten Parlamentsredner, was taten wir für uns und für Polen? Ich glaube, hätte ich ihnen anvertraut, wo ich malochte, sie hätten mich augenblicks vom Tisch gejagt.
Nach vielen Gläsern Tee verloren sie die Lust an mir. Maria küßte mich und sagte: »Wenn du Rrrevolution machst, Kleiner, kannst du wieder kommen zu uns!«

4. KAPITEL

Ihre soziale Herkunft, Herr Linden?

Wirklich freundlich von Ihnen, daß wir uns heute beim Spazierengehen unterhalten. Mal die alten Knochen strecken. Diese Frühherbsttage hab ich immer geliebt. Die Luft steht still, Dunst verteilt das Licht und macht die Schattenränder weich. Wuchs früher auf dem Klinikgelände auch so viel Unkraut? Am Zaun wuchert's mannshoch. Keine Leute – was machen die alle? Nun, Sie lachen.

Stimmt, von meinem Vater Felix war bisher wenig die Rede. Vojciech und er lernten sich am 13. Mai 1912 kennen; Felix gehörte zur Delegation der Firma aus Beucha, die den Granit fürs Denkmal gebrochen hat. In frischgewaschenen Leinenanzügen paßten beide auf der Denkmalskrone den letzten Brocken ein. Vojciech hielt Mörtel und Kelle bereit, damit Clemens Thieme die Fugen verstreichen konnte. Da rechts: das Denkmal im Morgenlicht. Natürlich sind wieder Besucher oben, Pünktchen. Vielleicht Posten in gelben Overalls?

Die Bauleute nannten die Abdeckung den Gipfelstein, sie hatten ihn in fünf Schichten von zusammen dreieinhalb Metern Dicke aufs obere Gewölb gelegt. Oft hab ich als Pförtner hundert Besucher auf einmal raufgelassen. Vojciech hat die hundertzwanzig Quader mit seinen Kollegen zusammengefügt, der schwerste Brocken wog zehn Tonnen. Manchmal kletterte er im Gerüst nach außen und schaute auf die Stadt. In diesen Stunden war er der höchste Leipziger.

Dieses Wetter! Altweibersommer. Wo die Krankenanstalt steht, war Schlachtfeld. Diese Linie hielt Napoleon noch am 18. Oktober. Feld weit herum. Jetzt ragt das Denkmal hoch

über die Bäume im Friedhof und über den Turm der Kapelle. Schön, nicht wahr? Ich bin Ihnen dankbar für diesen Spaziergang.
Zurück zum Mai 1912: Die Feier war auf Thiemes Geburtstag gelegt worden. Polier Günther, der von Anfang an dabeigewesen war, drosch die Keile vom Schlußstein raus, mein Vater drückte von der einen, Vojciech von der anderen Seite. »Meister, unsere Arbeit ist getan!« rief Günther. Ein zäher Brauch. Nun war Thieme beileibe nicht Meister, sondern königlich-sächsischer Kammerrat. Ohne Thieme kein Denkmal: Als die Mittel knapp wurden, hat er mit seinem Privatvermögen gebürgt. Als es mit der Denkmalslotterie nicht vorwärtsging, ist er selber als Lotterieunternehmer aufgetreten. Thieme rief: »Mit Gott für König und Vaterland, für Kaiser und Reich!« Das stieß Vojciech natürlich auf, aber er hat die Feier nicht umfunktioniert und etwa gebrüllt: »Nieder mit allem Fürstengesocks!«
Beim Essen, das der Deutsche Patrioten-Bund gab, saßen Vojciech und mein Vater nebeneinander. Vojciech murmelte: »Wahnsinn, Wahnsinn!« Nach einer Weile: »Die *missen* ja überschnappen!«
Mein Vater fragte: »Wer?«
Vojciech zeigte aufs Präsidium, da saß Thieme mit den anderen Funktionären vom Bund, daneben die Firmeninhaber, die beim Bau verdient hatten, Steinmetz Hempel aus Connewitz, Brüggemann, der hatte die Blitzableiter aufgesetzt, Tischlerobermeister Sievers, von ihm stammten die Türen, Leonardo di Pol, der Fußbodenleger, Kunstschmied Rurack und so weiter. Der Patrioten-Bund spendierte Kraftbrühe mit Kalbsmilch, Rehbraten in Cumberlandsoße und Bier, das Kaufmann Katzenstein anstach. »Als ernste Mahnung«, sprach Dr. Spitzner, »stand dieses Bauwerk einst in weiter Ferne vor uns. Da wir den letzten Stein in das nationale Dankeszeichen eingefügt haben, verschwindet ein Schatten vor dem Glanz unserer Nationalehre.« Da sprangen alle auf und

zogen die Gläser vor die Brust und riefen dreifaches Hoch! Vojciech öffnete nur andeutungsweise die Lippen. Für meinen Vater war es eine große Stunde. Jahr für Jahr hatte er Steine fürs Denkmal gebrochen, den ersten und den letzten nun auch noch, da stand ein Stück von ihm. Er hätte aus dem Kopf sagen können: sechsundzwanzigtausendfünfhundert Granitwerkstücke! Nie mehr würde weit herum etwas Vergleichbares getürmt werden. Von da an ging's bergab.
Sie gerieten sich nicht sofort in die Haare, mein Vater und Vojciech. Sie aßen und tranken und hörten den Ansprachen zu. Ohne wesentlichen Unfall wäre der Bau bis zu diesem Stadium geführt worden, dafür dankten alle Gott und den vorbildlichen Sicherheitsvorkehrungen. Bierspender Katzenstein zwirbelte seine Bartspitzen, die eine Spannweite von oft nachgemessenen sechsundvierzig Zentimetern aufwiesen. »Auf unseren jungen Kaiser!« rief er. Vojciech besaß so deutliche Erinnerungen an die Heimatsprache, daß er in Katzenstein einen Zuwanderer aus dem Osten vermutete. Er fragte leise herum und erfuhr: Katzenstein war Pelzhändler und stammte aus Lodz. »Fern bei Sedan«, stimmte Katzenstein an, mein Vater sang mit. Da begann Vojciech zu stänkern: »Haste gedient? Da kannste dich ja freun, wenn's wieder losgeht! Meinste nich, daß de Feinde neidisch sein missen, daß mer so'n scheen Kawenzmann ham? Den wolln se uns bestimmt wegnehm!«
»Spinnst ja!«
»Und was biste beim Militär?«
Mein Vater hatte ebenfalls bei den Pionieren gedient, gestreckte und geballte Ladung waren für ihn weder Geheimnoch Schrecknisse. Zeichnungen französischer und belgischer Forts mit Grundrissen und Durchschnitten waren ihm demonstriert worden, er hatte gelernt, wie man Steilwände zu Rutschbahnen zusammensprengt, Fortbesatzungen aufs Dach steigt und ihnen Handgranaten in die Luftschächte wirft. »Bin Unteroffizier«, antwortete Vater Felix. »Den

Franzosen haun wir's nächste Mal genauso in de Fanne! Prost, Landsmann!«
Vojciech und mein Vater standen schließlich auf geraden Beinen auf der Straße, mit fester Stimme versicherte der Unteroffizier dem Gemeinen, je stärker das Reich, desto eher würden die Feinde die Finger davon lassen. »Bist Sozi? Und da bauste am Denkmal mit? Bist wohl gar gee richtscher Deitscher?«
»Awr Kriegspieln firr Deutschland durft'ch?«
Meines Vaters Geste, mit der er nach Vojciechs Schulter faßte, war nicht herzlich, aber auch nicht als Angriff gemeint, er wollte seinen Worten Nachdruck verleihen, mehr nicht; hier sprach ein Unteroffizier zum Gemeinen, ein echter Deutscher zu einem, der es noch zu werden hatte, ein Leipziger zum Zugewanderten. So verstand Vojciech die Bewegung keineswegs, heftig schob er die Hand herunter. »He«, sagte mein Vater, »mal langsam!« Vojciech fluchte polnisch und deutsch durcheinander, am Ende warnte er in bemühtem Sächsisch: »Ich sach's in Guden: Laß deine Foden!« Und mein Vater steckte seine Steinbrucharbeiter- und Torwartpranken in die Taschen.
Eine Woche später beendete Vojciech seine Arbeit am Denkmal, beim Innenausbau war er nicht gefragt. Er zog ein paar hundert Meter weiter, dort nahm die Internationale Baufach-Ausstellung Gestalt an. An der Betonhalle half er Fundamente zu verschalen. Nebenan entstanden die Halle für Raumkunst, das Monument des Eisens, die Halle für Baukunst und Baustoffe. Westlich des Denkmals wuchs die Gartenstadt Marienbrunn als Modell für gesundes Wohnen, sie steht noch heute. Im Jahr darauf strömten vier Millionen Besucher durch die Ausstellung, da hatte Bauunternehmer Wolle seinen verläßlichen Arbeiter schon an den Nordrand Leipzigs geschickt, dort legte Vojciech Pflaster vor der neuen Luftschiffhalle. Sie war 202 Meter lang, 67 Meter breit und 35 Meter hoch – heute gibt's in Leipzig keine Halle, die's mit

ihr aufnehmen könnte. Als sie eröffnet wurde – natürlich vom König –, schwebten von Potsdam zwei Luftschiffe heran, die »Sachsen« und die »Viktoria Luise«, am Steuer der »Sachsen« stand der alte Graf Zeppelin. Fast jeden Tag brummte, bei schönem Wetter versteht sich, ein Luftschiff über die Stadt. Zwei hatten nebeneinander in der Halle Platz, Graf Zeppelin bezeichnete sie als die modernste der Welt. Flog ein Luftschiff heran, starrten alle hinauf, Kinder winkten, Hunde jaulten, der Verkehr stockte. Als über Mokkau ein Militärluftschiff in einer Bö hochgerissen wurde, packte Vojciech seine Pferde bei den Köpfen, damit sie nicht scheuten. Vier Soldaten der Haltemannschaft ließen pflichtversessen die Taue nicht los. Einen zerrte ein Unteroffizier in die Gondel, einer klammerte sich bis zur Landung an den Seilen fest, zwei stürzten entnervt aus hundertfünfzig Meter Höhe ab. Sie hießen Friesenhausen und Polster. Ja, wenn ich ins Erzählen komme.
Hätte nicht gedacht, daß das Klinikgelände so groß ist. Die Neubaublocks von Lößnig – eine stupide Wand, wie'n Zuchthaus. Links vom Förderturm, was sehen Sie da? Eine dieser zwölf Kuppeln, von denen Leipzig eingeschlossen ist. Kaum ein Kilometer bis dorthin, sie liegt da wie zum Anfassen. Hätt mir denken können, daß Sie auch jetzt noch gegen mich anstreiten. Eine Abraumhalde – ist ja zum Lachen! Also, kehren wir um.
Sie beklagen sich, daß ich auf dem Rückweg nicht auf Ihre Fragen geantwortet habe. Kein Wunder: Ich zeig Ihnen die Kuppel, und Sie sagen: Dort ist keine. Ich will nun nicht den Spieß umdrehen und behaupten, daß *ich* den weißen Kittel tragen... Schon gut. Sie müssen sich nur nicht aufregen, wenn ich nach solchem Dämpfer nicht gleich Kraft und Lust finde, über meinen Vater zu berichten. Der Kaffee wird mir guttun.
Felix Linden stand beim VfB im Tor. Vorhin beim Spaziergang sahen wir das Tribünendach von »Lokomotive«, dort

kickte der Verein für Bewegungsspiele, der erste deutsche Meister. Vielleicht höre ich einmal in meiner Zelle die Fans trotzig röhren: »... neun, zehn, Glasse!« Wenn ich sage: Leipzigs beste Zeit war vor dem Ersten Weltkrieg, dann trifft das auch auf den Fußball zu: Der VfB war dreimal Deutscher Meister. Anfangs spielte er in Lindenau, dort hatte er die Kabine 1 gemietet. Kabine 2 diente »Britannia 1899«, das sich zu Kriegsbeginn vaterlandsbewußt in »Leipziger Fußballverein 1899« umfirmierte. Ein paar andere Klubs von damals: »Olympia« mit eigenem Sportpark in Gohlis, »Eintracht 1904« und »Sportfreunde 1900« in Connewitz, »Fortuna 1902« in Paunsdorf, »Wacker« und »Lipsia 1893«, Leipzigs ältester Fußballclub, in Eutritzsch. Felix war der erste Torwart Leipzigs, der die Faustabwehr wagte. Auf die Idee, Handschuhe überzuziehen, wäre er nie gekommen, seine Knöchel waren eisenhart. Er hat mich nie verkloppt; dafür wäre Mutter zuständig, und: »Ä eenzscher Schlach, un mei Schunge wär ä Gribbl.«
An den Vereinsabenden im »Thüringer Hof« nahm mein Vater selten teil, aber beim Training fehlte er nie. Sie waren zwei Torwarte und beide gleich gut, der andere, Dr. Ernst Raydt, war Anwalt beim Amts- und Landgericht, sein Büro lag im Barfußgäßchen. Er sprang eleganter als mein Vater und wagte sich weiter aus dem Tor, aber im Gewühl war Vater beherzter. Der eine hütete wie ein Akademiker, der andere wie ein Steinbruchprolet.
Beim Endspiel gegen den Deutschen Fußballclub Prag am 31. Mai 1903 in Hamburg erhielt Dr. Raydt den Vorzug seines Doktorgrades wegen und weil er den Verein unentgeltlich in Rechtsfragen beriet. Auch machte Vaters Unternehmer Sperenzien; Bestellungen häuften sich, und da wollte einer am Samstag und Montag freigestellt werden? Fußball, was war das? Wurde die Welt denn verrückt?
Felix Linden hatte in einem Vorspiel gehalten, als der VfB Leipzig gegen Altona 93 mit sechs zu drei gewann. In Ham-

burg schwebte Dr. Raydt genußvoll durch den Torraum, nur zweimal hechtete er daneben, aber siebenmal trafen seine Kameraden ins Schwarze. Als die Meistermannschaft heimkehrte, wurde sie keineswegs von einem Blasorchester empfangen, kein Bürgermeister hielt eine Rede, sie fuhr nicht im Triumphzug durch die Stadt. Die Prager saßen mit ihnen im selben Zug und wurden im »Thüringer Hof« mit Schnitzel und Spargel bewirtet; mein Vater war gerade zur Schicht.

Natürlich hat Felix Linden auch geturnt, er stemmte die Hantel, stieß den Stein und beugte den Rumpf. Er war allen Fotos und Schwärmereien meiner Mutter nach ein gutaussehender Mann, war geachtet im Beruf und verdiente nicht schlecht. Als Torwart – sein Chef gestattete ihm allmählich, eine Schicht vorzuziehen oder nachzuarbeiten – reiste er mehr als die meisten Arbeiter seiner Zeit: Er hütete das Tor in Liegnitz, Stettin, Göttingen, Hanau und Karlsbad.

Im Frühjahr 1913 flüsterte seine Klara, den Kopf auf den Teller gesenkt: »Felix, vielleicht sin mer Weihnachten zu dridd?« Da trug er sie dreimal um den Tisch.

Was tat Vojciech Machulski? Er grollte, schmollte. Leipzig wurde reicher, protziger mit jedem Tag, der Hauptbahnhof war der größte Europas, die Deutsche Bücherei wuchs, immerzu wurde gegründet, geweiht, sogar mit der Sozialdemokratie wie mit einer Art lästigem Fußpilz schien sich das Bürgertum abgefunden zu haben. Der alte Bebel, ein wenig entnervt, war fern der Heimat eingesargt worden, immer weniger wurde in der Partei von der Revolution geredet. Aber die Kassierung der Beiträge klappte.

Auch ich, Vojciech Machulski, hatte mir vieles anders vorgestellt. Bei der Denkmalsweihe sollten rote Fahnen vom Gipfelstein wehen, die Helme der Kriegerfiguren wollte ich in Arbeitsmützen, ihre Schwerter in Schaufeln ummeißeln lassen. Nicht »Gott mit uns« sollte die Stirnseite zieren, sondern »Brüder in eins nun die Hände«. Zu Erna dräute ich manch-

mal: »Mer mißte alles in de Luft spreng!« Dann kippte sie reichlicher ausgelassenen Speck über die Kartoffeln, schmorte Krautwickel, anderwärts genannt Kohlrouladen, mein Leibgericht. »Wenn wir Kinder hätten«, sagte Erna schuldbewußt. Sie vermutete, wenn ich sie umsorgen müßte, käme ich nicht auf rabiate Ideen.
Auf keiner Arbeitsstelle hielt es mich lange. Ich pochte auf pünktlichen Feierabend und Sonntagszuschläge, setzte mich mehr für andere als für mich ein, da erfuhr ich an manchem Freitag, daß man mich am Montag nicht mehr brauchte. Ich schmierte Räder der Straßenbahn, war Heizer in einem Gaswerk, Kutscher in einem Zirkus. Eine Tat, welche? Ich karrte Futter, fuhr Stallmist hinaus. Jeden Tag, jede Stunde fast sah ich mehr Pylone, Spruchbänder und Fahnen in der Stadt. Eine Tat – Fürsten in Massen würden zur Weihe des Völkerschlachtdenkmals kommen, der Kaiser, Abgesandte aus Rußland und Österreich und alle deutschen Monarchen, sie würden in die Kuppelhalle strömen – da war mit einem Schlag die Vorstellung da, daß sie nicht strömen, sondern entsetzt fliehen würden, Hals über Kopf die Treppe hinunter, vielleicht in panischem Schrecken in den Teich springen, ihre Helme und Schärpen verlierend, ordensstrotzende Röcke von sich schleudernd, Großherzöge und Kronprinzen und Feldmarschälle, der Kaiser inmitten, lächerlich vor aller Welt, wenn...
Von den Boxen der Zebras und Pferde streunte ich hinüber zu den Bären, Tigern und Löwen, blickte in schläfrige Augen und versuchte mir vorzustellen, wie sie aufblitzten, wenn nicht ein Stallbursche, sondern ein Monarchenpulk mit Fahnen und Helmbüschen vor sie treten würde, wenn nicht Gitter zwischen ihnen wären, sondern blanke Denkmalsluft.
Zeit war nicht zu verlieren. In der Nacht vor der Weihe wollte ich eine Rotte Löwen in einen Wagen bugsieren, hinausfahren und ins Denkmal schleusen; wenn dann früh auf-

geschlossen würde, tollten Löwen durch die Krypta, lümmelten auf den Schößen der Riesen, sprangen schweifschlagend zu den Rundbogenfenstern hinauf.
Mit dieser Idee packte mich die Angst vor ihr. Ich, ein Arbeiter ohne Rückhalt, ohne Auftrag, griff in die Radspeichen der Geschichte. Mich quälte nicht die Angst vor Strafe, wenn ich dingfest gemacht werden würde: In ein deutsches Zuchthaus käme ich, dort herrschten Zucht und Ordnung, würde nicht nach Sibirien verschleppt, eine Kugel am Bein, die Knute über dem Kopf. Ich sah mich vor dem Richter stehen und eine Rede donnern, sah die Fürsten vor den Löwen die Treppen hinabhasten, das patriotische Gelärm endete in einem Sumpf von Lächerlichkeit. Simbab, der mächtigste unserer Löwen, blickte mir ungerührt in die Augen.
Bis zur Weihung blieben zehn Tage. Jeden Morgen machte ich mir im Raubtierstall zu schaffen, unterhielt mich mit den Wärtern und achtete auf ihre Handgriffe, wie sie Türen öffneten und schlossen, den Laufgang montierten. Wenn ich die Löwen zu nachtschlafender Stunde zum Denkmal bringen wollte, mußte das ohne Aufruhr vor sich gehen, ich konnte nicht mit einer tobenden Horde im Käfigwagen durch die Stadt fahren, sogar im Denkmal selber mußten die Löwen anfangs still bleiben. Das alles konnte nicht ohne Helfer geschehen.
Mir fielen Maria und Tadeusz ein, das polnische Aktivistenpaar. Ich fragte in dem Lokal, in dem ich sie kennengelernt hatte, und erfuhr, daß die Emigranten weitergezogen waren, wohin, wußte niemand. Drei Abende lang forschte ich von Lokal zu Lokal, blickte in bärtige Gesichter, auf asketische Lippen, unter wirre Schöpfe, hinter Nickelbrillen. Wirte, mit tätowierten Armen Batterien von Biergläsern füllend, hörten unbewegten Gesichts zu, abschätzend: ein Spitzel? In einem Ecklokal in der Kochstraße stöberte ich sie endlich auf, Tadeusz beugte sich, die Augen gekniffen, übers Billard, Maria diskutierte, den Finger rechthaberisch vorsto-

ßend, in gedrängter Runde. Sie freuten sich nicht unbedingt, mich zu sehen. Tadeusz beendete seine Partie gemächlich, zu dritt hockten wir uns an einen freien Tisch, beugten die Köpfe zueinander, ich begann mit dem lockenden Satz: »Ich hab 'ne Idee!«

Sie war nach der beiden Geschmack. »Die Tatt wird die Massen mitreißen!« flüsterte Maria. Tadeusz fragte sofort: »Abbär hast du Ahnung von Leffen?« Wie würde das Denkmal bewacht sein? Wieviel Mann brauchte man, um Wachen auszuschalten? Tadeusz geriet ins Detail, Maria in die Strategie: Die Monarchen als Geiseln nehmen, ihnen den Schwur abpressen, die Heere aufzulösen, die Flotten zu verschrotten! Tadeusz entschied: »Du erkundest Denkmalswachen. Jetzt zehn Urr, morgen um virr ersten Bericht!« Maria zurrte das Kopftuch fester.

Ich hatte Geister gerufen; selbst wenn ich sie hätte bannen wollen, es wäre unmöglich gewesen. Wenn in Deutschland um die Freiheit gekämpft worden war, hatte es selten an polnischen Leihhelden gefehlt. Am nächsten Abend saßen Maria, Tadeusz und ein halbes Dutzend ihrer Freunde am Rand der Manege und sahen zu, wie Simbab durch den Reifen sprang und sich sein Harem bettelnd auf die Hinterbeine erhob. Danach hinter einem Stallwagen gestanden zwei der Verschwörer, sie hätten zum erstenmal in ihrem Leben Löwen gesehen und sie sich ungleich gelber vorgestellt. Maria berichtete, sie habe in der vergangenen Nacht um den Klotz herum keine Menschenseele bemerkt, der Mond habe sich friedlich im Wasserbecken gespiegelt. Tadeusz sprach finster: »Wer will zurick, noch Zeit!« Niemand kniff.

Ich konnte nicht mehr schlafen. Erna kochte Wasserrübchen mit geräucherter Schwarte, ich ließ sie kalt werden. Zur Arbeitsstelle und zurück mußte ich durch die Innenstadt. Das Alte Rathaus wurde bis zu den Dachrinnen mit Fichtengrün bedeckt. Die mittlere Fahrbahn des Augustusplatzes war von Reihen ionischer Säulen eingefaßt, die auf goldenen Dreifü-

ßen ruhten, abends schlugen Flammen heraus; die zuführenden Gasrohre waren mit Zweigen umwunden. Die Straße vor dem Neuen Rathaus war von künstlichen Zypressen gesäumt, an ihnen schimmerten goldene Früchte. Das Gewandhaus konnte man unter dem Gesträuch kaum erkennen. Ich streunte durch diese Straßen, ein Abtrünniger. Hätten die meisten, die mir begegneten, gewußt, welche Aktion ich in Bewegung gebracht hatte, sie hätten mich gelyncht.
Tadeusz verteilte die Rollen. In der Endfassung des Plans blieb mir übrig, mit anderen die Laufgänge aufzubauen und die Löwen in die Wagen zu treiben, einen Wagen zum Denkmal zu kutschieren und dort beim Montieren der Laufgänge zu helfen. Tadeusz hielt sich im Zentrum, Maria sollte Rückwege decken, Spuren verwischen, gewissermaßen hinter uns das Licht ausmachen.
Da stand nun ich, Vojciech Machulski, Viktor Machul, hinter den schwarzen Wäldern geboren, als halbes Kind nach Leipzig gekommen, Reservist der königlich-sächsischen Armee, Mitglied der Sozialdemokratischen Partei Deutschlands, Ehemann, Miterbauer des Denkmals, inmitten einer Aktion, die, wenn es nach Maria ging, die Weltrevolution auslösen sollte. Wer drang als erster in die Bastille ein? Wer kletterte zuerst über die Tore des Winterpalais? Vielleicht stand einmal in allen Geschichtsbüchern: Die Idee zum Löwensturm auf die Monarchen Europas stammte von Vojciech Machulski. Ich beschaute mich im Spiegel, den runden Kopf mit den Seehundsohren, den blaßblonden Bart, die wasserblauen Augen. Gerade dreißig war ich, Pschakreff!
Erna pusselte um mich herum, fragte: »Was haste?« Ich bekannte die Wahrheit, Erna mochte sie nicht glauben. »Viktor, Schunge, du so'ne Idee? Hastes vielleicht doch irgendwo gelesn?«
»Nee, is wirklich von mir.«
Sie schniefte. »Un ich dacht schon, du hättst 'ne andre.«
Die Nacht war dunkel, still – ach Unsinn, es gab keine dunk-

len, stillen Nächte, Illumination wurde auf vielen Fenstersimsen geprobt, die Polizeistunde war verlängert, jedes Hotel war überfüllt, immer noch galt der funkelnagelneue Hauptbahnhof als Attraktion, die viele Leipziger anzog; sie flanierten auf dem Querbahnsteig wie auf einem Boulevard. »Heiße, heiße, heiße Würstchen!« riefen die Männer mit den blinkenden Kanistern vor den Bäuchen. Die Damen im Goldhahngäßchen waren ausgebucht.
Nach der Abendveranstaltung blieb ich als Stallwache zurück. Ich löschte die meisten Lichter, setzte mich auf eine Kiste im Löwenstall, wartete. Meine Knie zuckten wie unter elektrischen Schlägen. Tadeusz trat auf die Minute durch die Tür, er trug einen schwarzen Mantel, schwarzen Schal, schwarze Mütze und schwarze Handschuhe, er war tödlich ernst wie der Racheengel persönlich. Er hob die Hand in halbe Höhe zu einer Art Segnung, es war zugleich das Zeichen zum Beginn. Hinter ihm schlichen seine Helfer herein, ohne ein Wort machten sie sich daran, den Laufgang aufzubauen. Simbab schüttelte den schönen Schopf. Das Zucken in meinen Gliedern war vorbei, die Aktion absorbierte alle Gedanken und wischte alle Ängste fort. In kürzerer Zeit als während einer Galavorstellung schraubten wir die Gitterbögen aneinander, ich stupste mit einer Stange eine Löwin an, sie erhob sich gähnend und trollte sich. Eine andere folgte ihr, die dritte, die vierte, der erste Käfigwagen konnte abgeschlossen werden, schon spannte ich meine Pferde davor. Da stürzte Maria durch den Vorhang und keuchte: »Scheißturner am Denkmal!«
Tadeusz hob die Hand zum Stoppzeichen, wir drängten uns um Maria und hörten, Turner mit Fahnen und Spielmannszügen seien draußen aufmarschiert, Fackeln qualmten, eine Art Vorfeier wäre im Gang.
»Davon stand nischt in der Zeitung!« warf ich kläglich ein. Tadeusz blickte brütend vor sich hin. »Wärrde sälber erkunden mit Vojciech!«

Wir fuhren mit der Straßenbahn zum Denkmal, da sahen wir die Bescherung; Turner davor, Turner ums Wasserbecken, auf den Treppen, Turner in Massen, im Kreis marschierten sie auf der Dammkrone, singend: »Turner, auf zum Streite, tretet in die Bahn!« Ich schaute auf die wimmelnden Weißkittel und auf die Uhr: Die Zeit lief davon. Das Denkmal war innen und außen strahlend erleuchtet, hier würde in dieser Nacht keine Ruhe einkehren. »Abblasen?« fragte ich. Da entdeckte ich einen hochgewachsenen Mann, der die Fahne des VfB Leipzig schwenkte, Felix Linden, Steinbrucharbeiter und Torwart. Wir kehrten mit der nächsten Elektrischen zum Zirkus zurück und scheuchten die Löwen in die Ställe. Ich setzte mich wieder auf meine Futterkiste.
Es war die fiebrige Nacht vor der Weihung, die gekrönten Häupter weilten in der Stadt, natürlich war sie voller erkennbarer und geheimer Polizei. Beizeiten waren die Leipziger und ihre Gäste wieder auf den Beinen, so auch Felix Linden und viele Turner, weniger Vojciech Machulski, der sich nach überstandener Stallwache zur Alexanderstraße trollte, die Bettdecke über die Ohren zog, um nicht zu hören, wie Kapellen und Spielmannszüge die Leipziger in die rechte vaterländische Stimmung trompeteten, trommelten und pfiffen. Felix Linden gehörte zu den letzten Läufern ungeheurer Stafetten, die von allen Seiten her auf Leipzig zu hasteten. Am Bodensee schickte Graf Zeppelin den ersten Mann auf die Reise, von Straßburg brachten mehr als sechstausend Läufer den Stab über die Strecke von zwölfhundert Kilometern. Von Waterloo trabte eine Staffel heran, ebenso vom äußersten Oberschlesien und von Tauroggen. Vierzigtausend deutsche Männer waren in neun großen Läufen auf der Loipe, die vielen kleinen Nebenläufe von Schulen und Vereinen seitab nicht gerechnet. Ganz Deutschland trabte. Das heutige Jogging-Fieber ist dagegen lächerlich.
Felix Linden gehörte zur Mannschaft des Laufs IV auf der letzten Teilstrecke von Borna nach Norden. Er trug eine

weiße Bluse mit schwarzem Gürtel und dem Zeichen des VfB auf der Brust, weiße Hosen, die übers Knie hingen, und schwarze baumwollene lange Strümpfe. Er durfte sich Zeit lassen, denn ein Ordner hatte ihm zugerufen, die Staffel sei um fünf Minuten zu schnell. So zockelte er seine dreihundert Meter dahin, der Anfeuerungsrufe von Schulkindern nicht achtend. Weit weg im Dunst lag das Denkmal, rechts die Wäldchen verbargen Gütchen und Schlößchen Fürchtegott von Lindenaus, von mir noch nicht gesprengt. Die Brikettfabriken rauchten, kahl streckten sich die Felder. Auf der Höhe, auf der heute das Werk Espenhain Lüfte und Gewässer verseucht, sammelte ein laubgeschmückter Pferdewagen die Läufer auf, die ihre Pflicht getan hatten, und fuhr sie stadtwärts. Dabei sangen sie: »Der Gott, der Eisen wachsen ließ, der wollte keine Knechte.«
Unterdessen waren generalstabsmäßiger Regie zufolge die letzten neun des Sternlaufs gleichzeitig vorm Denkmal angekommen, dort nahmen der Kaiser und der sächsische König die Stäbe entgegen; ein Adjutant legte sie, an alles war gedacht worden, in eine Kiste.
In meinem Archiv finden Sie die ›Illustrierte Zeitung‹ vom 23. Oktober 1913, sie ist gefüllt mit Berichten, Zeichnungen und Nachdrucken über die Einweihung. Im Leitartikel wird deutsches Sehnen nach einem einigen Reich seit Walther von der Vogelweide über die Leipziger Schlacht bis Königgrätz und Versailles besungen, vom Gemetzel im Teutoburger Wald bis Sedan ein einziger blutroter Faden.
Ich kann Ihnen die Bilder schwerlich schildern, sehen Sie sie sich selber an. Wie Menschenmassen mit Fahnen und Schärpen wimmeln, wie die gekrönten Häupter, Thieme in der Mitte, die Freitreppe herunterschreiten, der Ehrenpavillon, unter dessen Baldachin Thieme seine Ansprache hielt; diese Szene ist festgehalten worden durch Spezialzeichner W. Gause aus Wien. Die Dekoration in der Goethestraße vor dem Königlichen Palais, die Einweihung der russischen Kir-

che durch Großfürst Kyrill, die Feier am Schwarzenbergdenkmal im Park von Meusdorf mit dem Erzherzog-Thronfolger Franz Ferdinand von Österreich, dem Todeskandidaten von Sarajewo. Im Vestibül des Gewandhauses, nach der königlichen Tafel, stellte Prinz Wilhelm von Schweden dem Kaiser die Herren seines Gefolges vor, dies hielt Spezialzeichner F. Schwormstädt aus München fest. Nach Aquarellen heimischer Künstler wurde die Festbeleuchtung in Gelb-Rot-Drucken wiedergegeben, eine respektable Leistung der graphischen Industrie. Deutschland war groß, alles schien gut. Die Leipziger auf den Beinen, Felix Linden überall mittendrin, seine Frau weniger, ihres nun schon sehr schweren Leibes wegen. Beim Einkauf fordere man stets »Backin«, um sicher zu sein, das echte Dr. Oetkers Backpulver zu erhalten. Das Wort »Backin« ist gesetzlich geschützt und darf nicht... Entschuldigen Sie, ich rutschte eben in den Anzeigentext der ›Illustrierten Zeitung‹ hinein.
Was tat Vojciech? Er grollte. Das kapitalistische System brach und brach nicht zusammen, vielmehr baute es eine Fabrik und einen Repräsentationsklotz nach dem anderen. In den Tiefen des Hauptbahnhofs war schon der Platz für den Untergrundbahnsteig bereit, von dem aus die Züge nach dem Bayerischen Bahnhof rollen sollten – in zwei, drei Jahren würde damit begonnen werden. Ich brauche Ihnen nicht zu sagen, daß diese U-Bahn nicht gebaut worden ist und nie gebaut werden wird.
Vojciech verschlief den größten Teil des 18. Oktober, am Nachmittag wurde er wach, natürlich marschierte eine Patriotengruppe, Turner oder Schlagende Verbindung, singend vorbei. Er stellte sich vor, wie er, Maria und Tadeusz mit Tausenden von Proletariern gegen die Innenstadt zogen, von Lindenau und Plagwitz über die Brücken, wie sie Barrikaden türmten, wie von Norden, Süden und Osten die Arbeiter anrückten, Maschinenbauer, Lederarbeiter, die Frauen aus den Textilfabriken, die Bergleute aus dem Bornaer

Revier, die besten Drucker und Buchbinder der Welt, wie sich auf dem Hauptbahnhof kein Signal mehr hob: die Fürsten Deutschlands in der Falle! Er hätte heulen können über seine Ohnmacht.
Der Zirkus gab am Abend die letzte Vorstellung, danach schob Vojciech wieder Stallwache; mißmutig schnitzte er sein VM in einen Pfosten. Der Löwe war das Wahrzeichen Leipzigs, fiel Vojciech ein, es wäre großartig gewesen, hätten Löwen das Denkmal besetzt, wenn die Proletarier es schon nicht taten. Überhaupt: der Klotz als überdimensionaler Löwenkäfig, warum nicht überhaupt als Zoo, außen von Affen beklettert, bis er zugeschissen war?
Gegen Mitternacht stand Tadeusz in der Tür, schwarz gekleidet wie Mephisto. »Was mit Leffen?« fragte er, während er den Radmantel zur Seite schlug.
»Morchn wird verladen, iebermorchn geht's fort.«
»Machst nächste Nacht mit? Da Denkmal lerr!«
»Uff«, erkannte Vojciech an, »du hast Nerven!«
Am 19. Oktober, die Festgäste verließen die Stadt, half Vojciech, Zelt und Manege, Kamel und Esel, Pferd und Löwe auf dem Güterbahnhof zu verladen. Hin und wieder sah er Maria und Tadeusz am Zaun. In den frühen Abendstunden, als er nach Hause ging, traf er auf Kolonnen von Straßenfegern, die die Triumphreste zusammenkehrten, Reisig und Papiergirlanden, Extrablätter mit Bildern des Kaisers und Reklamezetteln der königlich-sächsischen Landeslotterie. Ein letztes Mal wurde illuminiert, Kerzenreste wurden sozusagen auf Verschleiß gefahren. Lokale schlossen beizeiten, Wirte und Personal konnten kaum noch die Augen offenhalten, und die Kasse stimmte. Eine vortreffliche Nacht, daß Löwen das Denkmal besetzten. Während Vojciech seine Blutwurstbemme kaute, überdachte er diese Abwandlung: daß Löwen das Denkmal befreiten.
Noch einmal waren Leipziger auf den Beinen, als die Pylonen auf dem Augustusplatz ihren Feuerschweif spien, dann

wurde denen der Gashahn abgedreht. Die Stearinbecher auf den Fensterbänken der Universität, der Oper und des »Cafés Français«, noch nicht Hindenburglichter genannt, verflakkerten. Vojciech bog in die Blücherstraße ein, hinter einer Litfaßsäule traf er auf die polnischen Genossen. Um die Gaslaternen wallte Nebel wie bei jeder hochkarätigen Verschwörung.

Alles schien weit einfacher als zwei Nächte vorher: Die Löwen hockten in ihrem Käfigwagen, nur dieser und der Wagen mit dem Laufgang mußten vom Bahnhofsgelände bugsiert werden. Den Wächter würde man leider fesseln und knebeln müssen, Revolution kam nicht ohne Gewalt aus.

Ich, Vojciech Machulski, war von dieser Ruhe erfüllt, die einen überkommt, wenn man sich selbst den Rückzug durch die Überzeugung abgeschnitten hat, daß man anderenfalls ein Lump wäre. Maria und Tadeusz waren die treibende Kraft, das wohl, aber ohne meine Orts- und Sachkenntnis wäre für sie alles für die Katz gewesen. Ich schmunzelte: Ganz ohne Arbeiter kommt ihr Revolutionäre eben nicht aus!

Der Nebel wurde dichter. Ich zog die Kaltblüter aus ihrem Stallwagen, sie schnieften, als ihnen der Geruch der Löwen in die Nüstern stieg. Flink kraulte ich ihnen ein VM ins Halsfell und strich es wieder weg, wie man heute Fingerabdrücke beseitigt. Mehr meinen Händen als Augen vertrauend spannte ich an, löste die Bremsen, ein leises Hüh!, und der Wagen mit den Bestien setzte sich sachte in Bewegung. Weit drüben auf einem Personenbahnsteig hielt indessen ein heimfahrender Männergesangverein textsicher »Am Brunnen vor dem Tore« durch sämtliche Strophen durch.

Tadeusz und Genossen hatten inzwischen den Wagen mit den Laufgittern aus einem Schuppen gewuchtet und Pferde vorgespannt, Tadeusz schwang sich auf den Bock und hob die Peitsche. Mein Wagen holperte über Gleise, argwöhnisch schaute ich nach rechts und links, um nicht von einer Lokomotive überrollt zu werden. Maria huschte vorbei, mir etwas zuzischend, einen Fluch auf alle Feinde wahrscheinlich oder die Versicherung, der Sieg würde unser sein. Eine Gaslaterne warf trüben Schein auf ein Blechschild, das SONNE-Briketts empfahl.

Fünfzig Meter weiter rammte mir Tadeusz, der Idiot, seinen Wagen in die Flanke. Splitterndes Krachen, Gebrüll, Pferdewiehern, meine Braunen stiegen hoch, und da sah ich – und mir gefror das Blut –, wie ein Schatten unter ihnen durchfuhr, ein Huschen, Sausen, Pfoten griffen aus, eine Schwanzquaste noch wie ein fliegender Punkt: Ein Löwe war los, erschrocken suchte er das Weite, und da brüllte auch Simbab, den Schrei der Wüste ließ er ertönen, dieses donnernde Röhren aus sauerstoffvollen Lungen, der König der Tiere gestattete keinen Zweifel, daß er sich jetzt aus dem Sklavendasein erhob. Er fegte auf einer Rampe entlang, die Vorderpranken schlugen zu einer Laterne hinauf, noch einmal brüllte er auf, dann verschluckte ihn die Dunkelheit.

Ich hatte die Beine angezogen, die Arme um den Leib geschlungen, so klein wie möglich, gänzlich unscheinbar hockte ich auf dem Kutschbock, als wollte ich jedem, vor allem jedem Löwen, beweisen: Seht nur, wie harmlos ich bin! Sogar die Peitsche hatte ich fallen lassen, meine einzige, wenn auch unzulängliche Waffe. Die Pferde standen zitternd, die Köpfe erhoben, die Augen schreckensstarr. Sekunden verrannen, in jeder trommelte mein Herz. Es gibt ein in Sachsen oft gebrauchtes Wort: Ich bibberte. Ich betete nicht, weinte nicht, fluchte nicht, an Fliehen war nicht zu denken, unfähig war ich zu jeder Abwehr und jeder Reaktion. Ich bibberte.

Bloß gut, daß Tadeusz, der große Revolutionär, den Mist selber gebaut hatte. Maria riß mich aus meiner Starre und vom Bock, schleppte mich hinter den letzten Kohlenschuppen. »Alle acht Leffen fort!« keuchte, fauchte, schluchzte Maria. »Verfluchtes altes Scheißkutscher du!«

Tadeusz war fast wieder Feldherr, als er verkündete: »Ak-

tion beändet, Genossen! Alle ins Bett sofort! Tod der Bourgeoisie!« Bevor ich nach Hause ging, brachte ich noch die Pferde in den Stall. Weiträumig über das Waldstraßenviertel umging ich das Gemetzel der folgenden Stunden. Indessen drangen die Löwen an der Flanke des Bahngeländes durch die Blücherstraße vor. Zwei sprangen Pferden auf den Rükken, einer hechtete durch die Scheiben eines Omnibusses, einer drang ins Vestibül des Hotels »Blücher« und jagte die erschrockenen Gäste in ihre Zimmer. Auf der Theke, inmitten zersplitterter Gläser, machte er es sich gemütlich, mit dem Schweif fegte er Soleier, Senf und Buletten auf die Dielen. Ein Kellner alarmierte von der Küche aus die zunächst ungläubige Polizei.
Dreizehn Schutzleute der 8. Polizeiwache brachen in tiefer Nacht zur Löwenjagd auf. Sie holten die Zirkusleute aus ihren Betten, die zwei Weibchen mit Mühe und frischen Pferdekoteletts in die Käfige lockten. Die anderen, Simbab voran, gerieten außer Rand und Band. Die Leipziger schliefen ihren schwarzweißroten Rausch aus; so kam niemand zu Schaden. Fackeln schwelten, schaurige Rufe der Treiber und der geängstigten Kreatur schollen durch die Nacht. Schüsse krachten. Am nächsten Morgen ließen sich dreizehn Polizisten, elf davon mit Pickelhaube, vor ihrer Beute fotografieren: Sie hatten sechs Löwen, Simbab zuletzt, zur Strecke gebracht.
Unsere revolutionäre Tat endete als Kuriosum, die Leipziger nahmen es genüßlich in Extrablättern und Journalen zur Kenntnis. Die Hintergründe wurden niemals aufgedeckt. Tadeusz und Maria zerstritten sich über dem Text einer Erklärung, mit der sie der Öffentlichkeit gegenüber eitlerweise gern die Verantwortung übernommen hätten, vor allem konnten sie sich nicht einigen, ob sie ihrer Gruppe den Namen »Noch ist Völkerschlacht!«, »Roter Oktober«, »Volksrächer« oder »Linkes Schwert« geben sollten. So versickerte der mögliche Beginn einer möglichen Revolution in der Erin-

nerung als glücklich verlaufener Spuk. Der Besitzer des Hotels »Blücher« benannte dieses geschäftstüchtig um in »Zum Löwen«. Und wenn es noch nicht eingefallen ist, dann heißt es heute noch so.
Eine Woche später rückte Vojciech zu einer zweimonatigen Übung in die Gohliser Kaserne ein – das war Routine, niemand wollte ernstlich glauben, Kriegspielen könnte in Schießkrieg umschlagen. Schon so lange war Friede, die letzten Kämpfer von dunnemals waren steinalte Männer. Vojciech erschien es, als sei bis dahin fast immer Friede gewesen. Und seitdem ist ja immerzu Krieg.

5. KAPITEL

Gab's schlimme Kindheitserlebnisse?

Am Morgen des 20. Oktober 1913 zog Klara Magdalena Linden, genannt Klärchen, mit einer Nachbarin einen Handwagen die Gletschersteinstraße hinauf. Felix hatte ihr eingeschärft, nicht zu heben, nicht zu tragen, sich nach dem Mittagessen für ein Stündchen hinzulegen, denn hochschwangerer als Klärchen konnte niemand sein. Die Hebamme hatte, mit anerkennenden Ausrufen nicht geizend, eine Ortsbesichtigung vorgenommen: Das Kind lag prächtig.
Nahe der »abben Babbl« fanden die Frauen, wonach sie suchten, Reisig, zum vaterländischen Schmücken benutzt gewesen und auf einen Haufen geworfen; als herrenloses Gut betrachteten sie es und luden es auf, wobei ihnen der Gedanke kam, es womöglich nicht nur als Deckreisig auf den Gräbern der eigenen lieben Toten zu verwenden, sondern vor dem Tor oder an einer Wegkreuzung feilzubieten. Vielleicht käme man den Friedhofsgärtnern ins Gehege, die emmende – so ihr Wort – die Polizei alarmierten? Aber eine halbe Mark pro Fuhre war nicht zu verachten. Also was?
Nach der Bedeutung von »emmende« fragen Sie, es ist ein sattes sächsisches Wort und heißt soviel wie vielleicht, womöglich; es ist aus »am Ende« zusammengezogen. Also dieser Oktobermorgen: Das Denkmal stand in seiner Pracht im kalten Licht. Der Wind hatte die Wolken nach Osten getrieben und Laub und Papier von den Dämmen geweht. Enten fielen ins Wasserbecken ein, noch nicht gewöhnt, hier gefüttert zu werden; Wucht und Würde verboten Vertraulichkeiten. An Besuchern fehlte es wie gewöhnlich nicht, ein Gymnasialprofessor aus Glauchau/Sa. wies vor den Totentempeln

nördlich des Beckens seine Schüler auf die trutzigen Formen hin, neuartig seien sie, gigantisch im guten Sinne, Ausdruck genialischen Baugedankens. »Bitte«, rief er, während meine Mutter Fichtenzweige auframschte, »nicht ein einziger gotischer Spitzbogen, keine romanische Rundung, kein klassizistischer Fries, keine herkömmliche Säule, und wie nahe hätte es doch gelegen zu zitieren! Wo noch entsteht wirklich Originales? Merkt euch diese Namen, ich werde sie in einer Klassenarbeit abfragen: Bruno Schmitz für den Entwurf, Clemens Thieme setzte ihn in die Tat um. Lehmann, wiederholen Sie!« Dies hörte Klara mit halbem Ohr, sie horchte in sich hinein, wo das Ziehen in ein Zerren überging, ließ Zweige fallen und sprach zusammen mit dem Herausfließen aller Atemluft: »Hertha, du, das war ämd ne Wehe, oh, Godd, oh, Goddchen!« Und die Nachbarin: »Runder mid de Hälfde vun dem Reissch, de sedzd'ch wie ins weeche Bedde, un ich zerr dich heeme.«
Schwerfällig nahm Klara Linden Platz, die Knie gebreitet, kein Problem bei den knöchellangen Röcken. Gemächlich schuckelte ihre Nachbarin den Wagen hinab nach Stötteritz, mitfühlende Blicke trafen die werdende Mutter, wie sie da lag, ein wenig blaß, aber ohne sichtbare Angst. Jetzt geht's los, fühlte sie in einem viertelstundenlangen Satz, er brachte keinen Schrecken und ein wenig müde Freude. Vor der Haustür wurde sie von acht Händen herausgehoben, von vier Armen gestützt die Treppe hinaufgeschoben, da war gleich jemand, der zur Hebamme lief, jemand, der heizte und Wassertöpfe ausborgte. Jemand hatte Fleischbrühe auf dem Herd, auch in einfachsten sächsischen Kreisen Büjong genannt, und löffelte der Gebärenden ein Täßchen davon ein. Ein Haus richtete sich darauf ein, daß geboren wurde, voller Neugier geschah das, voller Mitgefühl und etwas lüstern auch. Die Hebamme machte sich an ihr Geschäft, lobte Frau Linden für ihre Mithilfe, tröstete nach einem Schmerzensschrei, verwischte Schweiß, drückte, massierte, ließ

Kaffee einflößen, formulieren wir der Deutlichkeit halber: *Bohnen*kaffee, und dann, kurz nach Mittag, schlüpfte ihr etwas in die geschulten Hände, glitschig, schrumplig der Po, greisig das Gesicht, quäkend sofort; die Hebamme hob hoch und verkündete, was jetzt festzustellen das wichtigste war: »Ä Schunge!«

Eine butterweiche, kinderleichte Geburt also, nichts, was mein Seelchen belastet, modisch ausgedrückt: frustriert hätte. Keine Existenzangst oder Ehescheidungsqual etwa hatte meine Mutter der Frucht mitgeteilt, unbeschadet auch von Kriegsfurcht war ich vom Kiemenstadium ins Lungenstadium geglitten, keine Zangengeburt hatte mir Ahnung von Folter eingegeben, ich war einundfünfzig Zentimeter lang und wog ein paar Gramm mehr als sechs Pfund, das galt als gutes Startgewicht. Als Vater Felix nach Hause kam, lächelte ihn Klara an und sagte wiederum: »Ä Schunge.« Mein Vater legte seine Pranken meiner Mutter behutsam aufs Gesicht, wobei er schnaufte, dann zog er die Decke vom Wäschekorb, in dem ich lag, die Augen verkniffen, mit Händchen, in denen die Aufregung, den Sprung aus dem Meer des Fruchtwassers aufs Festland gewagt zu haben, noch bebte. Und meine Mutter sagte als zweites: »Da isser nu, dr Freedi.« Vier Wochen später wurde ich erfolgreich auf die Namen Alfred Johannes getauft.

Es hat mir als Säugling an nichts gefehlt. Meine Mutter stillte zur Zufriedenheit, ich lag nicht öfter wund als andere Kinder auch. Meine Eltern schoben einträchtig sonntags einen hochrädrigen Kinderwagen durch den Friedhof und ums Denkmal, auch durchs Stötteritzer Wäldchen, dort sah ich meinen ersten Schnee; da hatte das Jahr 1914 schon begonnen.

Felix brach Steine in Beucha, was sonst. Nördlich von Leipzig war ein Krankenhauskomplex begonnen worden, großzügig auf freiem Feld, auf Zuwachs bedacht, benannt nach dem Heiligen Georg. Im Frühjahr wurde mein Vater zu ei-

ner Reservistenübung einberufen: Vier Wochen, die würden vorübergehen, zumal mit Ausgang am Wochenende. Er und seine Landsleute stürmten durch Gräben und Verhaue am Bienitz, sprengten Gassen und türmten Sandsäcke, sie stellten stählerne Schutzschilde dazwischen, die militärtechnisch neueste Entwicklung. Beim Rückmarsch sah Felix am südlichen Horizont die Silhouette des Denkmals, ihm war klar: Daumenbreite links davon Klara und Freedi. Die Soldaten sangen: »Leise sank die Sonn' am Himmelszelt, eine Amsel, die hört ich sihingen, in der Ferne hört ich's klingen...«, ein Lied reich an Oberstimmen und sogenannten Schwänzen. Die zweite Strophe begann: »Schlafe wohl, schlaf wohl, mein Schätzelein.« Die sang Felix nahezu inbrünstig.
Er gab die Uniform auf Kammer ab, sein Chef begrüßte ihn mit einer Lohnerhöhung. Klara druckste herum, er faßte ihr sachte unters Kinn, noch immer schlug sie die Augen nieder, wagte nun aber doch zu sagen: »Du, 's hat wieder zugeschnappt.« Da kratzte sich Felix am Hinterkopf, das war wirklich eine Überraschung. Ach was, andere hatten zehn und zwölf Kinder und verhungerten nicht, und war's vielleicht gar nicht schlecht, zwei Kinder dicht hintereinander? Ein Aufwasch sozusagen? »Awr danach werd uffgebaßt!« Beim VfB kickte er unterdessen bei den Alten Herren.
In den Julitagen lag ich auf der Wiese hinter dem Denkmal auf einer Decke, nackt, über mir Wolken und Kriegergestalten, zeigte hinauf und jauchzte. Sommerwolken und bärtige Wächter, Löwenzahn und Gänseblümchen, der letzte Sommer einer Ära, wie heute jeder weiß. Mein Vater kletterte die Böschung hinauf und legte seine Hand auf die untersten Quader. In die Fugen linste er, sauberer konnte nicht gearbeitet werden. Ein Bursche mit polnischem Namen hatte den Klotz madig machen wollen beim Richtfest – lächerlich. Mein Vater kletterte auf einen Sims, schaute hinab auf die Kutschen in der Preußenstraße, hinauf, den Wächtern in die gesenkten Gesichter.

Dieser trockene, sonnenhelle Sommer! Unter dem Denkmal war eine Weltausstellung für Buchhandel und Graphik vom Sachsenkönig eröffnet worden, wieder einmal eine Weltausstellung in meiner Stadt, denn Leipzig führte in diesen Gewerben. Viele Länder hatten Pavillons errichtet, Rußland eine Nachbildung des Kreml in knalligem Rot und Gelb, drüber prunkte der Doppeladler.
Ich muß nicht erläutern, wie der Krieg sich seinen Weg fraß von den Schüssen von Sarajewo an. Felix Linden vertraute seinem Kaiser und seinem König, die würden schon alles hinkriegen. Ganz anders Vojciech Machulski: Aufgeregt debattierte er, wo er ging und stand, und drängte sich vor den Anschlägen. Krieg, Krieg – und keine Revolution? An einem der ersten Augustabende meldete sich der Genosse Machul beim Stadtbüro seiner Partei und fragte nach Aufträgen, da hieß es, er solle beruhigt nach Hause gehen, man warte auf Anweisungen von der Zentrale.
Im Treppenhaus neben der Aborttür hockte ein Mann auf dem Fensterbrett, die Mütze in der Stirn. »Mensch, Tadeusz!« Vojciech erschrak. »Was machste hier?« Er zog ihn in die Küche, dort begriff er nach knappen Worten und Gesten, daß Tadeusz auf der Flucht war. Den Zarismus hatte er in einer Zeit bekämpft, da Rußland als Verbündeter des Reichs und der Zar als lieber Vetter des Kaisers gegolten hatten, da hatten hiesige Behörden scheel auf ihn geblickt. Jetzt stand in allen Zeitungen einschließlich der sozialdemokratischen, das zaristische Ungeheuer sei der Hauptfeind, der seine Knute auf Deutschland herabsausen lassen wolle. Dennoch wurde Tadeusz nicht automatisch zum Freund, nun galt er als feindlicher Ausländer; vielleicht war er Spion? Jagten nicht Goldtransporte auf nächtlichen Straßen quer durchs Reich von Frankreich nach Rußland oder umgekehrt, waren nicht französische Flieger über Nürnberg gesichtet worden? »Mensch, Tadeusz«, klagte Vojciech dumpf, »un wo haste Maria?«

Sie habe sich bei Freunden in der Ostvorstadt versteckt, Tadeusz wolle sie herausholen, sobald er ein Quartier für sie beide wüßte. Und dann fort nach Schweden oder in die Schweiz.
Erna kam vom Einkaufen, sie erschrak nur wenig, als sie hörte, wer der Gast war. »Aha, der Löwenkutscher!« Sie kochte Kartoffeln und Kohl mit Kümmel, Schmalz und Liebig's Fleischextrakt, dickte mit Mehl an. »Ä scheener Mampf«, lobte Vojciech und aß mit großem Löffel. Unter allen Ideen, die sie an diesem Abend durchkauten und verwarfen, war auch die, Maria und Tadeusz sollten sich unters Personal des russischen Pavillons auf der Weltausstellung mischen, deren vermutliche Immunität nutzen und mit ihnen über ein neutrales Land ausreisen. Aber wenn sie mit ihnen interniert würden? Wenn ihnen zaristische Geheimdienstler auf die Spur kämen? Alles Kappes, entschieden sie. Oder den Popen der russischen Kirche bitten, er möge sie verstecken?
Tadeusz übernachtete auf dem Küchensofa, eingehüllt von Kohlduft. Am Morgen machten sich Vojciech und Tadeusz zur Weltausstellung auf – vielleicht lichtete sich das Dunkel an Ort und Stelle? Am russischen Pavillon ballte sich eine Menschenmenge, Fäuste wurden gereckt, Verwünschungen ausgestoßen. Die Eingänge waren verschlossen, da schleppten kochende Patrioten Leitern herbei, kletterten hinauf und schlugen mit Beilen auf die Doppeladler ein. Tadeusz und Vojciech machten sich davon, auf einer Bank vor dem Völkerschlachtdenkmal wollten sie beraten. An der Kasse hing ein Schild: »Aus technischen Gründen geschlossen.« Vojciech schaute zu den Kriegerfiguren hinauf, ihnen fühlte er sich vertraut, sie jubelten ja nicht: »Siegreich wolln wir Frankreich schlagen!«, fuchtelten nicht mit ihren Schwertern, wollten nicht dem perfiden Albion ans Leder, schworen niemandem Nibelungentreue. Der Toten waren für sie ein für allemal genug. Die Kriegsfurien neben dem Heiligen Michael fauchten wie eh und je.

»Bleibt der Pope«, murmelte Vojciech. Auch die Kirchtüren waren geschlossen, Arbeiter waren dabei, die gemeißelten Angaben, wie viele Österreicher, Preußen, Schweden und eben auch Russen in der großen Schlacht gefallen waren, zu verschalen. Zwischen den Mauern des Neuen Johannisfriedhofs berieten die beiden ein letztes Mal. Vor dem Grab der französischen Verwundeten, die 1870/71 in Leipziger Lazaretten gestorben waren, verabschiedeten sie sich, jeder ging einer anderen Zukunft entgegen. Ein paar Tage später gab der Briefträger den Einberufungsbescheid für Viktor Machul ab. Von Maria und Tadeusz hat niemand wieder etwas gehört.
Vojciechs Gruppenführer war der Unteroffizier Felix Linden. Alte Arbeitervertraulichkeit war verschwunden, verbissen titulierte Vojciech meinen Vater mit »Herr Unteroffizier«. Eine Woche nach der Einberufung standen sie auf dem schweißgetränkten Bienitz, unverkennbar buckelte sich das Völkerschlachtdenkmal hinter allen Türmen. »Wird das nu abgerissen, Herr Unteroffizier?« fragte Vojciech scheinheilig. »Is doch wechn der Waffenbriederschaft mitn Russen gebaut.«
»MG-Feuer von links!« argumentierte mein Vater schlagfertig, »volle Deckung!«
Die Waggons, in die sie stiegen, waren eben von der belgischen Grenze zurückgekommen, an ihnen standen Kreideinschriften: »In vier Wochen nach Paris!« und: »Russischer Kaviar, französischer Sekt, deutsche Hiebe – das schmeckt!« Zum Rhein, zum Rhein, zum deutschen Rhein rollten sie und betrachteten fachmännisch den Dom in Köln. Da waren sie wieder Steinbruch- und Bauarbeiter, nicht mehr Unteroffizier und Gemeiner, sie sagten du zueinander, als sie die Fugen beäugten. Zuckerbäckerei das ganze, urteilten sie, das wird Ärger geben immerzu, und der Stein, guck dir den an, die müssen alle hundert Jahre ihren Dom auswechseln. Mann, dagegen unser Granit! Sie kletterten hinauf, bis es

weiter nicht ging, und mußten anerkennen: Bißchen höher ist das Ding hier doch. Beide hätten gern in Tonnen und Kubikmetern ausgerechnet, welches Bauwerk gewaltiger war, ihnen fehlten die exakten Kölner Zahlen. Vojciech schaute zu den Cumuluswolken – wie lange war es her, daß er sie in Leinen hüllen und mit Gondeln hatte behängen wollen? Mit ihnen in friedlicher Drift über deutsches Land nach Leipzig segeln, über flachem Acker die Reißleine ziehen – ein Traum, der Tränen in die Augen trieb.
An einem ruhigen Frontabschnitt in den Vogesen bauten sie Feldbahngleise, Unterstände, Drahtverhaue, wieder einmal striegelte Vojciech geduldigen Pferden seine Initialen ins Fell. Die Feldpostbriefe von daheim lasen sie einander vor und teilten redlich, was Klärchen oder Erna schickte: Zigarren, Tee, Pfefferkuchen. Vojciech kutschierte ins Hinterland nach Pferdefutter und Munition, immer fiel etwas ab: eine Büchse Wurst, ein Brot, eine Tüte mit Äpfeln. Gemeinsam feierten sie die Geburt meines Schwesterchens Hildrun im Februar 1915. Auch meinen zweiten Geburtstag begingen sie zusammen. Dieser 20. Oktober 1915 war ein milder, windstiller Tag in den Vogesen wie auch am Völkerschlachtdenkmal. Meine Mutter fuhr Hildrun und mich auf knirschenden Kieswegen entlang und wies hinauf: »Die Schteene hat alle dr Baba gemacht, Freedi!« Dr Baba – ich hatte eine undeutliche Vorstellung von einem bitter riechenden Bart; Vater war kürzlich auf Urlaub gewesen. Das war die Zeit, als mir meine Mutter oft ein Kindergedicht vorsagte:

Uffn Rathaus sei Därmchn,
da sitzt ä Wärmchn,
mitn Schärmchn.
Da gam ä Schtärmchn,
der warf's Wärmchn
mitn Schärmchn
vun Rathaus sei Därmchn.

An langen Abenden im Unterstand hatte mein Vater zu schnitzen begonnen wie andere seiner Kameraden. Nicht an Pfeifenständern, Schlüsselbrettchen und ähnlichem Krimskrams versuchte er sich, sondern an Figuren und Geräten, wie sie im Steinbruch vorkamen: Männer mit Hammer, Meißel und Steinsäge. Einen Fußballtorwart wollte mein Vater schnitzen, auf einem Bein bei beidfäustiger Abwehr; als er ziemlich weit gediehen war, brachen die Arme ab. Etwas gelang aus Lindenholz: ein Wappen des dreimaligen deutschen Fußballmeisters VfB Leipzig. Er hängte es an die Wand des Unterstands.

Dort blieb es bei einem Alarm. Das sächsische Bataillon zog weiter nach Süden und wurde einer württembergischen Division zugeteilt, die hoch oben in den Vogesen einen Bergvorsprung, den Lingekopf, zur Festung ausbauen sollte. Ausgeborgt zu werden galt als schlechtes Geschäft, man mußte die Kastanien aus dem Feuer holen; Ruhm und Orden ernteten die anderen. Nichts Neues seit der Völkerschlacht. Wald deckte den Berg gegen Sicht, die Arbeit verlief ungestört: Gräben wurden in den Fels gesprengt, Nischen für Munition und Waffen gebrochen, MG-Stände aus Beton gegossen. Auf dem Gipfel wurde ein Bunker mit sechs Schichten Eisenbahnschienen abgedeckt, Vojciech leitete das Betonieren; Steintrümmer wurden darübergewälzt. »Fort Lingekopf« stand großspurig am Eingang; das ist dort heute noch zu lesen. Wer Phantasie mitbringt, entdeckt seitlich davon, verwittert und moosbewachsen, das unvermeidliche VM.

Fast tausend Meter hoch ragt der Lingekopf, oft ist er von Nebel und Wolken verhüllt. Die Franzosen würden bald und erbittert angreifen, das fühlten alle. Die Offiziere mußten die Pioniere nicht antreiben, immer neue Laufgräben, Beobachtungsstände und Maschinengewehrnester herauszusprengen, aufzumauern, zu betonieren, breiteren und dichteren Verhau zu ziehen. Ihnen gegenüber lagen Alpenjäger, französische Elite. Die Württemberger hängten an den Rand des

Verhaus ein Schild: »Der Lingekopf wird das Grab der französischen Jäger werden!«
Vojciech mauerte auf dem westlichen Vorsprung der Kuppe, wo sie steil in eine Schlucht abfällt, den letzten Maschinengewehrstand auf, wölbte eine Kuppel, stampfte eine Form in Lehm und goß in ihr zwölf Kriegerfiguren, das Schwert zwischen den Beinen, die Köpfe gesenkt, jede an die dreißig Zentimeter hoch. Die Figuren setzte er außen an die Kuppel und legte eine quadratische Platte darauf, den Gipfelstein. Als er fertig war, zog er Felix Linden durch kurzwinklige Gräben dorthin. Der staunte: »Mensch, unser Denkmal!« Da las er unter dem Bogenfenster der Schießscharte im Beton:

Hier werden sterben:
10000 Deutsche
10000 Franzosen

»Biste verrückt«, raunzte der Unteroffizier, »das machste sofort weg!«
»Denkste, daß ich nich recht ham werd?«
»Wenn das 'n Offizier liest, is dr Deiwel los.«
Tags darauf zerhackten, zerstückelten, zerfaserten französische Maschinengewehrgarben und Granatsplitter die Inschrift, als die Alpenjäger heraufkletterten, schossen, warfen, schrien, töteten, bluteten, starben. Vojciech verteidigte sich aus seinem Denkmal heraus, bis ihm der Kühlmantel zerschossen wurde, er tat es aus schweißtreibender Angst, nicht aus Lust am Töten oder aus Haß. Die Deutschen wurden an den Rand des Lingekopfs gedrängt, auf dem Fort wurde die Trikolore gehißt, Trommelfeuer hieb zwischen die Alpenjäger, die meisten waren erst zwanzig. Das war wie bei Murats Reiterattacke hundertzwei Jahre vorher, damals wären Frankreichs beste Krieger um ein Haar durchgebrochen, jetzt traten Württemberger und Sachsen zum Gegen-

stoß an, damals hatten sie in der Schlacht die Fronten gewechselt, jetzt...
Gutgut, Herr Doktor. Natürlich, wenn Sie einen Bericht durchsehen möchten, machen wir eine Pause. Falls ich unterdessen die Zeitung lesen... Ich fürchte, ich werde trotz Ihrer abwehrenden Geste immer wieder davon anfangen. Den jungen Mann übrigens, der Ihnen eben den Bericht übergeben hat, kenne ich aus jenem ernsthaften Haus im Stadtzentrum, in dem ich die ersten Tage nach meiner Festnahme verbrachte: ein Mitarbeiter dieser nicht gern genannten Institution. Entschuldigen Sie, natürlich lasse ich Sie in Ruhe lesen.
Bitte, wenigstens ein Punkt, in dem wir uns einig sind: Die Existenz einer Flakgranate wird nicht geleugnet, Kaliber achtacht. Jeder andere wäre froh, hätte er nichts mit einem derart kompromittierenden Knallkörper zu tun, ich hingegen...
Bei mir zu Hause – nein. In meiner Wohnung liegt nichts, was mit dem Sprengen zu tun hat. *Eine* Flakgranate ist also am Denkmal gefunden worden, von da an ist es nur ein Schritt zu den Männern in gelben...
Oh, eine Liste beschlagnahmter Gegenstände. Naziliteratur – ich besitze wirklich allerhand. Als Günther Priens Boot versenkt worden war – der berühmte U-Boot-Kapitän stammte aus unserem Waldstraßenviertel. Als er von Oberbürgermeister Freytag empfangen wurde, als seine ehemaligen Mitschüler der Friedrich-Nietzsche-Schule Spalier standen, als Frau Prien das Ehrenkreuz der deutschen Mutter bekam – ja, ich hab einige Fotos aufgehoben. Hitlers 50. Geburtstag, da war die Stadt geschmückt wie zur Einweihung des Völkerschlachtdenkmals, die Massen strömten auf die Flächen an der Elsterbrücke, das Feuerwerk am Abend – ach, da sind ja die Postkarten mit dem Sonderstempel zur Einweihung des Richard-Wagner-Denkmals vom März 1934, eine philatelistische Besonderheit, denn das Denkmal

wurde ja bekanntlich nie gebaut. Diese Liste dürfte korrekt sein, ich unterschreibe ohne weiteres.
Also zu Vojciech Machulski und Felix Linden zurück: Die Schlacht wütete weiter am Lingekopf, wieder drangen die Deutschen vom Ostrand bis zum Westrand vor – fünfzig, sechzig Meter. Jetzt war jedes Baumgerippe heruntergefegt, die Steinbrocken waren um- und umgewühlt, die Gräben verschüttet. Zweitausend tote Franzosen hingen in den Verhauen, waren in den Unterständen eingequetscht. Nachts und bei Nebel schlichen Kommandos durch die Mondlandschaft und übergossen die Leichen mit Phenol, um sie am Verwesen zu hindern; vergeblich. Fliegenschwärme fielen über sie her, es war die Hölle. Während einer Feuerpause wurden die sächsischen Pioniere herausgezogen, in der Rheinebene bei Colmar erholten sie sich in einem Barackenlager, aßen, schliefen und flickten ihre Monturen. Wenn Erna einen Brief von Viktor, wenn Klärchen einen Brief von Felix bekam, wanderte die Überglückliche am selben Tag durch die halbe Stadt, Gesichter strahlten auf, Köpfe beugten sich über den Küchentisch: Du, 's geht unsern Männern gut! Umarmung, Tränen. Ich saß auf dem Schoß meiner Mutter, griff nach dem Papier, bekam mein Hölzchen, meine Spielzeugente:

> Uffn Rathaus sei Därmchn,
> da sitzt ä Wärmchn.

Ich gedieh, obwohl Milch und Butter knapp waren und knapper wurden. Meine Mutter wusch bei Herrschaften, wie man sagte; Frühstück und Mittagessen gehörten zum Lohn. Ich blieb unterdessen bei einer Nachbarin, spielte mit anderen Kindern im Hof, später nahm Mutter mich zu Leuten mit, die einen Garten hatten, dort saß ich unter der aufgehängten Wäsche und atmete ihren Duft mit dem blühender Bäume oder reifenden Obstes ein. Manche Kinder waren schlechter dran.

Im Ruhelager von Colmar griff mein Vater wieder zum Messer. Vojciech zeichnete ihm einen der Reiter vor, die in der Kuppel des Denkmals im Kreise ziehen. Einen friedlichen Reiter schnitzte mein Vater, heimwärtsziehend nach der Schlacht, nicht mehr tötend, nicht plündernd, er wird den Schild auf Kammer abgeben, sich neben seine Frau legen, sich satt essen. Gewiß hat er die Krätze. Diese Reiter oben im Denkmal haben vom Krieg die Schnauze voll, das war beim Bau und bei der Einweihung natürlich nicht begriffen worden. Als mein Vater auf Urlaub kam, brachte er Pferd und Reiter mit und schenkte sie mir, aber gleich nahm er sie wieder weg und stellte sie auf die Kommode, denn zum Zerspielen waren sie zu schade. Wenn ich auf seinem Schoß saß, gab er sie mir behutsam in die Hand, ich streichelte übers Holz und sagte: »Ferd, Ferd.« Mein Vater spielte mit mir Hoppehoppereiter, ich krietschte, wenn er so tat, als ob ich gleich in den Graben fiele. Ein Vater, der mit seinem Jungen während eines Fronturlaubs spielt – natürlich waren in seinem Lachen auch der Schmerz und der Wunsch, keinen Schmerz und keine Angst spüren zu lassen.
Als er wieder an die Front fuhr, trug er mich bis auf den Bahnsteig des Hauptbahnhofs. Als meine Mutter zu weinen begann, weinte ich mit und schrie: »Ferd, Ferd!« Damit meinte ich meinen Vater, ich hatte vergessen, daß er Baba hieß. Er erreichte seine Einheit, als sie, aufgefüllt und mit vollzähligem Gerät, in Marsch gesetzt wurde. Das Bataillon rollte nach Metz und weiter westlich, da sprang ein böses Wort auf: Verdun! Das Fort Douaumont war genommen worden, seltsamerweise machte es größere Mühe, das gleichnamige Dorf zu stürmen; dazu waren Sachsen ausersehen.
Schnee fiel, während das Bataillon durch die Orneschlucht nach vorn geführt wurde. In gleichmäßigen Abständen schlugen Granaten ein, ortskundige Führer trieben die Pioniere an: Vorwärts, schneller! Die Männer waren bepackt mit Gewehr, Schanzzeug, Brettern, Verpflegungskisten,

zwischen sich trugen sie Stacheldrahtrollen und Wasserkanister, sie waren behängt mit Säcken voller Handgranaten und Konserven. Die Helme – die ersten deutschen Stahlhelme – rutschten ihnen in die Stirn, keine Hand war frei, um sie zurückzuschieben. Im Morgengrauen keuchten sie in eine Stellung aus Granattrichtern und Deckungslöchern, die sie zu einem Graben verbinden sollten. Sie schwitzten und froren, gruben sich durch eisige Schollen in den Schlamm. Gegen Mittag wurden die ersten Verwundeten nach hinten gebracht. Am nächsten Tag brüllten vier Stunden lang deutsche Granaten über sie auf das Dorf Douaumont hinweg, sogar ein 42-cm-Geschütz von Krupp beteiligte sich. Als die Kompanien seitlich aus den Löchern stiegen, stapften auch meine Sachsen vorwärts, hetzten durch Schlamm und Reste von Drahtverhauen, traten auf Leichen und rutschten in wassergefüllte Löcher, nichts war wie bei den schneidigen Angriffen auf den Übungsflächen des Bienitz daheim. Der Angriff brach nach dreihundert Metern im Flankenfeuer zusammen. Das kannten sie vom Lingekopf: Dort hatten sie selber die französischen Alpenjäger niedergemäht, Vojciech aus der Scharte seines niedlichen Denkmals.
Vojciech hob den Kopf nicht, Felix spähte nach vorn: weiße Leuchtkugeln über dem Dorf – hieß das, daß es genommen war? Aber es waren grüne Leuchtkugeln, die im Mittagslicht verwechselt wurden, da befahlen die Generäle, gleich auch noch das Werk Thiaumont zu stürmen, und beschleunigten damit die Katastrophe. Nun wurde das Dorf nicht mehr beschossen, die Franzosen stiegen aus ihren Unterständen, lehnten sich an die Brustwehren und eröffneten ein Scheibenschießen auf die nach der Seite ausweichenden Sachsen. Ein Schneesturm bewahrte sie vor gänzlicher Vernichtung. Die folgende Nacht konnte nicht zermürbender sein. In aller Eile wurde ein halb verschütteter Chausseegraben ausgekratzt, der am nächsten Tag eine Sturmformation aufnehmen sollte. Es war wie auf den Feldern ostwärts von Leipzig

vor dem letzten Tag der Völkerschlacht, Vojciech Machulski, der Pionier Viktor Machul erlitt Qualen wie Carl Friedrich Lindner. Er war durchnäßt und hungrig, besaß kaum noch die Kraft, die Schaufel zu halten, schippte dennoch, gewann eine Handbreit Tiefe für Brust und Bauch, nicht für die Beine, die frei auf der französischen kalten Erde lagen. Keine Sturmformation löste im Morgengrauen ab, aber französische Beobachter in den Fesselballons über der Maas erkannten Gesprenkel von frischaufgeworfener Erde und lenkten das Feuer dorthin; die Fabrikate von Schneider-Creuzot konnten es durchaus mit denen von Krupp aufnehmen und deckten den Chausseegraben ein, deckten ihn zu mit Streu- und Lagenfeuer und anderen artilleristischen Spezialitäten. »Wir hättn die Zahl der totn Franzosn mit einmeißeln solln!« schrie Vojciech meinem Vater durch das Dröhnen zu, der verstand die Worte nur halb und den Sinn überhaupt nicht. Vojciech meinte, daß das Völkerschlachtdenkmal nur an die toten Sieger erinnerte, nicht an die armen Rheinbundsöldner, von den Franzosen ganz zu schweigen, noch nicht einmal an die Ärmsten der Armen, die hingemachten Sachsen. Während die Erde unter Vojciech bebte, während er zitterte vor Kälte und Angst, schoß es ihm durch den Kopf, daß er hier nicht liegen müßte, wenn auch Franzosen bei der Einweihung des Völkerschlachtdenkmals mit Fahnen und Marschmusik dabeigewesen wären, wenn der Präsident der Französischen Republik mit dem deutschen Kaiser und dem König von Sachsen und den russischen und österreichischen Fürsten die Treppe hinuntergeschritten wäre. »Wir hättn de Franzosen einladn solln!« schrie Vojciech durch das Bersten, da fühlte er einen Schlag auf die Beine, Hitze traf ihn wie ein Löwenbiß, er dachte noch: Dann hätten wir die Löwen nicht loszulassen brauchen.
Felix Linden wickelte fünf Verbandspäckchen um Vojciechs Beine, drei rechts, zwei links. Ein Granatsplitter, seitlich heranfegend, hatte die Waden aufgerissen und Schien- und

Wadenbein durchschlagen. Vojciech war halb ohnmächtig, als mein Vater ihn nach hinten trug. Felix Linden geriet zwischen Granattrichtern und zerschossenen Gräben, Leichen und Detonationen aus der Richtung, rutschte in eine Schlucht und fand sich einem Mauerloch gegenüber, einem der zerschossenen Eingänge des Forts Douaumont. Andere Soldaten nahmen ihm den Verwundeten ab, reichten ihn weiter, legten ihn auf eine Bahre, trugen ihn durch verstopfte Gänge, und so geriet Vojciech auf einen Operationstisch, die Stiefel wurden ihm heruntergeschnitten, zwei Ärzte blickten auf den Brei von Blut, Knochensplittern und Muskelfetzen, sie nickten sich zu und kappten das rechte Bein über dem Knie. Amputieren war ihre Spezialität, sie taten Tag für Tag kaum anderes.
Ein Leutnant schickte den Unteroffizier Linden nach kurzen Minuten, in denen er einen Becher Tee trinken, einen Kochgeschirrdeckel Linsensuppe auslöffeln und eine Zigarette rauchen durfte, wieder hinaus.
Vojciech Machulski erwachte aus der Narkose, Bretter über sich, im gelblichen Schein von Ölfunzeln. Carl Friedrich Lindner wäre auf dem blanken Acker bei Otterwisch krepiert, keinen Mantel unter dem Rücken, keinen Tornister unter dem Kopf, gefangengehalten von Preußen. Wer krepierte, brauchte nicht verpflegt zu werden, es war eine simple Rechnung. Er wäre an Schwäche oder Typhus eingegangen, wenn sie ihn nicht kurzerhand erschlagen hätten. Ich dagegen, Vojciech Machulski, lag warm im Mief, spürte Druck in den Beinen, aber keinen Schmerz eigentlich. Ich hob probierend die Arme unter der Decke an, fühlte die Nase, den Mund, zählte mit den Lippen die Finger ab, sie waren alle noch da. Beim Zurücksinken fühlte ich die Wand: Beton. Seltsam: Da war also die Krypta des Völkerschlachtdenkmals als Lazarett eingerichtet worden, ich war daheim, gerettet. Erna würde mich besuchen, gewiß mein Freund Felix, ihm würde ich sagen: Nun hat das Denkmal doch seinen

Zweck. Ich sah die Abdrücke der Schalbretter an der Wand und überlegte, ob ich tief unten neben einem Hauptpfeiler lag, in den ich ein Erinnerungsstück eingegossen hatte, eine Wahlsiegmeldung von 1910, eine Postkarte, darstellend führende Genossen. An meiner Hand klebte noch der Dreck des Schlachtfeldes, mit ihm malte ich meine Initialen an die Wand. Ich dämmerte ein, wurde wach durch Stimmen, die riefen: »Hallo, Kamerad, willste nichts essen? Nichts trinken?« Eine Zeitlang meinte ich, Besucher strömten durchs Denkmal, ihnen wurde erklärt: Vor uns sehen Sie die Statue der Opferwilligkeit, sie wiegt, mißt, allein die Hand, die Länge der Zehen. Meine Zehen waren wohlig warm, draußen auf den Dämmen und am Wasserbecken war es bitterkalt gewesen, aber ich war ins Denkmal gekrochen, warm war es in der Ruhmeshalle, oben kehrten die Reiter heim aus der Schlacht. Ich spürte einen Becher an den Lippen, ein Reiter war heruntergestiegen und hob meinen Kopf an. Viele Reiter füllten die Krypta, ihre Pferde weideten draußen auf den Dämmen. Die Reiter saßen auf Bänken an der Seite, schliefen im Sitzen, redeten leise, Namen wurden aufgerufen. Hier!, riefen die Reiter, hier! Jawohl, Herr Leutnant! Franzosen in blauen Mänteln kamen herein. Durch die Scharte am Lingekopf hatte ich auf Franzosen geschossen und sie getroffen, aus dem Dorf Douaumont hatten sie sich gerächt, wir waren quitt. Ich hätte ihnen gern erklärt, daß alles anders gekommen wäre, hätten sie am Denkmal mitgebaut: russische und österreichische und französische und württembergische Maurer nebeneinander, nicht nur Sachsen, die das Denkmal für alle anderen, bloß nicht für die Sachsen bauten. Es war ein großartiger Gedanke, ich war aber zu müde, ihn auszusprechen. Zwei Franzosen nahmen die Bahre auf und trugen mich durch Gänge, über mir sah ich Leitungen, Glühbirnen, von den Steinen tropfte Wasser. Ich wußte nicht, in welchem Teil des Denkmals wir waren, auf einen solch langen Gang konnte ich mich nicht besinnen. Sie trugen mich ins

Freie, eine Böschung hinauf, hasteten, keuchten, rannten um ihr und um mein Leben, und es muß anerkannt werden, daß sie, wenn eine Granate heranheulte, erst die Trage absetzten, ehe sie sich in den Schlamm warfen.
Bitte? Nein, keinen Kaffee mehr, danke. Als die französischen Gefangenen die Last vor einem Sanitätsunterstand einige Kilometer weiter hinten ablieferten, war der Pionier Viktor Machul tot. Ob er durch Kälte oder Blutverlust gestorben ist, ob ihn noch ein Granatsplitter getroffen hat, wurde nicht untersucht. Die Erkennungsmarke wurde durchgebrochen und eine Hälfte mit dem Soldbuch auf dem Verwaltungsweg weitergereicht. Viktor Machul wurde in einem Massengrab – ich suche nach dem richtigen Wort: Wurde er beigesetzt, begraben, bestattet, das alles klingt hochtrabend; verscharrt wurde er gewiß nicht. Er wurde in Reih und Glied neben andere Leichen gelegt, Kalk drüber, die nächste Schicht. Das Verfahren hatte sich seit der Völkerschlacht nicht geändert, nur war damals Kalk knapper als vor Verdun.

6. KAPITEL

War Ihr Vater Nazi?

Ich wundere mich. Darf man nach Gründen fragen? Gestern abend brachte die Schwester mir keineswegs ein Kleckschen Quark, ein Scheibchen Jagdwurst und ein Würfelchen Butter und schon gar nicht diesen sogenannten Tee. Sondern Würstchen, vermutlich aus Halberstadt, jedenfalls delikat, dazu Kartoffelsalat, wie ihn meine Frau nicht besser gemischt hätte, ein Eckchen Käse, zwei Tomaten, heute morgen ein Kännchen echten Kaffee, zwei Brötchen, Ei, Konfitüre, Salami – bin ich in eine höhere Kategorie gestuft worden?
Ihr Argument, daß Sie mit der Wirtschaftsführung der Klinik nichts zu tun hätten und mir deshalb keine Antwort geben könnten, erscheint mir, entschuldigen Sie schon, wenig stichhaltig. Ich hab die Männer in den gelben Overalls gesehen, hab ihren Hilferuf gehört und könnte mir denken, daß ich als Staatsgefangener erster Kategorie die allerbeste Verpflegung erhalte. Die Obrigkeit will sich gut mit mir stellen – läge darin keine Logik? Nun heben Sie abwehrend beide Hände. Nein danke, jetzt noch nicht schon wieder Kaffee.
Sie wollen nur wissen, worauf ich mich wirklich besinnen kann; ich soll ausschließen, was sich aus Erzählungen der Eltern in meine Erinnerung eingeschlichen haben könnte – Sie wissen selbst, wie schwer hier zu trennen ist. Ich weiß noch, wie unsere Küche aussah, sie hat sich bis in die dreißiger Jahre nicht verändert. Der Wasserhahn mit dem Ausguß, daneben ein blecherner Schöpftopf, genannt »Neesl«, der Schrank mit den Glastüren im Aufsatz, die Kapsel aus emailliertem Blech mit der Aufschrift: »Unser täglich Brot gib uns

heute.« Schwesterchen Hildrun unter dem Tisch, meine Mutter und Tante Erna weinen, Tante Erna trägt ein schwarzes Kleid, die Frauen legen die Arme umeinander, der Schmerz der einen wirkt groß wie der der anderen. Jemand war *gefallen*, ich fiel ja auch oft und wußte, daß es weh tun konnte. Am Ende heulte auch Hildrun mit. Ich spielte mit Kuh, Schaf und Pferd, die mein Baba geschnitzt hatte. Er war weit weg, wußte ich, dort saß er in einem Haus, das Unterstand hieß, und schnitzte für mich Ziegen und Männer, die Kipploren schoben. Mutter wusch nun nicht mehr für Herrschaften, sondern arbeitete in einer Druckerei, manchmal war sie tags nicht da und manchmal nachts, eine Nachbarin paßte auf uns auf, oder wir waren bei Tante Erna. Ein Bild mit schwarzem Rahmen stand dort auf der Kommode: Onkel Viktor, der gefallen war. Nach und nach erfühlte ich die Bedeutung dieses Wortes, es hing mit Friedhof und Völkerschlachtdenkmal zusammen.
Meine Mutter arbeitete als Anlegerin in der Druckerei von Spamer, dem größten graphischen Betrieb Deutschlands. Namen waren von Leipzig ausgegangen: der Brockhaus, der Meyer, der Baedecker, das Reclamheft, das Inselbändchen. War alles da vor 1914 – was ist seitdem hinzugekommen? Meine Mutter verdiente achtundzwanzig Pfennig in der Stunde, später zweiunddreißigeinhalb. Einmal legte sie einen Aufruf unter die Presse: Der Maler Max Klinger hatte ein bedeutendes Werk geschaffen, das die Wiener kaufen wollten, durch eine Stiftung sollte es Leipzig erhalten und dem städtischen Museum übergeben werden. Mutter druckte einen Katalog für eine Klingerausstellung und nahm ein schief geratenes Exemplar mit nach Hause. Ein Mann rannte einen Weg entlang auf mich zu, rechts und links standen kahle Bäume vor dem Feld, der Mann rannte mit aller Kraft, das sah ich an den gewölbten Schultern. Andere Männer verfolgten ihn, sie waren noch etwa fünfzig Meter zurück, und ich fragte mich, ob sie den Flüchtenden einholen würden, ob er

etwas gestohlen hatte, aber vielleicht wollten sie ihm aus bloßer Gemeinheit ans Leder oder ans Leben. Dieses Bild hieß »Die Verfolgung«. Ich betrachtete es stundenlang, alle meine Sympathie galt dem Mann da vorn. Nachts träumte ich, er träte keuchend in unsere Küche, es wäre mein Vater, und er sagte: »Ich bin nicht gefallen.«
Als ich fünf war, nahmen mich Jungen aus unserer Straße mit in eine Kiesgrube. Wasser stand in Gräben und Löchern, Gebüsch wucherte an den Hängen, wir konnten Unterschlüpfe aus Brettern und Blech bauen. Zum Denkmal gingen wir selten, dort war alles zu ordentlich. Aber im Winter rodelten wir auf unseren Käsehitschen die Hänge hinunter und manchmal den Droschkenkutschern zwischen die Räder. Was Käsehitschen waren: kurze, handliche Rodelschlitten aus einem Eisengestell und einer Holzplatte für einen oder höchstens zwei magere Kinderhintern.
Ich wuchs in den Kriegshunger hinein. Eine Fettbemme – mir krampfte sich der Magen zusammen, wenn ich daran dachte. Mit Mutter zog ich an Sonntagen den Handwagen auf die Felder um Mölkau und Liebertwolkwitz, wir stoppelten Kartoffeln und Rüben. Mit älteren Jungen klaute ich Weizenähren und Äpfel; Mutter nahm sie mir ab, ohne zu fragen. Als ich fünf war, strahlten alle in unserem Haus, denn der Krieg war vorbei, Vater würde nach Hause kommen. Ich wartete auf viele geschnitzte Kühe und Pferde.
Er trat an einem diesigen Winterabend ohne Waffen ein, war aber immer noch als Feldwebel kenntlich. Er stellte den Tornister in eine Ecke, umarmte sein Klärchen, sie preßten sich aneinander und standen stumm und ohne sich zu rühren minutenlang. Nach einer Weile ging ich hin und drückte meinen Kopf zwischen ihre Bäuche. Wir redeten nicht, schluchzten nicht; erst als sich Hildrun an unsere Beine geklammert hatte, machten wir uns voneinander los. Ich half den Tornister auspacken: ein halbes Kommißbrot, eine Strickjacke, Fußlappen und ein Bündel Briefe von meiner Mutter.

Als Mutter mich zur Schule brachte, konnte von einer Zuk-kertüte nicht die Rede sei. Vater bosselte weit weniger Tiere, als ich erhofft hatte; meist lag er auf dem Küchensofa und schlief. Mutter sagte, Papa hätte im Schützengraben viel zu wenig geschlafen und holte es jetzt nach. Später hat Mutter oft von einer phantastischen Leistung erzählt, an der sie bei Spamers beteiligt war. In einer Blitzaktion wurde in sechsunddreißig Stunden ein 460 Seiten starkes Buch gesetzt, gedruckt, gebunden. In einer Nacht zum Sonntag begann die Arbeit an allen Setzmaschinen zugleich, die Nacht hindurch wurde korrigiert, wurden Matrizen gegossen, am Morgen nahmen die Drucker die Arbeit auf, am Sonntagnachmittag die Buchbinder, und am Montag früh zehn Uhr lagen die ersten fünfhundert Exemplare in Weimar auf den Tischen der Nationalversammlung. Gedruckt worden war der Versailler Vertrag. Wir müssen uns wohl nicht darüber unterhalten, daß eine derartige Leistung heute kein Leipziger Betrieb schafft, trotz der verbesserten Maschinen.
Felix Linden war verstört zurückgekehrt. Die alte Ordnung war nicht mehr; zu ihr hätte gehört, daß der Krieg gewonnen worden wäre. Kein König, kein Kaiser, kein Hindenburg mehr, zum Siegesdenkmal von 1870/71 konnte kein Pendant von 1914/18 gesetzt werden. Den Versailler Vertrag, meine Mutter hatte ein Exemplar mitgebracht, las Felix auf dem Sofa von der ersten bis zur letzten Zeile durch. Danach redete er tagelang überhaupt nicht mehr.
Auch im Steinbruch hatte sich etliches geändert. Ein Betriebsrat wollte einiges durchsetzen, Kleinkram alles, er tat es ungeschickt und erreichte nichts. Aufträge waren knapp, die Belegschaft wurde halbiert, geviertelt, mein Vater blieb. Der Betriebsrat protestierte, angesichts der leeren Auftragsbücher fiel ihm nichts Besseres ein. Leipzigs Wirtschaft kam nach dem verlorenen Krieg nur schwer wieder in Gang, öffentliche Aufträge fehlten. Von der Arena vor dem Völkerschlachtdenkmal war nicht mehr die Rede, nicht von der

Prachtstraße zum Bayerischen Platz. Einsam stand nun die Deutsche Bücherei zwischen Schrebergärten. Ein paar Waggons Pflastersteine waren manchmal das einzige, was in einem Monat abgesetzt werden konnte.
Mein Vater ging wieder zum VfB Leipzig und stellte sich bei der dritten Mannschaft ins Tor. Ich rannte beim Training den Bällen nach, die seine Kameraden vorbeischossen, und trug sie Vater hin und legte sie ihm zu Füßen. Er hätte es gern gesehen, wenn aus mir ein guter Kicker geworden wäre, aber ich reagierte nicht fix genug. Ich dachte erst nach, was meine Beine mit dem Ball anstellen sollten, da war ich ihn natürlich schnell los. Der VfB wurde im mitteldeutschen Landesverband dreimal Meister, die große Konkurrenz, die Spielvereinigung, erkämpfte zweimal den Titel. In den Endrunden aber unterlagen unsere Mannschaften den besten Clubs in Deutschland, Nürnberg, dem Hamburger Sportverein oder München 1860. Ich kannte alle Spieler, schrie und riß die Arme hoch, wenn ein Tor gefallen war. Dann ging ich nach Hause und aß Pflaumenkuchen, Kartoffelpuffer oder Stolle je nach der Jahreszeit. Hildrun war zu klein für meine Spiele und eben ein Mädchen.
Vater hielt eine einzige Zeitschrift, sie wurde herausgegeben vom Reichsbund der Kriegsgräberfürsorge, die Bilder waren voller schwarzer Kreuze. Diese Zeitschrift zu lesen und zu bezahlen, sagte er, sei er seinen toten Kameraden schuldig, vor allem Viktor. Er versuchte Soldatenfiguren zu schnitzen, stürmend, marschierend; zum Spielen waren sie zu schade. Meine Mutter stellte sie auf ein Bord, darüber hingen Erinnerungswimpel, ausgetauscht mit Fußballvereinen, die er besiegt hatte oder von denen ihm der Kasten vollgehauen worden war. Es kamen nun keine mehr dazu. Auf dem Rückweg vom Fußballplatz ging Vater mit mir oft am Denkmal vorbei, dann redete er noch weniger. Ich sagte immer wieder: »Baba, wann gehndn mir mal nuff?«, und Vater antwortete, dazu sei ich zu klein.

Die Besteigung des Denkmals war sein Geschenk an meinem zehnten Geburtstag. Wir gingen die Schönbach hinauf, bogen an der »abbn Babbl« vor das Wasserbecken ein, da wollte ich rennen vor Freude, aber Vater sagte: »Hier wird nich gerannt!« Ich mußte an seiner Hand bleiben, während wir Eintrittskarten kauften und am Erzengel Michael die Stufen hinaufstiegen, hoch waren sie für meine Beine, das Geländer konnte ich nicht erreichen. Vor dem Eingang hob mich Vater auf die Brüstung, da lag das Wasserbecken unter mir, sich scheinbar verjüngend zu seinem jenseitigen Ende hin, ich schrie vor Überraschung: Bäume und Dächer, Schornsteine, Kirchtürme, Kuppeln, Wind trieb Wolken, sie waren schwärzlichgrau und rostrot und bläulich zerfasert, über einem Gaswerk stieß ein Dampfturm hoch; so viel von meiner Stadt auf einmal hatte ich noch nie gesehen, und mir war taumelig vor ihrer Größe. Ich zappelte und wollte mich Vaters Händen entwinden, als er mich herunterhob, eine Ewigkeit hindurch hätte ich hier schauen können. Ein Gang führte zwischen Quadern auf eine Tür zu, jeder Stein war höher als ich, ich hatte viele Male gehört, Vater hätte sie alle gebrochen, und ich hatte dazugeträumt, er hätte sie Stück für Stück auf seinen Schultern hierhergetragen und aufgetürmt. Ich sah alles auf einmal, die Riesen über mir, die Höhe der Kuppel, die Reiter weit oben. Alle Geräusche gingen auf in einem Klingen, Schweben, mein Flüstern wurde aufgesogen und gehörte vielleicht für ewig dazu. Ich hatte nicht viel von Gott gehört, unser sächsisches Christentum war verzeihlich, der Religionsunterricht berührte mich wenig, mehr als zwei- oder dreimal hatte mich Mutter nicht mit in die Kirche genommen. Wenn mir jemand gesagt hätte, hier wohnte Gott, ich hätte es sofort geglaubt. Ich drückte den Kopf ins Genick, bis es schmerzte, bis mir schwindelte, da begannen die Reiter sich wie auf einer Weihnachtspyramide im Kreis zu drehen, sie ritten nach Hause. Heute als alter Mann kenne ich nichts Schöneres in der deutschen Sprache als: nach

Hause. Eine Frau hielt einen Vortrag, ich nahm die Wörter kaum auf, aber ihr Singsang schwappte über mich hin, fünfzehn Sekunden lang trägt ja im Denkmal die Akustik den Ton. »Die Figuur Ihnön gegenübääär sömbolisiiiert die Leidööön der stärbendööön Krääägör.« Die Reiter ritten im Kreis, ich drehte mich, um ihnen folgen zu können, drehte mich schneller, bis ich den Kopf mit einem Ruck in flirrende Schwärze hinein senken mußte. »Laß den Quatsch, Freedi«, sagte Vater milde. Wir stiegen hinauf, bis wir auf gleicher Höhe mit den Reitern waren, ich hörte, sie seien fast so groß wie im Leben. Längst zählte ich die Stufen nicht mehr, so weit zu zählen war mir nicht geläufig, ich stapfte, die Hand am Stein, meinen Vater hinter mir. »Kannste noch, Freedi?« Hinter Luken strahlte Licht, schwebten Wolken, mit ihnen glaubte ich mich auf gleicher Höhe. Da hinaus hätte ich gewollt, aber ich stieg ja höher, ein Pünktchen ganz oben würde ich sein, wie ich dort oft Pünktchen gesehen hatte. Wir biegen, sagte Vater, durch ein Bein eines der Wächter; ich hätte noch viel Wunderbareres geglaubt. Und wieder Licht, draußen strich ein großer, schwarzer Vogel. Vor einer Brüstung hob Vater mich noch einmal hoch, da ritten alle Reiter unter mir, ich schauderte zurück und wollte gleich darauf höher, so hoch es nur ging. Als ich ins Freie trat, stieß mir der Wind in die Lungen, ich rannte vor an den Stein, der höher war als ich, suchte eine Stufe, rannte gegen Vaters Beine und klammerte mich vor Glück fest. »Baba, Baba«, schrie ich und liebte meinen Vater wie noch nie zuvor. Ich rannte wieder gegen den Stein und fühlte mich hochgehoben und stand nun höher als alle, festgehalten an den Hüften, und schaute hinunter und nach vorn und zaghaft nach den Seiten, ein wenig schwindlig wurde mir, aber das gab sich, als ich die Hände meines Vaters spürte. Unter mir die Stadt, immerzu die Stadt mit noch mehr Türmen und Dächern und Schornsteinen, und ich begriff mit einem Schlag und schrie es hinaus: »Ich sehe die ganze Welt!« Das hat viele Jahre spä-

ter ein Maler gemalt: Ein Junge rennt seinen Freunden voran auf eine Trümmerkippe hinauf und reißt die Arme hoch und schreit diesen Satz. So geht es einem, der aus unserer Ebene hochgehoben wird, der nicht gewußt hat, was Berg und Tal sind. Ich flog mit den Wolken und hätte nur die Arme auszubreiten brauchen und wäre zu den Krähen hinuntergeschwebt, die sich eben aus den Bäumen des Friedhofs erhoben. Keine Gefahr, Vater hielt mich ja, so konnte ich den Flug fühlen und schreien, und der Wind fuhr in mich hinein, daß mir der Atem stockte und ich schlucken mußte und ein Schwindelgefühl spürte, und vielleicht war dieses Gefühl das größte Glück an diesem Tag. An Vaters Hand ging ich auf der Brüstung einmal herum, bis ich ALLES gesehen hatte, die dunkle Höhe des Kolm und die Hohburger Berge, das Wasserwerk zu Füßen, Stötteritz, dort das Dach meiner Schule, die russische Kirche, die Deutsche Bücherei, Thomaskirche, St. Nikolai und Paulinerkirche, den doppelten Rücken des Hauptbahnhofs, die Alberthalle, die Nadel über der Kongreßhalle, den Westen mit seinen Schloten, Wipfelgedränge über dem Südfriedhof, die Kapelle wie eine Kaiserpfalz, und dann sprang ich mit einem Jubelschrei meinem Vater in die Arme, flog nun doch und klammerte mich an seine Schultern und küßte ihn und stammelte vor Glück, und als er mich auf die Steine setzte, wäre ich vor Erschöpfung beinahe zusammengesunken. »Freedi«, sagte Vater, »das Denkmal is genau zehn Jahre alt, aber nischt is mit ’ner Feier. Geine Fahne, geine Musik, als ob mer uns schäm mißdn.«
Wochenlang schwebte ich in meinen Träumen übers Wasserbecken, ich mußte mich nur richtig in den Wind legen und mein Nachthemd spreizen, damit ich mich in der Höhe hielt. Die Welt war weit und hatte keine Ränder, ich wußte nun, was ich werden sollte, Flieger oder Pförtner am Denkmal oder am besten beides. Ich wollte mein Vater sein und den Stein gebrochen haben und wollte Reiter sein, heimkeh-

rend aus der Schlacht. Eines wollte ich niemals sein, wenn ich ans Denkmal dachte, und ich dachte jeden Tag daran: Soldat. Nicht Carl Friedrich Lindner, hätte ich schon von ihm geahnt, nicht Vojciech Machulski bei Verdun und nicht Felix Linden im Gasangriff an der Somme. Wir haben niemals am Denkmal Krieg gespielt, nur in den Sandkuhlen dahinter. Und das nicht der Frauen wegen, die Laub oder Schnee räumten und uns vertrieben hätten.

Der Krieg war seit ein paar Jahren vorbei, da rüsteten Frontkämpfer zu einem Treffen, ihrer Taten wollten sie gedenken und ihrer Toten. Der Mann, der meinen Vater aufsuchte, war Oberleutnant gewesen. »Das Haupt wieder erheben«, hörte ich am Küchentisch, »große Zeit darf nicht vergessen sein«, und auch: »Die Jugend braucht ein Fanal!« Mutter ließ ihre Blicke vom gewesenen Oberleutnant zu ihrem Felix gehen, ihr leuchteten die Worte »im Felde unbesiegt« nicht so ein, daß sie die vierjährige Angst vergessen hätte. »Is ja bloß'n Aufmarsch am Denkmal«, dämpfte Vater, als er ihre Besorgnis spürte. »Dauert nich lange.« Ich ließ meine Kühe gegen die Schafe aufmarschieren, die Kühe brachen durch, ich hoffte, der Oberleutnant a. D. würde erkennen, daß eben deutsche Tanks französische Linien überrollten. »Brmm, brmm!« machte ich dazu, aber Mutter mahnte nur: »Freedi, sei artch!« Der Kyffhäuser-Bund würde mit Fahnenabordnungen aus allen Teilen des Reiches dabeisein, der Eroberer des Fort Douaumont, Hauptmann Brandis, hätte sein Erscheinen zugesichert, mit Telegrammen der Generale Ludendorff und Mackensen sei zu rechnen. Der gewesene Offizier schlug vor, sich militärisch-sportlich zu tragen, mit Stiefeln, einer Windjacke, keinesfalls mit Hut. Mein Vater würde einen stattlichen Mann in der ersten Reihe abgeben.

Natürlich war ich dabei, als Vater in einem hellen Sakko und sommerlicher Ballonmütze zum Denkmal hinaufging. Auf dem Stellplatz sah er sich nach einem bekannten Gesicht um, da trat ein Mann mit gezwirbeltem Schnurrbart auf ihn zu und fragte: »Kennen wir uns nicht?« Nach einigem Hin und Her stellte sich heraus, daß sie sich nicht im Trommelfeuer begegnet waren, sondern beim Richtfest des Denkmals bei Rehbraten und Cumberlandsoße und Bier. »Das hab ich angestochen!« rief Katzenstein. Er trug eine kleine Nachbildung der beiden Eisernen Kreuze am Rockaufschlag; jetzt war er wieder zu Nutria und Nerz an den Brühl zurückgekehrt. »Waren noch Zeiten«, äußerten beide wie aus einem Munde und lächelten darüber, sie schauten zum Denkmal, und Vater sagte: »Der andre, der mit mir den Schlußstein eingerückt hat, is vor Verdun gefalln.« Da wollte Kaufmann Katzenstein meinem Vater die Hand drücken, aber der schaute noch immer zum Denkmal hin. Mein Vater wußte nicht mehr recht: Hatte Katzenstein damals gerufen: »Auf unseren jungen Kaiser!«?

Alle Jungen aus unserer Straße wimmelten herum; jemand hatte uns schwarzweißrote Fähnchen in die Hände gedrückt. Wir standen starr, als Kommandos erschollen, als wären auch wir betroffen, rissen die Augen auf, als sich die Männer, Felix Linden unter ihnen, in eine Reihe schoben und die Köpfe ruckten, als ein Zappeln die Füße entlanglief, als alle zur selben Zeit die linken Füße an die rechten heranrissen, als eine Kapelle anmarschierte, richtige Soldaten mit Pauken und Trompeten, und ich fühlte mich unbehaglich, daß mein Vater mit anderen Männern so marschierte, als würde er abgeführt. Vor dem Erzengel Michael stellten sie sich auf, ich hörte einen abgesetzten General reden und verstand nicht viel, dann schrien alle Hurra!, denn der Eroberer des Forts Douaumont trat vor, und ich war froh, daß Tante Erna nicht hier war.

Die Soldaten und Zivilisten marschierten am Gaswerk vorbei fast bis zum Connewitzer Kreuz, dort zerstreuten sie sich zwischen wimmelnden Kindern. Ich war gleich bei meinem Vater und grapschte nach seiner Hand. Ich nahm an, er ginge nun mit mir nach Hause, aber er sagte, es wäre noch ein

Kameradschaftsessen angesetzt, und ich sollte Mutti schön grüßen.
Leider war ich natürlich, natürlich war ich leider nicht dabei, als sich vierhundert ehemalige Soldaten und Offiziere zu Braten und Bier niedersetzten, als sie ihre Lieder sangen und sich die diversen Eroberer des Douaumont in die Haare gerieten. Da war ich mit meinen Freunden nach Stötteritz zurückgetrottet, unsere Fähnchen hatten wir weggeschmissen. Um Felix Linden saßen Männer seiner Kompanie, sie zeigten sich die Fotos ihrer Kinder. Wo arbeitest du? Haste was von dem und dem gehört? Dann trat Hauptmann v. Brandis ans Pult, der berühmte Träger des Pour le mérite, und zeigte Lichtbilder, Franzosen mit erhobenen Händen, das Übliche. Er schilderte den Sturm seiner Kompanie auf das Fort Douaumont und sparte nicht mit lautmalerischen Unterstreichungen: »Ratatatat! Pengpengpeng! Brrrrwummmwumm!« Vom Ungestüm seiner Infanteristen vermeldete er, die es nicht bei den vorgeschriebenen Angriffszielen gehalten hätte, und dramatisierte das Fort als feuerspeienden Betonklotz, als Ungetüm aus Panzerstahl mit metertiefen Gräben, unbezwinglich und doch bezwungen. Jemand in den hinteren Reihen rief: »Sie waren doch gar nicht dabei!« Das schien der Redner zu überhören. »Als ich meinem Regiment meldete, daß der Douaumont gefallen sei, da lief die Nachricht wie der Blitz in die Heimat weiter! Das Heldenlied vom deutschen Soldaten erscholl nie reiner, nie lauter!« Und so weiter. Da rief der Störenfried wieder: »Das Fort war ja kaum mehr besetzt! Leutnant Radtke war als erster drin!« Da erhob sich der gewesene Oberleutnant, der meinen Vater eingeladen hatte, und bat, der untadelige Ruf der Frontsoldaten dürfe nicht durch Zänkereien in den Schmutz gezogen werden! »Radtke hat das Fort gestürmt!«, scholl die Antwort, »Brandis kam am nächsten Tag!« Der Referent räumte ein, daß es möglich sei, daß der eine oder andere Unteroffizier oder Gemeine schon durch einen zerschossenen Ne-

beneingang eingesickert gewesen sei, wer könne und wolle das im Schlachtgetümmel entschieden haben? Das Hohelied des deutschen Frontsoldaten, der sein Herz in beide Hände genommen habe, die Ehre aller Gefallenen schließlich...
Und wieder ein Zwischenruf: »Alles Lüge!«
»Roter Hetzer!«, brüllte jemand, »gekauftes Subjekt!« Da hieß es plötzlich, Feldwebel Kunze, ein thüringischer Bauer, sei als erster drin gewesen, habe französische Offiziere gefangengenommen und tölpelhaft wieder entwischen lassen, und zu guter Letzt habe er alle Pflichten vergessen und sich über Weißbrot und Pasteten hergestürzt. »Rattatatta!« schrie erneut der Hauptmann. Er wollte vom späteren Angriff aus dem Fort heraus berichten, konnte aber die Diskussionsgruppen nicht mehr übertönen. »Dafür is Viktor nich gefalln«, sprach Felix Linden und verließ die Versammlung. In der Vorhalle stand Katzenstein, stumm rauchend, er suchte nach einem Satz der Gemeinsamkeit. An welcher Front haben Sie denn gekämpft? hätte er fragen können, oder: Ohne Kratzer davongekommen? Sie waren keine Frontschweine mehr, waren Großbürger und Proletarier, der eine konnte nicht zum anderen sagen: Nun besuchen Sie mich doch mal! Katzenstein mochte sich nicht erkundigen: Sind doch wohl nicht arbeitslos? Und Felix Linden konnte nicht hoffen: Hat letztes Jahr Ihre Bilanz gestimmt?
Felix Linden schlich heim. »Es war furchtbar«, sagte er zu Klärchen und ging zu Bett. Warum es furchtbar gewesen war, erläuterte er erst drei Tage später. Über seine Sprachlosigkeit zu Katzenstein verlor er kein Wort.
Nun saß Vater doch manche Woche ohne Arbeit, das Bauen kam nicht in Schwung, immerhin, ein paar Messepaläste komplettierten die Innenstadt. Der Markt wurde aufgegraben von einem Ende zum anderen, der erste Pflasterstein einen Tag nach der Frühjahrsmesse herausgerissen, und bis zur Herbstmesse war das Untergrundmessehaus fertig, bezogen von den Ausstellern, von Besuchern bestaunt. Der

Rundling in Lößnig, die Kroch-Siedlung im Bauhausstil – viel hieß das nicht gegenüber der Zeit vor dem Krieg.
Zu Ostern 1928 verließ ich die Schule. Am nächsten Tag trug ich dem Sprengmeister hinterher, was künftig einen guten Teil meines Lebens ausmachen sollte: Bohrgerät und Patronen, Zündkapseln und Schnüre. Mir war sofort klar: Ich hätte gar nichts anderes werden können. Ich war genauso gern im Steinbruch wie in der Berufsschule, unsere Ausbildung in Mathematik und Geologie konnte sich sehen lassen. Mit Vater saß ich früh im Zug und fuhr nachmittags wieder mit ihm zurück nach der Stadt. Für mein erstes Geld kaufte ich ein Fahrrad, Marke Brennabor, aus vierter Hand, die Straße über Mölkau war kürzer als der Bogen der Eisenbahn, ich brauchte mit dem Rad nicht länger. Im Sommer 1929 arbeitete ich zum erstenmal selbständig. Ich markierte die Löcher, bohrte, füllte, legte Schnüre und zündete. Neben Vater hockte ich in der Deckung, blickte todernst in sein Gesicht, der Detonation horchten wir jede Feinheit ab. Eine Wand brach aus dem Fels, nun, ein Wändchen immerhin. Es war eine Routinesprengung wie jeden Tag, mir aber schien, nun müßte die Erde aufgerissen sein bis in ihr Innerstes hinunter. Natürlich wußte ich, wieviel Gramm Donarit ich eingesetzt hatte und wieviel Tonnen Stein damit zu gewinnen waren. Warum kein Wunder gerade jetzt? Ich fühlte mich wie sechs Jahre zuvor, als ich zum erstenmal auf dem Denkmal gestanden und geschrien hatte: »Ich sehe die ganze Welt!« Jetzt zitterten meine Hände und Lider, mein Vater schnaufte wohlwollend, und der Sprengmeister sagte: »In meiner Jugend schmiß 'n Lehrling nach seiner ersten Sprengung 'ne Lage.« Das tat ich im Bahnhofslokal; der Meister und mein Vater schmissen natürlich jeder eine Lage hinterher.
Ein guter Fußballspieler war ich nicht geworden und würde es nie werden. Aber vielleicht ein Radfahrer, ein Ringkämpfer – im Krystallpalast pfiff und johlte ich bei den Turnieren

der Berufsringer mit. Wenn zu Beginn die Gladiatoren hereinstapften, als könnten sie vor Kraft kaum laufen, die Muskeln spielen ließen, in die Runde grüßten, dazu der immer gleiche Marsch, und auf der Radrennbahn immer und immer der Sportpalastwalzer – seltsam, Fußball kommt bis heute ohne Erkennungsmelodie aus.
In einem Verein im Osten Leipzigs hab ich gerungen, wir fuhren zum Wettkampf nach Taucha, nach Wurzen und Eilenburg, auf Dörfer, von denen keiner gedacht hätte, daß sie eine komplette Mannschaft zusammenbrächten. In der Zentralhalle Gaschwitz rangen wir, und abends war Tanz. Wir boten Schaukämpfe während der Faschingsveranstaltungen für ein warmes Essen und zwei Mark. In einem Gartenlokal in Abtnaundorf hab ich gekellnert, hab Bier unter die Kastanien hinausgeschleppt, Kaffee und Kuchen und Sahneportionen.
Vor der Prüfung hatte ich keinen Augenblick lang Lampenfieber und bestand sie mit Glanz. Einem ausgedienten Fabrikschornstein machte ich den Garaus, es war eine Pracht, wie er, als wäre er von Karateschlägen rechts-links getroffen, in sich zusammenknickte. Am Sonntag darauf, noch immer im Hochgefühl, schlenderte ich nach Probstheida zum VfB, da kam mir zum erstenmal der Gedanke, wo man wohl ansetzen müßte, um das Denkmal umzulegen; ich probierte im Geiste, bis ich zurückschauderte wie vor einem Mord.
Wir sprengten Baumstümpfe, Grundmauern von alten Scheunen, ein Brückenfundament, damit sich die Bagger nicht die Zähne ausbissen. In der Grube schrie Stahl auf, Ketten schepperten, Eimer klapperten. Die Sirenen der Brikettfabriken pfiffen den Schichtwechsel zu den Dörfern hinüber, in diesem Rhythmus lebte alles außer dem Vieh in den Ställen. Wir arbeiteten dicht neben den Bauern; wo der Bagger löffelte, hatte vor einem Monat noch Korn gestanden. Mein Rucksack war bei der Heimfahrt gefüllt: Briketts, Abfallholz, Kartoffeln, ein paar Rote Rüben, je nachdem.

Nun war Vater doch meist arbeitslos. Mutter arbeitete kurz, Hildrun hatte keine Lehrstelle bekommen und half bei einem Bäcker im Haushalt. Das meiste in der Familie verdiente auf einmal ich.
Eines Tages trug Felix Linden eine braune Stiefelhose und wickelte Gamaschen um die Waden. So saß er in der Küche, die Knie zusammengepreßt, als müßte er stillsitzen, so, wie es ein Stillstehen gab. Die Hose war ihm geschenkt worden; ein Sturmführer hatte ihm versprochen, wenn er regelmäßig zum Dienst käme, würde die Montur nach und nach vervollständigt.
Ob mein Vater Nazi war – Felix Linden wurde SA-Mann im Sommer 1932, damals war er fast fünfzig, ein Klotz von einem Mann, wahrscheinlich besaß er nie mehr Kraft als damals. Die meisten SA-Männer waren Kerle um die Zwanzig, er überragte sie und genierte sich, wenn sie alberten. Er besaß keinen Befehlsrang, aber sie waren eine Weile still, wenn er schnaufte. Ein Propagandaleiter hatte ihn bald im Auge, er wollte eine Formation aus *Männern* aufstellen, Familienväter sollten es sein, gewesene Frontsoldaten, er wollte sie vorzeigen können: Seht her, auch das ist SA! So kam Felix Linden von den rüden Burschen weg, und es dauerte nicht lange, und er stand mit anderen SA-Männern, Sammelbüchsen in den Händen, an der Ecke Hainstraße-Brühl, ihnen war gesagt worden, sie sollten auf Bessergekleidete zugehen und ihnen die Büchse hinhalten und rufen: »Für den Kampfschatz!« Das taten sie in der Einkaufszeit, es schepperten in ihren Büchsen Groschen und gar Markstücke, sie riefen lauter: »Für den Kampfschatz!« Ein Mann ging auf Felix Linden zu, er trug einen Mantel mit feinem kleinen Pelzkragen, Felix streckte ihm die Büchse hin und sagte: »Für den...«, da erkannte er, obwohl der Schnurrbart des Mannes nicht mehr die Spannweite wie zu Kaisers Zeiten aufwies, es war das ehemalige Mitglied des ehemaligen Deutschen Patrioten-Bundes, der Träger zweier Eiserner Kreuze, der gewesene

Leutnant, der Pelzhändler Katzenstein, ehemals aus Polen gekommen und nun eben Jude. Felix zog die Büchse zurück.
In seinem SA-Sturm gehörte Felix Linden bald zum Trupp, der »Die deutschen Eichen« genannt wurde. Wenn bei einer Propagandaveranstaltung »Die deutschen Eichen« vor der Tribüne aufmarschierten, ging ein Raunen durch die Menge, die Saalschlacht fiel aus. Felix Linden avancierte zum Rottenführer, das war soviel wie Obergefreiter. Man redete davon, dieser Truppe in einer leerstehenden Fabrik ein Quartier zu geben, sie sozusagen zu kasernieren; als Klärchen davon hörte, sagte sie: »Da heert for mich dr Spaß uff.« Es kam nicht soweit.
Es war für mich eine Zeit ohne Sorgen, trotz Weltwirtschaftskrise und sich aufblasender Nazis, ich trieb Sport mit nicht zu großer Leidenschaft, die Mädchen gehörten in erfreulichem Maß zu meinem Leben, ohne allzu wichtig zu sein; ich verliebte mich nicht unsterblich, keine wollte mich vom Fleck weg in die Ehe zerren, keine bekam von mir ein Kind. In meinem Beruf sah ich Aufstiegschancen: Der Krieg hatte Lücken gerissen, einige Meister näherten sich der Altersgrenze, es würde für mich keine lange Wartezeit geben. In Amerika war ein Kanal von fünfzig Kilometern Länge mit einem einzigen Schlag aus dem Steppenboden gesprengt worden – das regte mich mehr auf als eine Notverordnung. Nun hatte es mich doch erwischt. Marianne war Verkäuferin in einem Milchgeschäft und trug dunkle Ponyfransen bis zu den Brauen. Ich freute mich nicht, als Hitler an die Macht kam, und hatte keine Furcht, niemand aus meinem Bekanntenkreis wurde verhaftet. Felix Linden, die deutsche Eiche, kam für einige Tage und Wochen kaum aus der Uniform. Klärchen machte sich mit Maßen lustig über ihren strammen Krieger, nahm aber die Mehl- und Graupenpakete gern an, die er nach Dienst nach Hause brachte. Ich las derweil über revolutionäre Sprengmethoden im Kupferbergbau Rhode-

siens und in den Goldminen Südafrikas. Wenn man mich aus dem Schlaf gerissen hätte, wären mir die Begriffe Deflagration, Explosion und Detonation und ihre Definierungen ohne Zögern von den Lippen gegangen, ich hätte die Formeln von Dynamit, Ekrasit, Zellulosetrinitrat, Oxliquit, Sprenggelatine, gelatinösem Ammonsalpeter und ihre Detonationsgeschwindigkeiten herbeten können, ich war Sprenghelfer mit Leib und Seele. Von heute aus kann ich nur den Kopf über soviel Blindheit schütteln.
Mein Vater schob eine Weile Loren beim Kanalbau westlich der Stadt, dann stellte ihn seine alte Firma wieder ein. Als die Wehrpflicht verkündet und der erste Jahrgang einberufen wurde, sprang das Schicksal gnädig mit mir um: Jüngere zogen mit ihren Pappkartons in den Kasernen ein; da spendierte ich Marianne und mir die erste Flasche Sekt unseres Lebens. Nicht weit von meinen Eltern entfernt mieteten wir eine kleine Wohnung. Hildrun fuhr halb freiwillig als Landhelferin nach Ostpreußen, der Arbeitsdienst übernahm sie bald als Führerin. In ihren Briefen kamen Worte vor wie Landvolk, Brauchtum und Ostwind.
Bisweilen wurden wir ausgeborgt. Am Flutbecken sollten freie Räume entstehen, um für den verehrten Sohn der Stadt, Richard Wagner, eine Denkmalsanlage zu schaffen. Der Palmengarten mit seinen Pavillons und Grotten sollte weichen. Strengt euch an, hieß es, klotzt ran, der Führer wünscht dieses Denkmal, der Führer hat seine Teilnahme bei der Einweihung zugesagt, ja, sogar: Wenn wir diesen Denkmalsbereich nicht in kürzester Frist hinstellen, kommt der Führer nie her.
Allerhand romantisches, verschnörkeltes Gemäuer putzten wir weg, an dem das Herz manches Leipzigers hing. Vor ein paar Tagen habe ich behauptet, nie etwas gesprengt zu haben, um das es mir leid tun müßte; das sollte ich berichtigen. Wir stießen auf Unwillen bei der Bevölkerung, der Palmengarten war nicht nur ein Kleinod seltener Pflanzen, sondern

jährlich auch der Treffpunkt aller Jungen der Stadt beim Volksfest im Herbst, dem »Tauchschen«. Als Trapper und Indianer kostümierten sich die Fünf- bis Vierzehnjährigen, steckten sich Pappmesser und Holztomahawks in die Gürtel, banden- und stammesweise strömten sie in den Palmengarten, dort standen Buden, in denen Zuckerwatte und Zündplättchenrevolver verkauft wurden, die begehrtesten mit einem Ladestreifen von hundert Schuß. Dort scholl das Kriegsgeschrei der unzähligen Winnetous und Old Shatterhands, Hügel wurden gestürmt und verloren, die Trapper besiegten die Indianer und umgekehrt. Am Abend zogen die Scharen mit hängenden Federbüschen heimwärts, müde und überglücklich, mancher mit zerrissener Jacke und einem blauen Fleck. Ein großer Tag, der »Tauchsche«, und nun sprengten wir im Hauptjagdgrund, dem Platz für das letzte große Gefecht. Da lungerten Jungen finster an den Umzäunungen, da fragten ihre Rädelsführer, was denn hier los wäre, und wurden weggejagt: Haut bloß ab! Haben Sie mal von den »Leipziger Meuten« dieser Zeit gehört? Jungen und Mädchen zwischen vierzehn und einundzwanzig waren das, die Jungen trugen bunte Skihemden, Lederhosen mit Hosenträgern und Koppel, die mit Nieten beschlagen waren. Alles Lehrlinge und junge Arbeiter. Es gab die Meute »Hundestart« in Kleinzschocher, »Reeperbahn« in Lindenau, »Lille« vom Lilienplatz in Reudnitz – alles heute vergessen. Die legten sich mit der Hitlerjugend an, verprügelten sogar Führer. Sie gingen auf Fahrt, Jungen und Mädchen zusammen, sangen zur Gitarre romantische, meist leicht blödsinnige Lieder. Sie paßten sich nicht an – kann mir schon denken, warum heute keiner von ihnen redet oder sie rühmt, weil sie gegen die Nazis waren. Die würden heute genauso nach ihrem eigenen Stiefel leben. Die waren vielleicht sauer auf uns! Bei den Sprengungen wurde natürlich von der Polizei abgesperrt. Wut und Enttäuschung in vielen Gesichtern.
Auch über den »Tauchschen« wäre noch etwas zu sagen, er

starb zu der Zeit, als die Gose wegrationalisiert wurde, Mitte der fünfziger Jahre. Er paßte, so wurde argumentiert, nicht in die Zeit des sozialistischen Aufbruchs. Karl May hatte es ja auch verschissen. Der »Tauchsche« bleibt tot wie die Gose.

In kurzem Abstand kamen meine Kinder auf die Welt, Joachim und Erika. Hildrun in Ostpreußen, Frau eines Gutsverwalters inzwischen, hatte drei Kinder. Fünf Enkel also für Klärchen und Felix: Sie stellten alle Fotos auf den Küchenschrank. Großvater Felix nahm seinen Enkel mit ans Denkmal wie einst mich, Joachim lag im Gras und schaute zu den Wächtern hinauf wie ich im Sommer 1914. Wer einen Opel Olympia von einem Horch 170 V unterscheiden konnte, der wußte auch, was da oben brummte, eine Ju 52 etwa oder eine Me 109 oder eine Do 18. Erika war ein Modename eines beliebten Liedes wegen, das da aussagt, auf der Heide blühe ein kleines Blümelein, und das hieße – zwei, drei, vier – Erika! Ob wir geflaggt haben, überlege ich. Ja, wir haben. In der »Arbeitsfront« war ich natürlich auch – das läßt sich so leicht sagen, so reden alle, die sich über diese Zeit etwas vormachen.

Mutter Klärchen und Vater Felix nahmen sich gern unserer Kinder an. Meine Mutter hörte zu arbeiten auf, sie betreute die Kinder an vielen Tagen, und wieder sagte sie ihr Sprüchlein auf: »Uffn Rathaus sei Därmchn«. Marianne war eine fröhliche Frau, bei ihr im Laden herrschte immer Stimmung, auch als die Herstellung von Schlagsahne verboten wurde.

Eines Abends wurde Felix Linden alarmiert. Ein SA-Mann rannte zum anderen, der zum dritten, ausgeklügelt war, was zu geschehen hatte, wenn einer nicht anzutreffen war. Abends um neun am Johannapark, hieß es, in der Tauchnitzstraße, Zivil, unauffällig! Nicht darüber reden, Geheimeinsatz! »Was wird sinn?« fragte Klärchen; er zuckte die Schultern.

Als Felix Linden die Tauchnitzstraße entlang ging, sah er den einen oder anderen aus seinem Sturm, sie trugen Mäntel, Mützen und Hüte, es war eine Zeit, in der auch Arbeiter Hüte trugen. Manche hatten im Radio gehört, ein Jude hätte in Paris einen deutschen Botschaftsangehörigen erschossen – Rache! schäumten sie, das sollen uns die Juden büßen! Wenn das Judenblut vom Messer spritzt! Dieser SA-Sturm sollte das angeblich spontane Umfeld bilden, er füllte eine Seitenstraße, aus der Gruppe der »Deutschen Eichen« heraus erschollen Rufe, Beifallsklatschen auch, als Flammen hinter den Glasscheiben glühten. Von seinen Führern hörte er, das sei erst der Anfang dieser Nacht, gleich würden sie zum Brühl weiterziehen, heute flögen die Fetzen. Da machte er sich aus seiner lockeren Formation heraus und drängte nach vorn, dort war Gelegenheit, durch einen Hauseingang und über einen Hof zu verschwinden. Glutrot fiel der Schein der lodernden Synagoge auf eine Mauer, dahinter war ein Garten, Felix Linden brach mit der Wucht seiner Pranken und dem Gewicht seines Körpers ein Zaunfeld nieder, keuchte durch den Park, über eine Elsterbrücke, rammte sich den Weg durch Menschen, die ins Zentrum eilten, und kam vor die Villa des Pelzhändlers Katzenstein, ehe der Plan der NS-Kreisleitung dort das Aufflammen des Volkszorns vorgesehen hatte. Er nahm den Daumen nicht von der Klingel, ehe nicht Licht hinter den Fenstern wurde, ehe nicht ein Kopf zwischen Gardinen zu sehen war, der Kopf einer Frau mit ungekämmtem Haar. Als er schließlich meinte, über sich das Gesicht Katzensteins zu sehen, rief er: »Ich komm vom Deutschen Patrioten-Bund!«

Das war schlichtweg idiotisch, der Patrioten-Bund war längst entschlafen, aber dieser Begriff war ein Ruf aus alter Zeit, da drang etwas aus verschütteten Gründen herauf, Gemeinsamkeit wurde beschworen, ein Stück unversehrter Welt. Das Wort »deutsch« gar zum Juden Katzenstein, es war absurd.

»Sie müssen sofort weg«, sagte Vater, als Katzenstein die Tür geöffnet hatte. Felix Linden erinnerte weder an die Gipfelweihe des Denkmals noch an das Treffen mit dem Erstürmer des Douaumont. »Gleich werden sie kommen.« Er sagte: Sie werden kommen, ohne zu erläutern, wer gemeint war, deutlichere Worte standen ihm nicht zur Verfügung, er konnte nicht warnen: Die Faschisten kommen, die Mordbrenner. »Durch den Garten, sofort weg!« Felix Linden ging auf die Straße zurück und auf die andere Seite hinüber, von dort sah er, wie im Haus im schnellen Wechsel Lampen aufflammten und erloschen. Der Proletarier hatte den Großbürger gewarnt, der SA-Mann den Fremdvölkischen, die »Deutsche Eiche« den sogenannten Ostjuden. Zur Innenstadt kehrte mein Vater zurück, knirschend über Glas, wich Lastwagen aus, querte den Markt und den Augustusplatz. Eine Bahn fuhr nach Stötteritz, er stellte sich auf den hinteren Perron, er hätte die Hände vorstrecken und bitten mögen: Sie stinken nicht nach Benzin, hab keine Asche am Mantel, Arbeiter bin ich, von Schicht komm ich und fahr friedfertig nach Hause!
Die nächsten Male mied er den SA-Dienst, später meldete er sich krank. Mein Vater ein Nazi? Ich will ihn nicht besser machen, als er war.

7. KAPITEL

Wann starb Ihr Vater? Und wie?

Sie sehen mich heute in übler Verfassung. Hab schwer geträumt, Vergangenheiten überfielen mich, vielleicht hat sich der alte Carl Friedrich in mir geräkelt, er findet wohl keine Ruhe draußen in Otterwisch. Ich hab gegrübelt, ob nicht etwas von einem königlich-sächsischen Geschützmeister auf mich übergegangen sein könnte, ob nicht ein Vorfahr vorschnell Hand angelegt hat, als am letzten Tag der Völkerschlacht eine Mine unter der Elsterbrücke panisch gezündet wurde, als Hunderte von Körpern zerfetzt wurden; später lagen abgerissene Arme in Gärten, Därme hingen auf Pflaumenbäumen. Ich fühle mich wie gerädert.
Oder Vojciech. Konnte er nicht Verdun überstanden und an der Somme Stollen unter die britischen Linien gegraben und Stellungen zertrichtert haben? Wenn ein Grabenstück zermalmt war, brachen oben Sturmtrupps vor, aber immer noch war ein Maschinengewehr geblieben, das ladehemmungslos aus der Flanke den Angriff niederwarf. Ich stellte mir heute nacht vor, wie Vojciech während des Jubelfestes im Herbst 1913 mit einem Wagen voller Granaten zum Völkerschlachtdenkmal gefahren wäre, die Löwen hätten sich in Munition der »Dicken Berta« verwandelt. Ich muß zugestehen: Wenn mit diesen betagten Flakgranaten unter dem Denkmal etwas schiefgegangen wäre, wenn die Trümmer mich begraben hätten – anders begonnen: Ich hatte meinen Tod einkalkuliert. Trotz aller Vorsicht steckt in überalterter Munition der Teufel.
Ach, die Leipziger Löwen: Ein anderer Löwe hätte eine historische Chance gehabt, Cäsar, der Ur-Ur-Ur-Enkel des al-

ten Simbab, mit dem Tadeusz die Fürsten scheuchen wollte. Cäsar, an ihn dachte ich heute nacht, war zehn Monate alt, als der beflissene Zoodirektor, angespornt vom noch beflisseneren Oberbürgermeister, ihn Göring zum Geschenk machte. Das war ja nun was für den Dicken: Mit dem Löwen am Halsband schritt er die Treppen seines Landhauses hinab, als wäre er selbst ein Cäsar, ein Nero. Auf der Titelseite der ›Berliner Illustrierten‹ sah ich ihn so, und später dachte ich: Wenn nun Cäsar seinen Herrn in den fetten Hintern gebissen hätte, wenn der an Tollwut krepiert wäre? Das stünde dann in jeder Festschrift, die der Zoo zu einem Jubiläum herausgibt: Auch einen klassenbewußten Löwen hat Leipzig hervorgebracht, einen Löwen in Liebknechts Geist! So natürlich wird die liebedienerische Geste mit Schweigen zugedeckt.
Sie werden mir glauben, daß ich den Tod nicht fürchte. »Viele sterben zu spät, und einige sterben zu früh«, hat der Lebensverächter Nietzsche behauptet, der unweit von Leipzig geboren ist. Man könnte billig umdrehen, daß viele zu früh sterben und ganz wenige zu spät. Von meinen Vorfahren starb nur Fürchtegott nicht zu zeitig. Vielleicht kam mein Vater im richtigen Augenblick um? Nietzsche hat gerufen: »Den vollbringenden Tod zeige ich euch, der den Lebenden ein Stachel und ein Gelöbnis wird.« Das klingt wie Körnerklang, wie »Schwarze Gesellen« und »Der Toten Tatenruhm« und »Die Fahne ist mehr als der Tod«. Ich habe den Tod nicht gewünscht und hätte alles getan, um ihm zu entschlüpfen. Ich wäre kein tüchtiger Sprengmeister, hätte ich nicht aus steinschlagfreier Entfernung zusehen wollen, wie die Denkmalswölbung nach den Seiten aufbricht, die Gipfelplatte auf den Grund hinunterstürzt, wie ihr alle Reiter nachjagen im stiebenden Wettlauf mit den zwölf Wächtern. Staubwolke, Erdgrollen, Arbeit ausgeführt.
Meine Meisterprüfung legte ich im Frühjahr 1939 ab. Im theoretischen Teil mußte mich die Kommission unterbre-

chen, weil ich immer noch eine Absonderlichkeit auftischen wollte. Einen Monat später rückte ich wieder in Zeithain ein, die Ausbildung war zielgerichtet: Schutz der Heimatfront vor Blindgängern; im Ernstfall sollte ich zur Feuerwehr eingezogen werden. Nach meiner Rückkehr trank ich mit Marianne die zweite Flasche Sekt unseres einträchtigen Lebens. Unter den Kriegswolken führte ich anfangs, es muß heute eigenartig klingen, ein friedliches Leben, war glücklich mit meiner Frau und verfolgte jede Lebensregung von Joachim und Erika. Aufrüstung, Westwallbau, Sudetenkrise – dann war der Krieg da, von niemandem bejubelt, mein Betrieb stellte mich u.k., ein halbes Jahr später wurde ich als Feuerwerker verpflichtet. Manches Literchen Milch blieb in Mariannes Laden übrig, Hildrun schickte aus Ostpreußen Pakete mit Mehl, Schmalz und Wurst.
Wo sollte ich wieder einsetzen – im Spätherbst 1943? Damals hatte ich gewöhnlich nachmittags Dienst in meiner Feuerwache. Am Vormittag fummelte ich oft in unserem Bunker herum; Verschalungsbretter hatten sich gelockert, Pfützen standen vorm Eingang, und wenn bloß zu kehren war.
Eines Morgens tauchte SS auf, sortiert lange Kerle, keine Waffen-SS, sondern schwarze, echte Schutzstaffel, damals eine Seltenheit. Die Männer trugen knöchellange Mäntel und Maschinenpistolen, sie hatten magere Münder, die aussahen, als wären sie nicht eigentlich zum Sprechen da, nicht für eine harmlose freundliche Unterhaltung, natürlich schon gar nicht zum Küssen, allenfalls für das Ausstoßen eines Befehls wie: »Stillstann!« oder »Hinlejn!«, meist jedoch zum Schweigen; schweigsam und treu waren sie alle. Als erstes scheuchten die Schwarzen ein Rudel Ukrainermädchen weg; beim Rennen die Wattejacken öffnend, verschwanden die Laubfegerinnen durch Zaunlücken im Friedhof, stolperten in ihren Gummistiefeln in Hast und Angst, als wären sie Teufeln begegnet. Dann stellten sich SS-Männer paarweis an den Zugangswegen auf, Spaziergänger kehrten schon um,

ehe die Posten die Hand hoben. Sie waren da, standen da, und jeder wußte: Dort hatte er künftig nichts zu suchen. Zu mir herunter fanden sie nicht gleich. Ich kratzte Sand in eine Pfütze vor dem Eingang und beobachtete aus den Augenwinkeln. Vor dem Wasserbecken fuhren zwei Selbstfahrlafetten mit Vierlingsflak auf, der Verkehr wurde von der Preußen heruntergeleitet, das besorgten Kettenhunde der SS. Dann kam der Führer.
Ich gebrauche diese Formulierung, obschon sie heute total unpassend wirkt. Ich dachte die Worte: Dort kommt der Führer und nicht: Hitler oder irgend etwas Abfälliges. Er trug einen feldgrauen Mantel und eine steile Mütze; als er aus dem Mercedes gestiegen war, legte er die Hände zusammen wie ein Fußballspieler, wenn er sich in die Mauer stellt, so, die Hände vor dem Sack, schaute er zum Denkmal hinauf. Da versteinte seine Begleitung, denn der Führer schaute nicht einfach, sondern maß das Denkmal mit Architektenauge; er wäre ja Architekt geworden, das wußten wir damals alle, wenn ihn nicht die Vorsehung zum Führer des Großdeutschen Reiches bestimmt gehabt hätte. Hinter ihm tauchte ein langer Mensch in einer von mir nicht bestimmbaren Uniform auf, erklärend zeigte er zum Denkmal, formte mit beiden Händen die Denkmalsumrisse in der Luft nach. Speer? War der Dicke daneben Robert Ley? Die drei stiegen den Damm hinauf, locker von SS-Männern umschwärmt, die jeden Maulwurfshaufen und die kahlen Baumkronen musterten. Beinahe lautlos ging das alles vor sich, und ich meinte, nun müßte Blechmusik schmettern, es gehörte dazu, wenn der Führer erschien, daß der Badenweiler Marsch losbrach, tatä! tatä! tatä! Der Führer – das wäre jedem in die Glieder gefahren, mochte er nun Angst oder Bewunderung empfinden, und auch im Glück lagen Schreck und Erschrekken, da ging der mächtigste Mann Deutschlands und immer noch halb Europas, stieg quer über die Wiese von der Rückfront her zum Denkmal hinauf – später las ich, daß es eine

schon selbstverständliche Vorsichtsmaßnahme war, immerfort seine Pläne zu wechseln, und so entging er manchem Attentäter. Wer gewußt haben sollte, Hitler besuchte das Denkmal, hätte gewiß gemeint, er käme von vorne und schritte die Freitreppe hinauf, dann wäre dort die Bombe verborgen worden, aber der schlaue Diktator schlich sich von hinten her an, wahrscheinlich zwei Stunden vor oder nach dem Ablaufplan. Ein Pulk folgte ihm, darunter jüngere Männer mit Aktendeckeln. Mich durchzuckten Spekulationen: Umbau des Denkmals nach Führerweisung? Der mutmaßliche Speer fungierte gerade vor dem südlichen Rundbogenfenster als Erklärer, wieder starrte der Führer, den Kopf im Genick, die Hände vor dem Sack. Meine Perspektive war so, wie sie einem Volksgenossen zukam: Von unten sah ich ihn, da wirkte er größer gegen den Himmel. Niemals war ein Mächtiger dem Denkmal von hinten beigekommen, ich dachte: Alter Fuchs, deshalb werden seine Gegner so schwer mit ihm fertig, immer fällt ihm etwas Verblüffendes oder ein Bluff ein. Ich dachte: Das Bild mußt du dir einprägen; Hitler mit der hohen Mütze, nicht doppelkinnig, sondern die Kehle straff, hinaufschauend zu den Wächtern, und eigentlich schaute doch Hitler niemals hoch, sondern stand stets auf Tribünen. Immer blieb alles unter ihm, vielleicht mit Ausnahme eines deutschen Zeppelins, aber der letzte Zeppelin war ja verbrannt. Da zackten zwei SS-Leute aus ihrem Bewacherkurs heraus und rannten zu mir herunter, die Mündungen vorgestreckt, zwischen den Lippen des einen bellte es: »Machen denn Sie hier, Mann!«
»Freiwilliger Selbstschutz Denkmal!«, meldete ich halbmilitärisch, »Bunkerwache Linden!«. Dabei hielt ich die Schaufel steif.
»Dalli, daß Sie reinkomm!« Ich machte einigermaßen soldatisch kehrt, ging in den Bunker und setzte mich auf eine Bank. Was wollte Hitler hier in diesem Herbst 1943, da er Moskau, Leningrad und Stalingrad nicht hatte erobern kön-

nen, da seine Unterseeboote barsten, das Reich offenlag ohne Dach gegen die Bomber? Ich stellte mir vor, wie er in die Krypta hinunterstieg und vor den Monumenten verharrte, ein Mensch unter der Allmacht der Toten. Diese Stadt hatte ihm nie gelegen. Propagandareden vor seinem Machtantritt hatte er hier gehalten, auch im Krystallpalast, das wohl. Aber er hatte nichts mit der Messe im Sinn gehabt, schon gar nicht mit dem Brühl und seinen jüdischen Kürschnern, die Deutsche Bücherei hatte ihn kalt gelassen. Nordische Siegesgedanken konnte er angriffsfroher am Tannenbergdenkmal, vor Westwallbunkern und beim Stapellauf eines Schlachtschiffes genießen. Was wollte er hier, wo auch Russen geehrt wurden, die ihn jetzt an der Gurgel packten?
Nach einer Viertelstunde spürte ich vor an den Eingang. Die Posten an der Preußen standen unbeweglich, in der Höhe des Friedhofseingangs hatte sich ein Stau gebildet: Laster mit qualmenden Holzgasgeneratoren, Pferdewagen, Schaulustige, Straßenbahnen. Ich steckte innerhalb des Cordons und wäre gern hinausgeschlüpft, wollte zum Mittagessen und zur Schicht und überhaupt fort, denn es war ja möglich, daß irgend etwas passierte, es mußte nicht unbedingt ein Attentat sein. Vielleicht wurde es dem Führer schlecht, er erlitt einen Galleanfall, dann würde er vielleicht in meinen Schutzraum gebracht, und es hieß wieder: »Machen denn Sie hier, Mann!« Ich hätte den Führer aus unserer Bunkerapotheke laben können – spinne nicht rum, sagte ich mir, hier haste nischt zu suchen, also fort! Aber oberhalb meines Stollens schlurfte Hitler den Hang herunter, in jeden Schritt ließ er sich hineinfallen, ich dachte: Wenn er bloß nicht ins Stolpern kommt! Das hätte ja noch gefehlt, daß ich mit angesehen hätte, wie der Führer ausrutschte, ehe einer seiner Begleiter zugreifen konnte, sich auf den Hintern setzte und wie auf einer Käsehitsche hinunterrutschte – ich dachte plötzlich erschrokken: Wenn du das siehst, verschwindst du im KZ. Also wieder zurück in den Schutzraum, auf die Bank gesetzt: Hatte

Pause gemacht, Fuffzehn. Keine Ahnung, Hauptsturmführer, bin nicht rausgekommen in der letzten Stunde, ich doch nicht, muß'n andrer gewesen sein, ich weiß von nischt, Obersturmführer!
Als ich Straßenbahnen anfahren hörte, wagte ich mich hinaus. Zwei Panzerspähwagen sausten stadtauswärts, daraus schloß ich, daß Hitler sich dorthin davongemacht hatte, die Reichsmessestadt mied; er eilte vielleicht zu seinem Sonderzug, der in Liebertwolkwitz auf einem Nebengleis wartete, keineswegs fuhr er im offenen Mercedes, aufgerichtet, die Hand zum Gruß abgeknickt, von Beifall umtost. Dieses Bild hatte ich so oft in der Wochenschau gesehen, daß ich mir Hitler gar nicht anders vorstellen konnte. Nun hatte ich ihn als Rasenlatscher erlebt.
Meiner Marianne erzählte ich mittags, was ich mit angesehen hatte, sie riß die Augen auf. Ich warnte: Daß du bloß dichthältst! Den Kindern sagte ich kein Wort, auf Schicht hielt ich den Mund. Was ich nicht weiß...
Am nächsten Tag räumten wir in Wolfen Brandbombenblindgänger; in einer Sandgrube sprengten wir die Versager. Die Zeit verging beim Fahren und Warten, die eigentliche Arbeit dauerte kaum länger als eine Stunde. Am Abhang saßen wir nach dem letzten Sprengen, redeten ein bißchen, sahen russischen Gefangenen zu, die Schrott auf einen Lkw luden, Knochenarbeit für die dürren Kerle.
Mir ging Hitlers Visite nicht aus dem Sinn. Ich versuchte herauszufinden, warum ich so überzeugt war, daß dieser Besuch geheim bleiben sollte, und dabei hatte er doch nicht die geringste strategische oder kriegswirtschaftliche Bedeutung. Den Gefallenen vor der Feldherrnhalle in München erwies er jährlich die Ehre, aber ich hatte nie gehört, daß er etwa über die Gräberfelder an der Somme oder in der Champagne geschritten wäre, nicht bei Verdun war er gesichtet worden, wo die Gebeine des Victor Machul ruhten, nicht am Lingekopf. Hitler bei den Toten der Völkerschlacht?

Tags darauf am Denkmal: Clevere Herren sorgten für Bewegung, manche steckten in der Uniform der Organisation Todt, Zivilisten in weißen Kitteln zeigten in die Höhe und riefen sich Mutmaßungen zu, nach Bauunterlagen fragten sie, aber die Pförtner zuckten die Schultern: Hier lag nichts, vielleicht im Stadtarchiv? Führerauftrag, hörte ich, Führerweisung! Aber auch ein Götterbefehl schafft Unterlagen nicht herbei, und so half ich aus dem Gedächtnis: Höhe, Breite und Gewicht, die Zahl der Stützpfeiler und der Reiter in der Kuppel, das Mischungsverhältnis des Betons, Felix Linden kam zu Ehren wie Vojciech Machulski, wie Clemens Thieme. Gewiß hatte ich zu dieser Zeit nicht das Gefühl wie heute, daß beispielsweise Carl Friedrich Lindner und Vojciech Machulski in mir leben. Carl Friedrichs Grabstein in Otterwisch hatte ich noch nicht entdeckt, von Vojciech hatte mir zwar mein Vater erzählt, einige seiner Schuldgefühle ihm gegenüber hatte ich herausgespürt, aber ich hatte wenig über die Beziehungen zwischen beiden nachgedacht. Fürchtegotts Schlößchen hatte ich weder betreten noch gesprengt – ich stand am Anfang meiner heutigen Sicht auf Vergangenheiten. Aber das Denkmal kannte ich gut genug, um den Architekten mehr erzählen zu können als alle Pförtner und Erklärer zusammen. Die Herren schrieben, maßen, schätzten, hielten Zeichenblöcke auf den Knien, und was sich aus ihren Strichen fügte, waren völkerschlachtdenkmalähnliche Gebilde, Kuppeln in endlosen Landschaften mit fliehenden Wolken darüber. Das waren nicht die überschaubaren Felder von Mölkau und Engelsdorf, vielmehr die Steppen hinter Don und Dnjepr. Von dort waren die Hunnen gekommen und kamen die T 34, flüsterte mir einer der Zeichner auf meine Frage, dort seien Totenburgen zu türmen, unter ihnen sollten die Divisionen ruhen, die Hitler in diese Weiten geschickt hatte. Führerbefehl.
Nach einigen Tagen spielte es sich ein, daß sich die Architekten zur Frühstückspause zu mir in den Bunker setzten. Sie

wären in einem Hotel am Roßplatz untergebracht, hörte ich, dort ließe es sich vergleichsweise fröhlich leben: Kinos waren nahe, sie konnten Filme mit den Damen Leander und Rökk, den Herren Lingen und Platte belachen, da ließ sich der Krieg für anderthalb Stunden vergessen. Schenk mir einen bunten Luftballon – Schlager gehören zu dieser Zeit wie das Heulen der Sirenen. Um die Ecke lag das »Panorama«, der Rundbau aus Glas und Stahl; hatte er nicht eine Drehtanzfläche, von unten beleuchtet? Wer beflissen war, schritt über die Tauchnitzbrücke und lauschte im Gewandhaus dem berühmten Orchester. Ich könnte die Namen der Cafés und Stampen und Speiselokale herzählen bis zum Bayerischen Bahnhof hin – wer wußte denn schon, daß dieses Viertel nur noch ein paar Wochen zu leben hatte?
Führerbefehl, raunten die Architekten, Totenburgen, Theoderichs Grabmal in Ravenna. Der Tod als Krönung des Lebens, hörte ich, sie zitierten aus der Edda: Doch ewig lebt der Toten Tatenruhm. Das wiederholten sie mit harten Ts: Tertotentatenruhm! als sehnten sie sich, in Schützenketten vorzustürmen, aufgesessen auf Panzern, hinter den Sehschlitzen der Sturmgeschütze nach Osten zu branden, direkt in die Schlünde der Totentürme hinein. Rundfenster wölbten sich auf allen Zeichnungen wie beim Völkerschlachtklotz, und ich stellte mir vor, wie Gerippe, umschlottert von zerfetzten Uniformen, Maschinengewehre mit ausgeglühten Läufen und Gewehre mit gesplitterten Kolben in den Knochenfingern, in sie einmarschierten. Hitler malte ich mir unter ihnen aus, schlampig wie vor einigen Tagen in seinen Bewegungen, Führer, befiehl, wir folgen! Sie rannten ihm bis vor die Tore der Burgen nach, an ihm vorbei klapperten Kolonnen in ihre Grüfte hinein. Plötzlich begriff ich, das schlug wie ein Blitz in mich hinein; der Krieg war verloren, und Hitler wußte es.
Die Architekten luden mich, als sie Bergfest feierten, in ihr Hotel. Den Rest ihrer Zeit, so redeten sie zuversichtlich,

würden sie mit Materialstudien, dem Anfertigen von Modellen und dem Einfügen in eine angenommene Weite hinbringen. Auf einer freien Fläche des Südfriedhofs, unweit vom Stadion des VfB, der sich derzeit gegen den Dresdener Sportclub nicht durchsetzen konnte, spachtelten und harkten sie eine Minilandschaft mit einem steilen und einem flachen Flußufer; Sumpf und Busch deuteten sie an und grübelten, ob sie ein Brückchen auf Pfeiler stellen sollten. Frei und karg war die Fläche nach Osten hin, auf dem westlichen Steilufer sollte das Mahnmal ragen. Die Brücke ließen sie dann doch weg, Verbindung war nicht gefragt, sondern Schroffheit, wer hier angelangt war, für den gab es keinen Weg zurück. Ob dort zehntausend oder fünfzigtausend Tote ruhen sollten oder achtzigtausend gar – Männer spielten mit Klötzchen, die Häuschen darstellten, und Panzerchen, die mit gereckten Kanonen den Weg zum Totenhügel flankierten, sie stellten Pappelchen auf, die sie sich aus den Spielzeugkisten ihrer Kinder hatten schicken lassen. Sie schoben ihr Gipsmal auf den Steilhang vor und streckten sich in der östlichen Ebene auf den Bauch, um Wirkung zu erspähen. Sie hätten auch außerordentlich anders liegen können, natürlich, in den Dreck des Kasernenhofs hätten sie sich pressen können oder in ein Schützenloch in wirklicher russischer Grenzenlosigkeit, und sie wußten, daß ihnen ruckartiger Wechsel dorthin blühte, wenn sie hier nicht erstklassige, gewünschte Arbeit lieferten.

Zum Bergfest hatten zwei ihre Frauen kommen lassen, wir tranken französischen Rotwein, aßen Kuchen, von einer mit Schmalz im friedlichen Pommern gebacken, die andere brachte Wurst aus dem Bayrischen Wald mit. Ein Architekt hatte Beute-Sliwowitz aus bosnischen Bergen im Koffer, ein anderer mageren Speck von der holländischen Küste. Wir boten uns Zigaretten an, auch losen Tabak aus Griechenland. Mit meinen Sprengmeisterfingern zeigte ich den Trick, *einhändig* Tabak aufs Papierchen zu legen, zu formen und einzurollen, bis er zungenbereit war. Einer bestellte Buletten für alle und ließ vom Kellner Reisemarken abschneiden – wir sollten uns keine Gedanken machen, sein Bruder besitze in Berlin-Neukölln eine Fleischerei. So praßten wir, wenn man die Umstände damaligen Lebens zugrunde legt, und tranken auf das Gelingen der Totenhügel, und niemand dachte an die armen Schweine, die für sie ausersehen waren. Und ich, war ich etwa für alle Zeit unabkömmlich? Prost, Kameraden! Wir hoben die Gläser, die beiden Frauen hingen an den Hälsen ihrer Männer, die anderen blickten sie neidisch und gierig an, denn ihre Frauen und Bräute waren weit, und Mädchen und Witwen aus Leipzig hatten sie nicht aufgetrieben. Ich war halbwegs vergnügt und völlig einverstanden, daß einer, der sogar an diesem Abend von Krypten und Gebeinkammern reden wollte, in die Schranken verwiesen wurde. Und als es auf zehn ging, versammelten sich die Architekten um das Radio der Marke »Blaupunkt« und drehten und lauschten, bis sie sicher waren, den Sender Belgrad gefunden zu haben, dann klang das Lied aller Lieder in die Stille: »Vor der Kaserne, vor dem großen Tor«, jedes Wort der Lale Andersen tropfte in eine Seelenfalte, »stand eine Laterne, und steht sie noch davor«, schuf Sehnsucht und erfüllte sie, dieses Lied strahlte von den ukrainischen Steppen bis an den Westwall und auch über uns hin, jetzt stellten im Süden Italiens vielleicht britische und deutsche Artilleristen die gegenseitige Beschießung ein, um zu lauschen und danach mit der Kanonade fortzufahren, »weil wir lieb uns hatten« wurde von deutschen Soldatenfrauen und französischen Partisanen gehört, »unser beider Schatten sahn wie einer aus«, das griff ans Gemüt und machte weich, ich will mich da gar nicht ausschließen, wir sogen stumm an unseren Zigaretten, »und sollte mir ein Leid geschehn«, sollte ich verbrennen, ersaufen, abgeschossen, erschossen werden, »wirst du bei der Laterne stehn«, das Leben geht weiter, Kumpel, Kamerad, Genosse, wenn auch nicht gerade deins, Freiwillige vortreten,

Feuer frei! Wir blickten vor uns hin, keiner dem anderen in die Augen, und als die letzten Takte verklungen waren, tadamdadadamdadadamdada, das Zapfenstreichsignal, legte der Mann neben mir den Kopf auf den Tisch.
»Wir gehn bißchen an die frische Luft«, schlug ich vor und zog ihn hoch, er war wachsbleich, und ich fürchtete, er würde uns in die Stube kotzen. Eine Militärstreife stand argwöhnisch in der Hotelhalle, ich führte den Schwankenden vorbei und sagte bieder: »Alles in Ordnung mit ihm.« Draußen spie er dann doch.
Vor uns lag die verdunkelte Straße, die absolut finstere Straße; nicht einmal, wenn eine Tür geöffnet wurde, drang Licht hinaus. Eine perfekte Kriegsnachtstraße mit Schritten und fernen Stimmen, in sie hinein sagte der Mann: »Weißt du, daß der Führer am Denkmal war?«
Ich war sofort argwöhnisch. »Warum sollte er nicht?«
»Hast du dich dort noch nie nach dem Tod gesehnt?«
»Quatsch.«
»Es erdrückt alles Leben«, redete er mehr zu sich als zu mir, »wer solche Denkmäler will, glaubt nicht mehr an den Sieg.«
»Die Schnulze eben hat dich fertiggemacht«, sagte ich nachsichtig, »und das mit dem Sieg laß keinen hören.«
»Ich sag's ja bloß dir.«
»Bist bißchen blau, nun Schluß damit.«
»Zehntausend Tote, sechzigtausend – warum keine Million? Wieviel Einwohner hat Leipzig?«
»Siebenhunderttausend vor dem Krieg, die Juden und Soldaten sind fort, dafür haben wir Gefangene und Fremdarbeiter drin – viel weniger dürften's nicht sein.«
»Ein Denkmal für alle, alle tot in einem einzigen Bunker, und der Führer ...«
Da hielt ich ihm den Mund zu. »Jeder merkt, daß du stinkbesoffen bist«, sagte ich demonstrativ, »und wenn du nicht sofort die Klappe hältst, stelle ich dich auf den Kopf.« Er gurgelte ein wenig, wehrte sich aber nicht. Probeweise nahm ich

die Hand von seinem Mund, er schniefte. Da sagte ich: »Mach, daß du wieder reinkommst. Und sag allen, mir wäre schlecht geworden, ich ginge nach Hause. Schönen Dank auch noch für die Buletten.«
Ein paar Tage lang sah ich die Architekten nicht. Jeder hat Angst vor dem Sterben, überlegte ich, vielleicht fällt es leichter, wenn Tausende zusammen in den Tod gehen? Vielleicht war es für Vojciech gar nicht so fürchterlich? Einsamer stirbt's sich im Bett daheim oder im Krankenzimmer als mit einem Hurra auf den Lippen. Carl Friedrich Lindner war die Angst vor dem Tod nicht losgeworden und hatte sich gegen ihn gesträubt, die Zähne hatten ihm geklappert. Aber schon Fürchtegott, auf stummen Feldern nur noch müder Worte fähig – wäre er nicht lieber mit Tausenden in den Tod geritten, er, der kaum reiten konnte? Du, Schwert an meiner Linken, was soll dein verdammtes heitres Blinken? Wohlan, die Zeit ist kommen, mein Pferd, das muß, denn wir fahren gegen... Meinen Architekten in seinem Suff fand ich gar nicht mehr so irre, da hatten nur Rotwein und Lili Marleen ein paar Gedanken zum Kotzen gebracht. Und ich dachte: Weil jeder Angst vorm Sterben hat, rennt er vielleicht auf den Tod zu, wenn es ihn zu herabgesetzten Preisen gibt? Sollte mir ein Leid geschehn...
Leipzig war von den Bombern bislang nur gestreift worden, wenn sie den Benzinwerken der Umgebung ihre Nachtbesuche abstatteten. Dann pladderte auch hier und da eine Kette Sprengbomben herunter, ein Kanister mit Brandstäben leerte sich. Ein halbes Haus fehlte dann, ein Dachstuhl brannte aus, Kinder sammelten Splitter und tauschten sie gegen Zigarettenbilder.
Ich tat Dienst in der Feuerwache in der Schenkendorfstraße. Mit der »22« fuhr ich am Denkmal vorbei, über die Gleise des Bayerischen Bahnhofs zum Schlachthof hinunter. Von der Brücke aus sah ich aufs Stadtzentrum mit allen Türmen, Dächern, dem Gaswerk, den Markthallenkuppeln, die größ-

ten ihrer Baumethode in Deutschland oder der Welt. Nach Leuna rasten wir mit Tatü und blauem Licht, nach Bitterfeld, dort löschten wir mit Wasser und Schaum, ich beugte mich über Bomben und Minen und setzte meine Zangen an; wir zählten unsere Entschärfungen wie Jagdflieger ihre Abschüsse. Bisweilen hörten wir Vorträge von Kollegen vom Rhein, sie berichteten von Methoden der Engländer und Amerikaner, Brand- und Sprengbomben durcheinanderzuwerfen oder Brandbomben zuerst und nach einer Stunde bei einem zweiten Angriff Sprengbomben, um die Wehren zu treffen, dann wieder Luftminen in die Feuerherde hinein. Ein schreckliches Wort ging um: Feuersturm. Wenn sich Brandherde zu einer stadtweiten Lohe vereinigten, gab es keine Rettung mehr.
Einmal noch sah ich den Architekten zu, wie sie im Friedhof bäuchlings auf drei Totenbürgchen äugten. Die erste Kuppel war in eine Mini-Flußkrümmung vorgeschoben, die anderen lagen dahinter in den Flanken. Von Beinhäusern und Beinkammern redeten die Architekten wie andere Leute von Speiseschränken und Kinderzimmern. Am nächsten Abend feierten sie Abschied, sagten sie, dazu lüden sie mich wiederum herzlichst ein. Täte mir leid, log ich, aber ich müßte zur Schicht. Da streckten sie sich wieder in ihre vermuteten Weiten und spähten durch wintergraues Gras und stellten sich vor, es wäre Kukuruz; Sonnenblumenfelder erträumten sie sich, ausgefahrene Wege, Häuschen mit Flechtzäunen, Ziehbrunnen, Kühlein und Ochs und das Bäuerchen auf seinem Panjewagen, aber sie dachten nicht: Panjewagen, sondern im Sprachgebrauch der Wehrmacht: landesübliches Fahrzeug. Und sie dachten nicht Bäuerchen, sondern Iwan.
In dieser Nacht hatte ich dienstfrei; ich ging zeitig ins Bett. Schweißnaß erwachte ich aus einem Traum: Ein alter Mann war neben einem Pferdewagen her durch Leipzigs Süden gegangen, durch Kantstraße und Steinstraße, Kübel hatte er geleert, denn dem »Groschengrab«, einem von Plakaten dro-

henden breitmäuligen Verschwender, sollte ein Schnippchen geschlagen und jedes Kohlrabiblatt im Schweinemagen veredelt werden. Aber nicht Kartoffelschalen und Möhrenkraut kippte der Alte auf seinen Wagen, sondern Menschenschädel, blank manche, andere brandgeschwärzt, etliche noch mit starren Augen in den Höhlen. Außer dem Schädelsammler waren die Straßen menschenleer gewesen, das Klappern der Pferdehufe war das einzige Geräusch. Ich hörte es noch, als ich schon wach war und wußte, daß ich in meinem Schlafzimmer lag, neben mir atmete Marianne. Ich würde nicht so bald wieder einschlafen können, so ging ich in die Küche und trank ein paar Schlucke Wasser. Das Verdunklungsrollo ließ ich hochschnarren und öffnete das Fenster, schwarz war die Nacht und ohne Laut. Ich schaltete das Radio ein, drehte an der Skala und hörte den Drahtfunk, es war wieder allerlei im Gange über dem Reich, Freya-Geräte versuchten Bomberströme aufzufassen, zu unterscheiden, wohin die Kampfverbände stapften, wo »Mosquitos« Angriffe simulierten; Nachtjäger über Quedlinburg, überall regneten gewiß Stanniolstreifen im Verwirrspiel, flimmerten Schauer auf den Radarschirmen. Meine Gedanken kehrten zu dem Schädelsammler zurück, ich wollte sie hinausdrängen, aber sie schlichen wieder zwischen die Meldungen. Schädelpyramide, ein Mann, der im Kutschwagen über Leipzigs Gebeinstätten fuhr – nun gewannen doch die Meldungen aus dem gegenwärtigen Reich der Lebenden und der Toten in mir die Oberhand: Zwischen Magdeburg und Berlin waren Kampfverbände geortet worden, Störflugzeuge im Raum Dessau, schwere Bomber über Thüringen im Anflug nach Nordosten, das deutete alles darauf hin, daß der Hauptstadt eine bittere Nacht bevorstand. Ich kann heute selbst nicht erklären, warum ich mich anzog; ich ließ das Rollo wieder herunter und schrieb einen Zettel: »Bin zum Denkmal«, den legte ich auf den Küchentisch. Als ich die Mütze aufsetzte, war es zehn vor drei.

Noch war ich die Schönbach nicht hinauf, da wurde voralarmiert. Im Nordwesten wummerte Flak, der Stadt wurden die Folterinstrumente gezeigt. Der Zeitraum zwischen Voralarm und Abwehrfeuer erschien mir ungewöhnlich kurz, da heulten die Sirenen schon zum Vollalarm, da waren die Briten wohl hinter einem Regen von Stanniolstreifen heimlichhastig vom Berlinkurs abgeschwenkt und stürzten auf Leipzig zu. Ich begann zu rennen, den Fußweg kannte ich zwischen Zäunen und Platanen, und als die Sirenen ausjaulten, als ich den Damm fast erreicht hatte, stand das Brummen am Horizont, das ich bis an mein Lebensende nicht vergessen werde, dieses Dröhnen, das aus dem Himmel stürzte und sich vibrierend auf der Erde fortsetzte, in dieser Nacht der Kampflärm von vierhundertfünfzig viermotorigen Angreifern, der in Himmel und Erde zu beben begann. Vor dem Bunkereingang überdeckten Füßetrappeln und Stimmengewirr das Dröhnen aus dem Himmel. Ich hörte einen meiner Kameraden vom Selbstschutz rufen, die Leute sollten schnell weitergehen, und stieg die Treppe vor dem Denkmal hinauf. Die Stadt war nicht zu ahnen unter der Wolkenschicht, alle Lichter waren verdeckt, alle Geräusche erstorben, keine Straßenbahn und kein Zug fuhren mehr. Die Stadt stellte sich tot vor dem Feind. Das Dröhnen schob sich wie eine Gewitterfront heran, eine glühende Kugel fiel wie ein Komet, und in diesem Augenblick wußte ich: Das war der Angriff. In wendigen »Mosquito«-Flugzeugen eilten Spezialisten für das Ausspähen von Zielen voraus, sie trugen eine schreckliche Berufsbezeichnung: Masterbomber. Die Meister ihres Fachs funkten ihre Befehle an die erste Pfadfindergruppe weiter, die löste Leuchtbomben aus, an Fallschirmen schwebten sie herunter und gaben der zweiten Pfadfindergruppe Licht, nun die schweren Leuchtbomben zu plazieren. Dahinter marschierten die Kohorten des britischen Bomber Command, kampferfahren über so mancher deutschen Stadt. Ich legte die Hände auf den Stein und stemmte mich dagegen, Angst durchfuhr mich, als ich dachte: Wenn Marianne und die Kinder in der Wohnung geblieben sind? Angst und Neugier lähmten mich, daß ich nicht hinunterrannte und unter die Wälle kroch, daß ich den Leuchtbündeln zusah, die schimmernd auf die Stadt sanken; sie, Christbäume genannt, waren das letzte Signal. Dann stürzten Bomben mit pladderndem Geräusch, das keinem anderen gleicht. Brandbomben schlugen aufs Zentrum und ließen Blitze zucken, spritzend über die Dächer hin, ein Bersten dazwischen, mein Sprengmeisterohr wußte: Luftmine. Und wieder dieses Sprühen nach Süden zu, es drang vor mit der Marschgeschwindigkeit der Briten da oben, und in all meinem Schrecken hatte doch das Erkennen Platz: Die Bomber würden Stötteritz wenigstens bei diesem Anflug verschonen und damit Marianne, meine Kinder und das Haus, in dem ich wohnte. Das Krachen war über mir und in mir, drang bis in die Krypta hinunter, die Wächter bebten im Motorenlärm, die Reiter in der Kuppel ritten im Brüllen der Attacke nach Hause, und vor mir galoppierte das Sterben über die Stadt, jetzt an der Braustraße, am Gewerkschaftshaus, und wieder eine Luftmine, in Connewitz brannten nun viele Dächer. Da rannte ich die Treppen hinunter, auf dem Damm entlang, zu seiten das Wasserbecken und den Friedhof. Am Stein mit Napoleons Hut bog ich nach links, jetzt begann für den Berufsfeuerwehrmann Alfred Linden der Dienst aller Dienste. Von der Brücke über den Gleisen zum Bayerischen Bahnhof sah ich eine Flammenmauer über allen Dächern bis zu den Markthallenkuppeln; die noch immer viertgrößte Stadt Deutschlands stand in Lohe. Ich rannte ins Dunkel hinein, sah nicht, wohin ich die Füße setzte, hörte das abschwellende Dröhnen der Bomber, die nun durch Nachtjäger und Flak ihren Weg nach den heimatlichen Häfen suchten, deren Besatzungen sich vielleicht eben Zigaretten ansteckten, falls Rauchen in einem Bomber erlaubt war, denn der schwerste Teil ihrer Schicht lag hinter ihnen. Sie kämpf-

ten sich heim zu einem Frühstück mit Tee und Magerspeck und Spiegelei, ich rannte zu meinen Kameraden der Feuerwache. Jetzt würden auch alle Reservefahrzeuge ausrücken, die Ersatzspritzen würden heiße Ziele finden, der letzte Eimer mit Sand und die schäbigste Feuerpatsche waren gerade gut genug, und der Sprengmeister war zuerst einmal Feuerwehrmann. Ich war einunddreißig Jahre alt, Sportler und in einem Beruf, der Bewegung abnötigte, ich trabte bis zur Schenkendorfstraße in zehn Minuten. Den Schal hatte ich aufgeschlungen und die Mütze in die Hand genommen, ich rannte mitten auf der Straße, der Himmel über den Häusern wurde hell und heller, rötlich und gelb durcheinander, ich rannte auf die Stadtmitte zu und dachte: Mein Gott, dort brennt ja jedes Haus.
Unser Chef stand am Tor und brüllte seine Befehle, ich sprang noch im Umziehen auf einen Wagen, der mit laufendem Motor bereitstand. Als ich das Koppel zugehakt und den Helm aufgestülpt hatte, rollte er hinaus mit dem Einsatzbefehl: Augustusplatz. Häuser brannten in der Kohlenstraße, in jeder Seitenstraße, dort würden die Bewohner selber gegen die Flammen kämpfen müssen. Am Bayerischen Bahnhof, in der Windmühlenstraße und am Roßplatz hätten wir massenhaft Arbeit finden können, Lohe schlug aus oberen Stockwerken, Stabbrandbomben zischten auf dem Pflaster und fraßen sich in den Asphalt. Leute wollten sich in den Weg stellen, *ihr* Haus sollten wir retten und nicht irgendein anderes, unser Fahrer hielt auf sie zu, bis sie auseinandersprangen. Augustusplatz! Die Lohen schlugen aus allen Fenstern; in dem Hotel, in dem die Grabmalarchitekten wohnten und in das ich für den vergangenen Abend geladen gewesen war, fauchten die Flammen aus der Eingangstür. Wir stürzten über heruntergerissene Straßenbahnoberleitungen auf die Oper zu, sie loderte wie die Hauptpost, vor ihr schlossen wir unsere Schläuche an einen Hydranten an und fuhren die Leiter aus. Das Wasser schlug in den Schlauch

hinein, an einer Dachkante strich der Strahl entlang und hinterließ eine dunkle Spur, immerhin, ein Feuerchen brachte es zum Qualmen und Verlöschen. Im Normalfall wären hier drei, fünf, acht Löschfahrzeuge angerückt und hätten das weitläufige Gebäude von allen Seiten eingeschlossen, jetzt stritten wir allein an der Vorderfront und wußten nicht, was in den Höfen geschah. Vielleicht war keine Seele drin, niemand schlug Stabbrandbomben von Feldpostpäckchen und trug sie auf einer Schaufel in einen Eimer mit Wasser, niemand zog Säcke mit Briefen von und nach der Front aus dem Gefahrenbereich, niemand rettete Markenbögen, die hundertmal das Bild des Führers zeigten, nur wir richteten den Strahl in ein Fenster hinein, durchweichten Glückwunschkarten und Nachrichten von der Geburt eines zweiten Kriegskindes wie den Brief eines Kompanieführers, der tapfere Bruder, Sohn, Gatte, Schwager sei beim Sturmangriff in vorderster Front, des Endsieges gewiß, für Deutschland gefallen. Das Museum würde nicht zu retten sein, nicht die Oper, das »Café Felsche« brannte nur zögernd, die Universitätskirche daneben gar nicht, vor der Fassade der Universität löschten drei Wehren. Ich dachte: Jetzt ein zweiter Angriff mit Sprengbomben, der uns in Deckung und jedermann von den Dächern zwänge, und die Stadt wäre verloren.
Nach zwei Stunden halfen uns Soldaten aus den Gohliser Kasernen. Zusammen drangen wir in einen Hof ein, zogen einen Schlauch nach, so konnten wir das Überspringen des Brandes auf einen unbeschädigten Flügel verhindern – er steht noch heute. Das Frontgebäude gaben wir auf und setzten vom Grimmaischen Steinweg aus eine Dachstrecke unter Wasser, die Soldaten warfen Pakete auf einen Karren und zerrten ihn ins Freie. Befehle wurden gebrüllt und befolgt, und als wir einen zweiten Flügel abgeschottet hatten, lehnten wir uns an unser Fahrzeug oder ließen uns auf Postsäcke fallen, die Soldaten drehten Feldflaschen auf und reichten Becher herum, wir ließen Wasser aus dem Hydranten in uns

hineinlaufen, und dann stellte jemand fest, daß wir nun seit neun Stunden im Einsatz wären. An diesem 4. Dezember 1943 wurde es über Leipzig nicht hell.
Die Soldaten hatten Pakete und Päckchen, zum Teil angekohlt, zum Teil durchweicht, aus den Fenstern auf den Hof geworfen, dort lagen sie aufgeplatzt, Handschuhe und Socken, Zigarettenpackungen und Kuchen mengten sich, und auf Plündern stand der Tod. Meinem Einsatzführer sagte ich, ich würde mich nun wieder in unserer Wache melden müssen, meine Schicht begann, jetzt war ich bald nicht mehr Ersatzfeuerwehrmann, sondern Sprengmeister im Dienst. Aber ich eilte nicht auf direktem Weg zur Schenkendorfstraße, sondern hastete an der brennenden Johanniskirche vorbei, die Hospitalstraße entlang. Das Buchgewerbehaus stand in Flammen wie das Altersheim am Ostplatz. Dort hatte der Bombenteppich seine Fransen gehabt, aus Hitze und Rauch lief ich hinaus in eine Zone, in der ich wieder atmen konnte; vor einer Bäckerei schräg über den Ostplatz hinweg, fünfzig Meter von den prasselnden Fensterrahmen des Altersheims entfernt, standen Leute nach Brot an. Ich bog in die Stötteritzer ein, ging, rannte weiter, in unserer Straße spiegelten alle Scheiben, im Hausflur rief eine Frau: »Herr Linden, wie sehen Sie denn aus!« Nichts sei passiert, die Kinder spielten im Wäldchen, meine Frau sei gerade fortgegangen, vielleicht einkaufen. Das war, als ob einer aus der Hölle entlassen wird und feststellt: Nicht die ganze Welt ist Hölle, es gibt Paradiesfleckchen darin. Da ließ ich ausrichten, auch mir sei nichts passiert, ich ginge nun wieder zum Dienst, irgendwann käme ich nach Hause, meine Frau sollte mit nichts auf mich warten.
Und wieder die Schönbach hinauf und am Denkmal vorbei über die Brücke, und ich sah es brennen vom Bahnhof Connewitz bis zum Zentrum und nach Osten hinüber, aber Stötteritz in meinem Rücken war noch ganz. Manche Häuser waren schon völlig zerstört, ihr Inneres war zusammengestürzt

und qualmte nur noch, ich sah Frauen mit Bündeln und vollgetürmten Handwagen; Ausgebombte verließen die schwelende Stadt. Das alles ging in beklemmender Stille vor sich, es war, als ob die Menschen nur noch fähig wären, das wirklich Nötige zu sagen. Kinder wurden mit einem Schlag zu Erwachsenen, Acht- und Zehnjährige zu Müttern und Vätern für ihre kleineren Geschwister. Jeder tat das Nötige und Wichtige klaglos, verwundert, daß er noch lebte; Dankbarkeit fürs Weiteratmen bewirkte diese Anspannung, die Tränen würden später kommen. Soldaten schippten sich durch Schutt an einen Kellereingang heran, Jungvolkjungen marschierten und sangen: »Die blauen Dragoner, sie reiten.« Singen war nicht verboten, da Tote unter den Trümmern lagen, und die königlich-sächsischen blauen Dragoner waren ja auch längst tot.

Meine Schicht trat ich pünktlich an. Meldungen über Blindgänger liefen ein, Polizei hatte Häuser geräumt und Straßen sperren lassen. Als meine beiden Gehilfen und ich durch die Wartenden gingen, begegneten wir Blicken, in denen Angst und zitternde Bewunderung lagen, wir waren in den Augen dieser Menschen Helden, die ihr Leben für Möbel, Wäsche, Bücher, Fotoalben und Vorräte wagten, auch für die Feldpostnummern ihrer Söhne.

Eine Mine lag in einem Hof zwischen Sparren und Ziegelschutt, ein Wohnblockknacker von Rang; hier hatte er bloß einen Waschkessel in Stücke gehauen. Diese königlich-britische Luftmine kannte ich aus der Theorie, es war eine »medium capacity« in der dickwandigen Ausführung mit verstärkter Durchschlagskraft im Gewicht von viertausend englischen Pfund. Ich schnüffelte um sie herum und stellte das besondere Gefühl zu ihr her, ohne das kein Sprengmeister lebt: du oder ich, und wie denkst du über mich? Jeder hat im Kino gesehen, wie sich Chirurgen vor einer Operation die Hände scheuern und seifen und sich Mut anpfeifen, wie sie allmählich verstummen, wie ihre Gesichter ernst werden

und Schwestern und Assistenten behutsam mit ihnen umgehen. So konzentrierte ich mich, meine Helfer legten das Handwerkszeug zurecht, achtsam schnupperten wir weiter, sahen: Der Zünder lag frei und war leider ein bißchen eingebeult, ganz ohne Komplikation ging es womöglich nicht ab. Meine Helfer schickte ich hinter den nächsten Häuserblock, dann setzte ich Zangen an, konzentrierte mich ganz, schloß die Augen und hörte kaum, wie entfernt ein Martinshorn gellte, jemand wurde im Eiltempo in die Klinik gefahren, da spürte ich den Druck, den mir ein verklemmtes englisches Gewinde entgegensetzte, und wünschte, den Burschen aus Liverpool oder Coventry hierzuhaben, der dieses Gewinde geschnitten und dabei ein wenig geschludert hatte. Immerhin hatte er annehmen dürfen, daß es nur einmal in einer Richtung gebraucht würde, ein Zurück war nicht vorgesehen. Dieser Pfusch kostete mich jetzt vielleicht das Leben. Ich merkte das erste leise Nachgeben, meine Hände, meine Arme fingen es auf, lockerten den Druck, gingen sozusagen stufenlos damit herunter, alle Sehnen und Muskeln und Nerven gehorchten mir, und ich dachte: Nach der wüsten ersten Schicht heute an der Hauptpost könnte es übler sein.
Als der Zünder auf einem Lappen lag, rief ich meine Helfer herbei und gab meine Erfahrung weiter, das tat ich nicht ohne Stolz und Gelassenheit. Wir trugen den Zünder fort, mit dem nun harmlosen Monstrum würden sich Hilfskräfte beschäftigen; vielleicht wurde es aufbereitet und von deutschen Fliegern zurücktransportiert? Nicht unser Problem, wir rumpelten zum Hauptbahnhofsgelände, immer an brennenden Häusern vorbei, wenigstens am Dittrichring stand noch einiges. Das Schauspielhaus war zerstört wie die Oper, Ruß, Flammen und Rauch wehten aus der Blücherstraße heraus. Hier waren Viktors Löwen gehuscht – vergessen, vorbei; wo sie ausgebrochen waren, lag eine Tausendpfundbombe auf dem Gleisschotter, ich kannte sie aus dem Zeithainer Kursus, sie war für mich kein Problem, zumal der Gewinde-

schneider auf der feindlichen Insel diesmal sein Geld nicht umsonst verdient hatte. An die Restarbeit ließ ich einen Gehilfen heran, wie ein Operateur die letzten Stiche dem Nachwuchs überläßt. Wir stapften quer über die Gleise, sahen die glaslosen Gerippe des Hauptbahnhofs und brennende Güterschuppen und schließlich die Ruinen des Krystallpalastes mit seiner berühmten Alberthalle; nie mehr würden hier Ringkämpfer zu den Klängen des Gladiatorenmarsches einziehen, die fünfzehntausend Gastplätze gab es nicht mehr. Leipzig war in die Knie gebrochen in dieser Nacht, es stöhnte und wand sich, zuckte und blutete, es hatte den schrecklichsten Tag seiner Geschichte erlebt. Noch eine M-64-Allzweck-Sprengbombe entseelte ich am Täubchenweg, dann war ich am Ende meiner Kraft, murmelte, jetzt müßte ich ins Bett, sonst flöge uns das nächste Ding um die Ohren. Wir rollten die taube Bombe an den Straßenrand, eine Frau umarmte uns vor Dankbarkeit, sie stammelte, und schließlich küßte sie mir die Hand.
Meine Erschöpfung war so groß, daß ich, ich wußte es, nicht würde schlafen können. Ich machte einen Bogen, einen Umbogen, wie wir Leipziger sagen. Wollte sehen, was aus der Hauptpost geworden war, ob all unsere verzweifelte Mühe einen Sinn gehabt hatte. Vor der Oper, wo nach dem Krieg ein Pavillon errichtet und wieder weggerissen worden war, weil der Ulbricht nicht gefiel, an dieser Ecke war eine Feldküche aufgefahren, Überlebende standen davor, die Schüsseln, Teller, Töpfe hinhielten für einen Schlag Nudeln mit Fleisch. Ausgebombte, die stumm weiterrückten, die sich nicht gegenseitig aufzählten, was sie verloren hatten, den Großvater vielleicht oder das einzige Kind, die Wohnungseinrichtung oder eine Klempnerwerkstatt. Das würden sie später weidlich tun, jetzt empfingen sie markenfrei einen Schlag Suppe mit der Fleischration einer halben Woche. Ein SA-Mann kellte aus, Felix Linden. Er hatte die Mütze aus der Stirn geschoben und den Mantel geöffnet, sein Koppel

hing an einem Haken, der für Gabel und Kelle vorgesehen war. Mein Vater hielt die Kelle beidhändig und vollführte jedesmal eine runde, ausholende, heraufholende Bewegung, ehe er sie über den Kesselrand hob, er wartete, bis Nudeln und Brühe und Fleischstücke abgetropft waren, dann führte er vorsichtig über den Teller, die Schüssel, das Kochgeschirr, drehte mit den Armen, nicht nur mit den Händen, und ließ die Suppe mit all ihren köstlichen Inhalten herausgleiten, daß auch nicht ein Tropfen verlorenging. Was er tat, kam mir wie eine erhabene menschliche Tätigkeit vor, wie die Arbeit einer Hebamme oder einer Leichenfrau, wie eines Bauern auf alten Bildern, der Korn schneidet. Die Menschen rückten weiter, als sei es ausgemacht, daß jeder nur einen Schlag empfing, wie groß seine Schüssel oder sein Hunger auch waren. Niemand machte geltend, daß er vielleicht für seine kranke, verletzte Familie soundsoviele Portionen holen und bringen wollte, gleichmäßig Dickes und Dünnes verteilte mein Vater ohne Ansehen der Person, für alle die erste warme Mahlzeit nach der Feuersbrunst, Kinder waren dabei und Soldaten, Hitlerjungen und Greisinnen; ich hoffte, einen der Architekten zu erkennen, die in der Brandnacht unweit den Abschluß ihrer Arbeit gefeiert hatten.
Als der Kessel leer war, gab mein Vater die Kelle einem Hitlerjungen, der kratzte die Reste heraus. Der SA-Mann Linden zündete sich eine Zigarette an. »Tag, Vater«, sagte ich.
»Junge, Freedi!« Wir gaben uns die Hand, ich nahm eine von seinen Zigaretten. »Stötteritz hat's nicht erwischt«, sagten wir beinahe gleichzeitig. Noch nie hatte ich meinen Vater so alt gesehen, er sagte: »Siehst ganz kaputt aus, Freedi.« Er hoffte, ein Lkw würde seine Feldküche abholen, die in einer Großküche aufgefüllt werden sollte, dreimal hatte er bereits in den bombardierten Vierteln Suppe verteilt. Wir schauten auf das Grausen um uns, die rauchenden Trümmer, die schwarzen Fassaden. Von einem der schönsten Plät-

ze Europas waren nur die Paulinerkirche und ein Teil der Universität geblieben. Die Nikolaikirche sei unversehrt, sagte mein Vater, vollgestopft mit Ausgebombten. Ich hatte gehört, in Lübeck seien bei einem zweiten Angriff die überfüllten Kirchen zerschmettert worden.
»Freedi«, sagte mein Vater, »unsre schöne Stadt.«
Ich wollte sagen: Aber das Denkmal steht. Es hätte Kraft gekostet.
»Hätt'st auch 'nen Schlag Suppe ham könn.«
»Bin viel zu fertig.« Ich gab Vater die Hand, er sagte: »Grüß die Kinder und Marianne.«
»Und grüß Mama.« Ich schleppte mich den Grimmaischen Steinweg entlang und dachte: Wie lange wird es dauern, bis hier wieder Straßenbahnen fahren? Zwei Frauen hinter mir redeten, wie ungerecht es sei, daß nun *alle* Leipziger eine Sonderzuteilung an Bohnenkaffee bekämen. In manchen Vierteln sei nicht eine einzige Bombe gefallen, die Leute dort feixten. Derentwegen könnte das Zentrum jede Woche einen Angriff abbekommen.
Nach einer Stunde war ich zu Hause. Marianne half mir beim Waschen. Sechs Stunden später meldete ich mich wieder auf meiner Wache.
Kein Lastwagen holte die Feldküche des SA-Mannes Linden ab, so stand er noch zwei Stunden später auf dem Augustusplatz und sah, wie Flammen aus dem nördlichsten Teil des Augusteums schlugen. Dort war immer noch etwas Brennbares nicht verbrannt, aus glühender Asche kletterten Flammen an einem Balken hoch. Da schlug mein Vater sein Koppel um und setzte sich in Trab auf die Paulinerkirche zu. Die Tür stand offen, Geschrei drang heraus, gemischt aus Warnungen und Angst. Er zwängte sich durch die Flüchtenden, sah zwei Männer, die Eimer und Feuerpatsche trugen und an einer Tür rüttelten und sie aufrissen, hinter ihr führte eine Treppe hinauf. Zu dritt standen sie im Balkengewirr über dem Gewölbe und lauschten, schnupperten, hier brannte

nichts, und Felix Linden fragte: »Seid ihr von der Kirche?« Das waren die beiden nicht, Ausgebombte waren sie aus der Ritterstraße, ein Hausmeister und ein Buchhändler. »Kennt ihr euch hier aus?« Auch das verneinten sie. Mein Vater erinnerte sich, wie schon einmal Flammen aus einer Kirche geschlagen waren, aus der Synagoge, das war erst fünf Jahre her, und hier oben im Dachstuhl der Paulinerkirche überkam ihn der Gedanke, diese Flammen seien nun rächend zurückgekehrt. Vielleicht hatte in einem der Bomber ein Mann gesessen, der damals aus Leipzig vertrieben worden war: ein Sohn des Pelzhändlers Katzenstein, von seinem Vater auf den Namen Horst-Heinrich getauft, der sich rassebewußt in Samuel umbenannt hatte und von seinen Fliegerkameraden Sammy gerufen wurde. »Nischt los«, meinte der Buchhändler beruhigt, und mein Vater sagte: »Mir ist das Ganze nich geheuer, ich bleib noch.«
Düster war es im Balkengewirr, es roch nach Staub, nicht nach Rauch. Felix sah durch eine Luke auf den Platz hinaus, seine Feldküche wurde gerade abgeschleppt. Er wußte nichts von der Historie dieser Kirche, deren Grundmauern einem mittelalterlichen Kloster gedient hatten, nichts von den Teilen eines Kreuzgangs unter ihrem Sterngewölbe, nichts vom Schnitzaltar, der Standfigur des Markgrafen Dietzmann, der Sitzfigur des Thomas von Aquin, dem Mal des Rektors Caspar Borner, nichts von der Orgel, der Fassade aus der Zeit der jüngsten Erneuerung, eine Einheit mit dem Albertinum bildend, das Arwed Roßbach geschaffen hatte. Ein Proletarier war mein Vater, kein Kunstkenner, aber er hatte schon einmal eine Kirche brennen sehen. Nun war vielleicht der junge Katzenstein herübergeflogen, um sich zu rächen. Als das meinem Vater einfiel, zweifelte er daran, ob es richtig war, ihm in den Arm zu fallen. Wenn die Kirche zu verbrennen hatte, sollte er das Schicksal nicht korrigieren – sollte er nicht?
»Mir haun ab«, sagte der Hausmeister, der kein Haus mehr

zu betreuen hatte; er und der Buchhändler, dessen Bücher als Asche über die Stadt flogen, machten sich davon. Felix Linden tastete sich zu der Treppe, die zu einem Türmchen führte, mehr eine Leiter war sie im Balkenkreuz. An die Steintreppe im Völkerschlachtdenkmal dachte er, einmal war er mit seinem Jungen durch das Bein des Wächters gestiegen, oben hatte Freedi geschrien: »Ich seh die ganze Welt!« Treppen auf den Lingekopf hinauf, Treppen in den Douaumont hinunter – eine Treppe führte am Westgiebel ins Gewölbe hinab, wohin? Dort trat Felix Linden auf ein Brett, aus dem blitzend Flammen schlugen, als hätten sie sich dort höhnisch versteckt gehalten, genährt von uraltem Holz, von Staub, vielleicht in Wurmmull gebettet; unter seinem Stiefel brachen sie heraus, was sie sonst erst in einem Tag getan hätten, und setzten im Augenblick ein Stück Diele in Brand. Felix Linden schlug mit der Feuerpatsche, daß Funken stoben, er rannte zurück an die Steintreppe und schrie herunter: »Raufkomm, alle raufkomm!« Als er Schritte hörte, als er die Mütze und die Schultern eines Mannes an der Biegung sah, rannte er zurück zum Feuerherd, schlug wieder, ging sparsam mit dem bißchen Wasser in seinem Eimer um, näßte den Lappen, erstickte Flämmchen unter einem Balken, brüllte: »Bringt Wasser mit! Und Patschen!« Er spürte, wie es heiß unter seinen Sohlen wurde, da war er wohl rechtzeitig an ein Feuernest geraten, an ein Schlangennest, er machte einen Schritt zur Seite und brach ein, hörte Krachen, Funken stoben, er breitete die Arme, um sich zu stützen, sich aufzuhalten, aber da war nichts außer heißem, bröckelndem Holz, er schrie, es war mehr ein Gurgeln als ein Schreien, und dann sahen ihn der Buchhändler und der Hausmeister im Funkenschwarm verschwinden. Er stürzte nur wenige Meter tief auf das wundervolle, so wertvolle Sterngewölbe, verschwand in Staub und Holzdreck, die nun im Luftwirbel aufflammten. Der Buchhändler und der Hausmeister schrien ihm nach und streckten die Stiele ihrer

Feuerpatschen hinunter, aber keine Hände griffen nach ihnen. Felix Linden ist erstickt, ehe sein SA-Mantel zu Zunder und sein Koppel zu einem Gebröckel verkamen.
Nach einer Stunde zogen Feuerwehrleute, die den Brandherd unter Wasser gesetzt hatten, die Leiche des SA-Mannes Linden herauf. Das Gesicht war noch zu erkennen, verbrannt der Kopf oberhalb der Brauen. In einer Messehalle, sie war zum Leichenschauhaus geworden, hab ich bestätigt: Ja, das sei mein Vater, es gäbe keinen Zweifel. Neben mir wurden Planen von Gesichtern gezogen, die keine Gesichter mehr waren, ich hörte Schluchzen, kein Schreien. Die Menschen haben damals nach innen geschrien.
Die Trauerfeier für die Toten vom Dezember 1943 wurde vor dem Völkerschlachtdenkmal abgehalten, im Angesicht des Erzengels Michael und der Kriegsfurien. Der Oberbürgermeister sprach, anderthalb Jahre später hat er sich in seinem Dienstzimmer erschossen. Marianne und ich stützten Klara Magdalena Linden. Ich stellte mir vor, jetzt müßte Hitler von hinten her ans Denkmal schleichen und über den Wall spähen, die Mütze auf den Brauen. Kein Platz in Leipzig war für solch eine Feier geeigneter, ich haßte das Denkmal deswegen. Sangen die berühmten Thomaner, oder ließ ein beliebiger HJ-Chor Molltöne steigen?

»Bei den Sternen steht, was wir schwören.
Der die Sterne lenkt, wird uns hören.
Eh der Fremde dir deine Krone raubt,
Deutschland, fallen wir Haupt bei Haupt.«

Das war es wieder: Nicht einsam im Bett, nicht zu spät wie die meisten aus Nietzsches Sicht, sondern beizeiten und Haupt bei Haupt sollte gestorben, Schläfe an Schläfe konnte dann bestattet werden, Kalk drüber. Massengräber bedurften des massenhaften gleichzeitigen Verreckens. Murats Reiterattacke, MG-Feuer am Lingekopf, Bomben auf Leipzig, es war immer das gleiche. Felix Linden hatte die Steine

gebrochen und mit Vojciech den letzten Quader am Gipfelstein zurechtgerückt. Er hatte sich sein Grabmal selber getürmt. Ich schaute auf, während alle anderen die Köpfe senkten. 1100 Tonnen Bomben hatten 1182 Leipziger umgebracht, eine Tonne Bomben für einen Menschen galt als rentabel. Die Dammwege waren schwarz von Trauernden, schwarz die Pylone oben an der Terrasse des Michael, aus Pfannen loderten Flammen gegen den Winterhimmel. Der Oberbürgermeister, SS-Gruppenführer Freyberg, rief: »Der Schlag gegen unsere Stadt wurde gerade in jenen Tagen geführt, da das deutsche Volk sich auf das gemütstiefste und älteste aller deutschen Feste, das Weihnachtsfest, rüstete, bei dem der Sieg des Lichts über die dunklen Mächte gefeiert wird.« Weihnachten als deutsches Fest ohne Christus.
Die Toten wurden eingegraben, wo Denkmalsfachleute im dürren Herbstgras in eingebildete östliche Weiten gespäht hatten. Auch einige dieser Architekten ruhen nun dort, Schrumpfleichen aus dem Hotel am Roßplatz. In den »Leipziger Neuesten Nachrichten« stand: »Tiefer Ernst liegt über den Gesichtern der Menschen. Aber es ist keine Trauer, die sich willenlos dem Schmerz über das Erlittene hingibt, aus den Mienen leuchtet vielmehr jene trotzige Entschlossenheit, die aus dem Leid neue Kraft schöpft, und auf den herb zusammengepreßten Lippen liegt ein unausgesprochenes ›Nun erst recht!‹.«
Die Gräber wurden mit Platten bedeckt; sie waren aus Quadern geschnitten worden, die aus allen Plänen fürs Richard-Wagner-Denkmal getilgt am Elster-Flutbecken lagen. Die Namen darauf sind seitdem verwittert. Ich war lange nicht dort. Fürchtegott, der Schädelspezialist, könnte Auskunft geben, ob jetzt noch von Haupt bei Haupt die Rede sein kann.

8. KAPITEL

Sie retteten das Denkmal?

Ich hab wenig über die Frauen meiner Vorfahren berichtet. Carl Friedrich Lindner starb unbeweibt, die Frau Fürchtegotts, mehrmals von ihm geschwängert, ist noch nicht einmal erwähnt worden. Erna Machul fand ihren Platz. Meine Mutter und Marianne waren beherzte Proletarierfrauen, opferbereit an der Seite ihrer Männer, untadelige Mütter; sie drängten sich nie vor. Vielleicht einigen wir uns so: Das Völkerschlachtdenkmal ist Männersache?

Nach der Feier für die Bombenopfer gingen Klärchen und Marianne Linden Arm in Arm die Preußen stadtwärts und die Schönbach hinunter. Erna Machul hatte zum Begräbniskaffee ihr Tütchen Bohnenkaffee mitgebracht. Hildruns Beileidstelegramm aus Ostpreußen lag zwischen den Tassen. Die Holzfiguren, die Vater Felix geschnitzt hatte, wurden aufgebaut, Joachim durfte sie betasten. »Das Holz dazu hat Viktor besorgt«, erwähnte Erna wie üblich. Sie wollte die Löwengeschichte auftischen, aber wir winkten ab. Der Kaffee wurde gelobt, *richtiger* Bohnenkaffee sei es, wann hätten wir zum letztenmal ein Täßchen getrunken? Allen schien es, als hätte vor dem Krieg Bohnenkaffee zu unserem täglichen Genuß gehört. Der Kuchen war schwer und klebrig vom masurischen Schmalz. Weihnachten stand vor der Tür – würde es eine Sonderzuteilung geben, und wie hoch könnte sie sein? Mehl und Zucker zum Stollenbacken, das wohl, aber Fett? Fleisch? Und ging der Krieg im nächsten Jahr zu Ende? Ein neuer Angriff auf Leipzig würde kaum lohnen. Was war mit Lindenau und Plagwitz, Gohlis und Stötteritz? »Ach, mei Felix«, Mutter wischte sich Nase und Augen.

»Er hat die Kirche gerettet«, sagte ich um Würde bemüht; »ich werde aufs Denkmal aufpassen.«
Bis Weihnachten entschärfte ich dreizehn Sprengbomben; die Zahl der halb oder gar nicht verbrannten Brandstäbe, die wir wegschafften, hat keiner gezählt. Alle in unserer Feuerwache schufteten fünfzehn Stunden am Tag. Noch eine Woche nach dem Angriff gruben wir acht Überlebende aus, darunter zwei Kinder. Die Stadt schwelte; wenn aus den Ruinen Flammen schlugen, kümmerte sich niemand darum, solange sie nicht heile Häuser gefährdeten. Nach Tagen schon machten wir uns daran, Trümmer zu sprengen, die auf die Straßen zu stürzen drohten. Fassaden waren ausgeglüht, Schornsteine neigten sich, Giebel hingen über. Sparsame Ladungen genügten. Bohren, Absperren, Füllen, Zünden – ein Rumoren, Rumpeln, wieder neigte sich eine Wand und kippte ins ehemalige Innere des Hauses. Ein Stück Leipzig war dann nicht mehr, ein Wohnhaus, Lokal, Kino. Am Brühl legten wir den Klotz in sich zusammen, in dem Katzenstein mit Fuchs und Nerz gehandelt hatte. Eine Wolkendecke drückte auf die Stadt, als verdienten die Trümmer keine Sonne. Der Schnee, der manches verhüllt hätte, ließ auf sich warten. Kreuz und quer zogen Leute mit Handwagen, sie transportierten gerettete Habe oder brachten scheibenlose Fensterrahmen zum Glaser. Als die ersten Straßenbahnen wieder vorm Hauptbahnhof quietschten, war das ein stadtweit beredetes Ereignis.
Am Heiligabend gingen Mutter, Marianne und ich in die Paulinerkirche. Wir schauten zum Gewölbe hinauf, dort dunkelte ein Wasserfleck im Putz, darüber hatte Felix Linden ein Krebsgeschwür ans Licht gezerrt, dessen Metastasen die Kirche gefressen hätten. Seit Jahren war ich in keinem Gottesdienst mehr gewesen und kannte die Lieder nicht, mich überraschte, wie Pfarrer und Gemeinde im Wechselgesang aufeinander eingespielt waren. Vom Christuskind war die Rede, das Erlösung über die Welt gebracht hätte, von

Gottes schirmender Hand, die inmitten der Flammenhölle sein Haus bewahrte. In den Augen meiner Mutter und meiner Frau glitzerten Tränen. Den Tod von Vojciech Machulski verglich ich mit dem des Felix Linden; keine Frage, wer besser abschnitt. Ich musterte die Denkmäler an den Seiten und stellte mir vor, auch für Felix, den Retter, würde eine Tafel geweiht. Gott gab Männern und Frauen die Kraft, hörte ich den Pfarrer, diese Kirche zu schützen. Ob er meinte, Gott nicht genug zu rühmen, wenn er meinen Vater als Gottes Werkzeug beim Namen nannte? Die Orgel klagte. Ein Wasserfleck im Putz – ein Hausmeister und ein Buchhändler, nach ihnen hatten dort Feuerwehrleute gelöscht, bevor und nachdem sie die Leiche des SA-Mannes Linden aus der Glut gezogen hatten. Ich wünschte, dieser Fleck würde bei einer Renovierung nachgestaltet wie der Tintenfleck auf der Wartburg, und Kirchenerklärer zeigten noch nach Jahrhunderten hinauf: Dort wies ein Mensch mit seinem Tod den Rettern den Weg. Für alle Toten Leipzigs betete der Pfarrer, besonders für die aus seinem Kirchspiel, er gedachte natürlich nicht der britischen Flieger, die bei diesem Angriff ihr Leben gelassen hatten, auch nicht des Bordschützen Samuel alias Horst-Heinrich Katzenstein, aufgewachsen in einer Villa am Johannapark, der beim Rückflug aus dem Heckstand seines Liberator-Bombers über Lüneburg den Angriff eines deutschen Nachtjägers nicht hatte abwehren können. In der Schreckensnacht waren auch Gestapo-Akten verbrannt, in denen der Abtransport von jüdisch Versippten festgelegt war – dieser Angriff hatte viele Aspekte. Zum ersten Mal seit der Konfirmation betete ich mit: Vater unser, der du bist im Himmel. Nun war auch Felix Linden im Himmel, falls es einen Himmel gab und falls SA-Leute dort aufgenommen wurden. Der Pfarrer betete: Und schenke uns deinen Frieden. Nicht um den Sieg der deutschen Waffen flehte er, nicht um Leben und Gesundheit des Führers Adolf Hitler, das geschah zu dieser Zeit von vielen Kanzeln in

Deutschland. Nicht an diesem Abend und nicht in dieser Kirche.
Daheim steckten wir drei Kerzen auf einen Leuchter, wir redeten von anderen Weihnachtsfesten, dieses war das schwärzeste bisher. Sollten wir die Kinder aus Leipzig fortbringen, zu Hildrun etwa ins friedliche Ostpreußen? Sollte Marianne mit ihnen dortbleiben? Aber würde das gestattet werden, denn wer sollte dann Buttermarken abschneiden und bläuliche Magermilch tropfengenau zumessen? Ein wenig von der Kraft war in uns geblieben, die der Pfarrer hatte erwecken wollen, eine Spur von Vertrauen in das Schicksal, das doch ganz gnadenlos nicht sein konnte.
Im Januar 1944 brachten wir unsere Luftschutzbunker auf den besten Stand. Jetzt waren alle Stollen verbunden, die Frischluftschächte fertig, ein Notstromaggregat machte uns störfrei, die Sanitätsschränke waren gefüllt. Nacht für Nacht zogen Schutzsuchende ein, auch wenn kein Alarm war, sie sicherten sich die besten Plätze und legten sich zum Schlafen; das Sirenengeheul drang nur schwach zu ihnen herunter. Der Bunker wurde für manche zur zweiten Wohnung.
Und wieder hatte das Denkmal Besuch. Diesmal war er angemeldet, ich sollte ihn führen. Ein Wehrwirtschaftsführer wurde von anderen Zivilisten und Luftwaffenoffizieren begleitet. Dieser Mann pirschte sich nicht heimlich von rückwärts heran wie Hitler, sondern fuhr mit seinen Begleitern auf dem Platz vor den Totenbunkern vor. Mir gab er die Hand und nannte seinen Namen: Freitag. »Na, da zeigen Sie uns mal alles!« Er war Direktor im Hentschel-Konzern, einer der Hauptorganisatoren der Luftrüstung. Ich führte ihn durch alle Stollen, zeigte ihm die Schutzräume, die Gasschleusen, die Toiletten, nannte Zahlen über die Stärke der Decken. Ihn interessierte nicht die Höhe der Kuppel, den Reitern gönnte er keinen Blick. Er stieg in die Krypta hinunter, klopfte an die Pfeiler und ließ sich das Mischungsverhältnis nennen. Die Männer seiner Begleitung nickten anerken-

nend. »Leider nicht genügend Platz für Werkzeugmaschinen«, monierte einer. »Und denken Sie an das Transportproblem!« Da zuckten die Herren die Schultern. »Schade«, klagten sie. »Sonst ideal.« Direktor Freitag ordnete an, alle Räume und Durchgänge zu vermessen. »Die Hälfte der Motorenproduktion bringen wir glatt unter.« Produktion – hieß das, daß diese Leute die Bomber aufs Denkmal und auf Stötteritz lenkten? Mir wurde eiskalt.
Die Herren verschwanden, ihnen folgten Weißkittel mit Aktendeckeln und Notizblöcken wie schon einmal die Architekten der Totenburgen, und wieder war ich es, der ihnen Auskünfte geben sollte. Das Mischungsverhältnis des Betons schmälerte ich und behauptete auf Zwischenfragen, ich hätte mich beim ersten Besuch leider geirrt. Ich schilderte das Deckgebirge über den Schutzräumen als bröckelig, Asche enthaltend, die beim Bunkerbau immerfort nachgerutscht wäre, gab mich cholerisch: »Graben Sie los, meintswechn, das sackt Ihn alles weg. Aber bitte, bitte!« Da notierten sie sorgenvoll bescheidenere Zahlen, eilten fort, kamen tags darauf zurück, und unter ihnen ein Mann um die Sechzig in einer abgetragenen Joppe, ein Meister aus den Flugzeugwerken in Thekla im Norden der Stadt, er schaute sich die Stollen an und schnaufte, und als wir allein waren, sagte er: »Versteh schon, daß de dein Bunker nich verliern willst. Awr hier gannste nischt machn.« Da Angriffe auf alle Flugzeugwerke drohten, würde auf Befehl Görings die Produktion verlagert; auch die Fabrik in Thekla würde dezentralisiert. Ein Jägerstab mit größten Vollmachten sei gebildet worden, Freitag gelte als einer der wichtigsten Männer. »Ich rat dir, Gumbl, lech dich nich quer.«
»Ich doch nich«, ich guckte so blöd wie möglich.
Wenn ich in den nächsten Tagen nach weiteren Einzelheiten gefragt wurde, verhielt ich mich vorsichtig. Ich log nicht geradezu, schwächte nur ab, so daß meine Antwort nicht als Sabotage ausgelegt werden konnte. Die schlimme Neuigkeit

verbreitete ich unter der Hand, immer in der Hoffnung, die Benutzer unserer Bunker würden sich auflehnen. Gesichter wurden ernst, Augen starr. Aber das war auch alles.

Der Meister hieß Hallermann, er war gedrungen, fast halslos und glatzköpfig, er hatte eine leise Stimme und kleine, graue Augen. Er kam wieder und sagte friedlich: »Mach geen Mist, Gumbl!« Er trug Bandmaß und Notizblock bei sich, maß und schrieb, dabei pfiffelte er vor sich hin, zwischendurch nuschelte er, hier sei Platz für drei Drehbänke, dort für zwei Bohrmaschinen; unseren Verschlag, an den wir das Schild »Bunkerleitung« genagelt hatten, reservierte er als sein Büro. »Alles uff Befehl von Göring, dagegen gommste nich an, Gumbl.« So sei es jetzt überall im Reich. Hitler habe angeordnet, in engen Gebirgstälern wie beispielsweise der Sächsischen Schweiz Dächer und Decken einzuziehen und darunter zu produzieren. »Bombensicher«, murmelte Hallermann, während er maß, »alles bombensicher.«

Und dann erschien Göring. In den Stollen von der Preußenstraße stapfte er hinein, er trug eine weiße Uniform und alle Orden und hob seinen Marschallstab, als ich meldete: »Freiwilliger Selbstschutz Denkmal Bunkerwache Linden!« Dabei hielt ich den Stiel meiner Feuerpatsche steif. Göring stand breitbeinig, die Stiefelhose arschgefüllt. Seine Stimme klang gepreßt, fistlig. Ob er eine Mütze trug – selbstverständlich trug er eine Mütze. Steil war sie sozusagen. Einmal hat er sie abgenommen und sich über die Glatze gewischt. Hinten hatte er eine kleine, runde Glatze – mit Ihren Zwischenfragen bringen Sie mich durcheinander. Ich hab Göring im Bunker erlebt, nicht draußen oder nicht nur draußen. Vermutlich lauern Sie drauf, daß ich behaupte, Göring habe seinen Leipziger Löwen an kurzer Leine bei sich geführt, andere, sozusagen revolutionäre Löwen, von Tadeusz losgelassen, seien von den Schultern der Riesengestalten gesprungen, gelbes Gemengsel, Gemetzel – nichts dergleichen. Kein Duell Simbab gegen Cäsar, obwohl ich es beziehungsreich finden könnte. Göring auf der Flucht – nein, so billig nicht! Hallermann wischte Einwände der Ingenieure beiseite: Mit dreihundert Mann würde er in einer Woche alles so umkrempeln, daß die Produktion anlaufen könnte. Keinen Blick erübrigte Göring für die Wächter unter dem Gipfelstein oder die Reiter der Kuppel, natürlich fragte niemand nach meiner Meinung. Dies sei ein Denkmal für die Toten, hätte ich sagen sollen, gewiß nicht ausschließlich ein Friedensdenkmal, aber schon gar keines zum Ruhme des Krieges – wäre das alles nicht Grund genug, die Ruhe, die auch einem Friedhof gebühre, vor Motorenlärm zu bewahren? Ein Frevel, gerade hier Waffen zu produzieren. Ich hätte auf die Kriegsfurien im Stein der Vorderfront und auf die sich im Todeskampf bäumenden Pferdereliefs verweisen sollen, aber niemand gab mir dazu Gelegenheit. Abends erzählte ich daheim. Marianne wollte Last von mir nehmen, indem sie mir versicherte, ich könne gar nichts ausrichten. Dafür habe mein Vater nicht den Stein gebrochen, sagte ich, dafür habe Katzenstein nicht im Vorstand gesessen, dafür sei Viktor Machul nicht sterbend der Illusion verfallen, er sei ins Denkmal heimgekehrt. Marianne schaute mich argwöhnisch an: »Un woher willste das wissen über Viktor?« Ich wußte es eben.

Dann schlurfte und klapperte es heran im Morgengrauen, Häftlinge in gestreiften Hosen und Jacken, mit Holzschuhen und Pantinen zogen über die Reitzenhainer, vor den Bunkereingängen ballten sie sich, da klang Hallermanns Stimme durchaus nicht mehr leise, einen Schraubenschlüssel ließ er wippen, er verteilte Schaufeln und wies an, wie zu graben und aufzuschütten sei, damit Lastwagen bis vor die Bunkereingänge fahren könnten. Ich starrte in Gesichter, in denen sich die Haut über den Backenknochen spannte, in denen die Augen unnatürlich groß waren, sah gelbe Sterne auf den Jakken und hörte Hallermann brüllen. Es seien Juden aus Serbien, erklärte er mir, die so reagierten, als verstünden sie

kein Deutsch. Aber er wollte ihnen das Arbeiten schon beibringen!
Da erwog ich, die Bunker zu sprengen. Ich stellte mir vor, während eines Luftangriffs einen Sprengsatz mit Zeitzünder an einem Bunkereingang anzubringen, dann zu warnen: Vorsicht, Blindgänger! Wenn alle außer Gefahr waren, sollte die Ladung hochgehen. Kein einfaches Vorhaben, die Sprengladung müßte beschafft und versteckt werden, auf einen Komplizen mußte ich verzichten. In meiner Feuerwache brachte ich einen Flakzünder beiseite und überprüfte ihn auf seine Tauglichkeit. Ein Flakzünder ist ein Präzisionsstück, ich könnte verstehen, wenn es sich jemand als Schmuck auf die Vitrine stellte; ein Jammer, daß jeder Zünder bei der Erfüllung seiner Pflicht zerfetzt wird. Ich zog eine entschärfte britische Zweizentnerbombe im Handwagen unter Kartoffelsäcken durch die halbe Stadt und deponierte sie im Schuppen im Hof. Dann wartete ich auf einen Angriff, wenigstens auf das Überfliegen durch feindliche Bomber.
Unterdessen trieben Hallermann und seine deutschen Arbeiter die Juden an. Posten wachten mit Flinten dabei, Landsturmmänner. Sie alle schrien und prügelten, wie man heute meist meint, so habe nur die SS gewütet. Da stand eines Tages auch Felix Linden auf dem Damm. Ich winkte zu ihm hinauf, er reagierte nicht. Er blickte hinunter, wo sich zehn oder mehr kraftlose Gestalten mühten, Balken von einem Pferdewagen zu zerren, arme, halbverhungerte Juden, immer in Angst vor Schlägen. Auf der Preußen fuhr eine altertümliche Kutsche mit zwei Schimmeln vor. Sie hielt, der Mann darin stieg aus und warf die Zügel einem Jungen zu, der dort lungerte, der sie erschrocken auffing und nicht wußte, was er damit sollte; so was war ihm noch nie passiert. Fürchtegott von Lindenau war übers Schlachtfeld gefahren, nun sah er zum erstenmal das Denkmal, und es war gewaltiger, als er es sich je erträumt hatte. Da brach mit einem Schlag auf dem Damm die Erde auf, zwei Gestalten stiegen

heraus, die eine mit zertrümmertem Schädel, die andere einbeinig mit einer Krücke, die eine in der sächsischen Uniform aus den Tagen der Völkerschlacht, die andere im Feldgrau der Kämpfer von Verdun: Carl Friedrich Lindner und Vojciech Machulski sprangen, rannten mit Felix Linden und Fürchtegott von Lindenau auf die Peiniger zu. Mein Vater trug den abgeschabten Anzug, in dem er viele Jahre lang nach Beucha zur Arbeit gefahren war, nicht die SA-Uniform wie an seinem letzten Tag. Er half Vojciech über einen Bretterstapel; das war nicht einfach für den Einbeinigen. Vojciech schwang einen Feldspaten und brüllte: »Ihr Schweine! Schweine!« Carl Friedrich war als erster bei den Posten, einen packte er und schmiß ihn den Hang hinunter. Hallermann trat aus dem Stollen, er riß den Mund auf, aber kein Schrei bildete sich, Carl Friedrich war dicht vor ihm, mit seinem geborstenen Stirnbein und dem Blut über dem Gesicht muß er grausig gewirkt haben. Da wendete sich auch Hallermann zur Flucht, auf die Preußenstraße wollte er hinüber, aber dort stand mit seiner Peitsche Fürchtegott von Lindenau, der so sanfte Mensch. In Vojciech brachen aller Zorn, alle Scham über Versagen und Niederlagen seiner Partei und seiner Klasse auf. Die Wärter da oben hielten noch immer das Schwert zwischen den Beinen und nicht den Spaten. Jetzt sahen sie zu, wie unter ihnen gequält wurde, neuer Kriegstod sollte vom Denkmal ausgehen – da schwang Vojciech den Spaten gegen Hallermann. Felix Linden, ehemals eine »Deutsche Eiche«, brüllte alle Wut aus sich heraus, jetzt trommelten seine Steinbrucharbeiter- und Torwartfäuste; in drei, zwei Minuten hatten sie aufgeräumt oder nur in einer Minute oder in Sekunden...
Kann ich bitte ein Glas Wasser haben? Eine Viertelstunde lang hab ich wohl geschwiegen, ohne daß Sie mich zum Weiterreden aufforderten. Sie hätten mich unterbrechen können oder sollen, als mir etwas geschah, worüber ich mich jetzt wundere; ich hoffe, es war bisher selten, wenn nicht einma-

lig. Vielleicht haben Sie anfänglich gemeint, mir wäre nur der Zeitpunkt durcheinandergeraten, Felix Linden wäre nach und nicht vor dem Versuch, das Denkmal zu mißbrauchen, beim Retten einer Kirche ums Leben gekommen. Das Auferstehen meiner Ahnen zur Bewahrung des Denkmals vor Schande – mir ist es bislang nie in den Sinn gekommen. Dabei ist es eine schöne, um nicht zu sagen erhabene Idee. Je mehr ich darüber nachdenke, desto weniger schockiert es mich, für Minuten angenommen zu haben, sie wäre Wirklichkeit gewesen.
Nun fragen Sie, was von dem eben Erzählten nachweisbar ist. Hab ich Göring wirklich erwähnt? Er war nicht am Denkmal. Die Bunker sollten zur Fabrikation verwendet werden, das bestimmt, davon wurde geredet. Ob ich eine britische Bombe durch die Stadt gekarrt habe – sicherlich nicht zu diesem Zweck. Einen Meister Hallermann kannte ich, jeder wußte, daß er ausländische Arbeiter und Kriegsgefangene schlug. Serbische Juden arbeiteten in der Flugzeugfabrik in Thekla, nach dem Angriff hab ich ihre Leichen gesehen. Natürlich nutzen Sie jetzt die Gelegenheit, die Männer in den gelben Overalls zu erwähnen. Sie sind nicht nur in meiner Phantasie – Herr Doktor, warum ordnen Sie keinen Lokaltermin an, warum steigen wir nicht in die Krypta hinunter? Nein, nein, ich bin wieder halbwegs mobil. Ein leichter Druck hinter der Stirn ist geblieben, so selten ist er nicht. Also: Könnten wir nicht durch einen Besuch im Denkmal die Dauer unserer Sitzungen verkürzen? Ihren Satz kenne ich, die Herren jener nicht gern genannten Institution am Dittrichring gebrauchten ihn genüßlich: Wir haben Zeit. Ich bin Rentner und obendrein in dieser seltsamen Situation, die Sie Haft zu nennen sich weigern. Wie sollte ich keine Zeit haben?
Danke, die Pause hat mir gutgetan. Eine Tasse Kaffee – nun hab ich doch die Pillen geschluckt, die Sie durch die Schwester haben bringen lassen. Zur Stabilisierung des Kreislaufs

und der Herzfunktion, sagen Sie. Ob wir nun wieder von meiner Vision sprechen werden oder nicht: Sie wird mich gewiß lange nicht loslassen.
Bald danach erlebte Leipzig seinen ersten Tagesangriff. Amerikanische Bomber zerschlugen das Theklaer Jägerwerk mit seinen Hallen und Maschinen, mit Motoren und Tragflächen und Bordwaffen, mit halb- und dreiviertelfertigen Flugzeugen, mit dem Meister Hallermann, mit sowjetischen Gefangenen und deutschen Arbeitern und serbischen Juden. Es war ein Maßangriff aus einem kalten Himmel heraus. Der Hauptbahnhof bekam wie nebenbei etwas ab, und im Abdrehen setzte eine »Fliegende Festung« zwei Sprengbomben ins Wasserbecken vor dem Denkmal. Ich stand Wache am Bunkereingang und hörte das Pfeifen, rannte hinein und drückte mich an die Wand und hörte die Einschläge. Alle im Bunker waren verstummt, saßen reglos, fast ohne zu atmen. Mein Joachim hatte die Lippen zusammengepreßt, unkindlich wirkte das, er reagierte als Mann und war doch erst sieben. Beide Arme hatte er um sein Schwesterchen gelegt. Wenn ich Bildhauer wäre, würde ich so eine Gruppe modellieren. Mich wundert, daß es nicht versucht worden ist. Oder ich weiß es nur nicht.
Die Bomben hatten die Lehmschicht unter dem Becken aufgerissen, einen Tag später war alles Wasser versickert. Wieder rückten wir aus, um Blindgänger zu entschärfen, halfen Leichenträgern, einen Bunker zu räumen, dessen Decke durchschlagen worden war. Dort war es höllisch wie nach der Attacke Murats am ersten Tag der Völkerschlacht und wie vor Verdun, Körper lagen zerfetzt, zerstückelt, Därme mit Hirn vermischt, Kleidungsfetzen mit Blut getränkt. Wir legten in Holzkisten und bestreuten mit Kalk; als wir unsere Arbeit getan hatten, schlichen wir abseits, ein paar erbrachen sich. Schlimmer als mir konnte es Carl Friedrich Lindner in jener Sturmnacht vor der großen Schlacht nicht zumute gewesen sein, übler konnte Viktor Machulski zwischen

Douaumont und Fleury nicht gelitten haben. Mein Vater im Gasangriff an der Somme – ich habe das alles durchfühlt. Als Carl Friedrich Lindner als Gefangener an nackten Leichen der Franzosen vorübergetrieben wurde, denen christliche Plünderer ein Häufchen Erde auf die Brust gelegt hatten, war er am Ende aller Kraft wie ich nach dieser Arbeit in Thekla.
Wieder fuhren Leichenwagen zum Südfriedhof, diesmal hielt kein Oberbürgermeister die Rede, er konnte es wohl nicht nach jedem Angriff tun. Wenige Maschinen wurden geborgen, ein paar unbeschädigte Motoren in andere Werke gebracht, hier wurde die Produktion nicht wieder aufgenommen. Keine Veranlassung mehr, Maschinen in die Bunker unter dem Völkerschlachtdenkmal auszulagern. Die Benzinwerke um uns brannten, ein Tagesangriff verwüstete den Rangierbahnhof von Waren; ich sah die Detonationsblitze von der Brüstung des Denkmals aus. Meine traurigste Arbeit in diesen Wochen verrichtete ich in den Trümmern des Krystallpalastes. Vergeblich suchte ich nach einem VM im Putz; hier hatte ich Beifall geklatscht, wenn die Ringkämpfer einmarschiert waren. Die Alberthalle war ausgebrannt, wir sprengten die zerglühte Kuppel herunter. Das war keine Routinesache mit ein paar Kilo Donarit; an die fünfundzwanzig Ladungen brachten wir an und zündeten sie gleichzeitig. Stahl krachte, Pfeiler barsten, von Deutschlands größtem Vergnügungshaus blieb Schutt.
Hildrun schrieb aus Ostpreußen, ihr Mann müsse beim Bau von Panzergräben helfen. Ihre Pakete mit Schmalz und Mehl blieben aus. Kein Gedanke mehr, unsere Kinder ins friedliche Masuren zu schicken, im Gegenteil, meine Mutter machte sich Sorgen, wie wir Hildrun mit ihren Kindern im Notfall unterbringen könnten; Tante Erna bot sich an. Aber das lag ja, so hofften wir, alles noch in Ferne; an den Grenzen des Reichs würden die Russen bestimmt aufgehalten werden. Hildrun schrieb, sie wolle weg, dürfe aber nicht, denn wer

jetzt die Heimat verlasse, glaube nicht an den Endsieg. Wir schrieben zurück, bei Tante Erna sei Platz, wenn auch nicht viel Platz, und die Westvorstadt, im letzten Dezember arg gelichtet, würde wohl keinen Angriff mehr lohnen.
Von Hildrun, ihrem Mann und ihren Kindern hörten wir nie wieder etwas. Wohin meine Mutter nach dem Krieg auch schrieb, niemand konnte eine Auskunft geben, kein Dorfbewohner und keine Suchstelle. Verschollen, verbrannt oder erfroren.
Der Krieg ist fast vorbei, jeder wußte es, und verloren war er sowieso. Auf den Grünflächen ums Denkmal und auf den Wällen lagen in diesem März Frauen und Kinder schon am Vormittag in der Sonne, es war das zeitigst heiterste Frühjahr, auf das ich mich besinnen kann. Bei Voralarm flüchteten alle unter die Erde. Bei Vollalarm war jeder Platz besetzt. Wer zu spät kam, duckte sich hinter die Grabsteine. Wir gruben unsere Gärtchen um und säten Radieschen, pflanzten Kartoffeln und waren hinter jedem Pferdeapfel her. Das Milchgeschäft, in dem Marianne arbeitete, hatte nur noch drei Stunden am Tag geöffnet. Schon davon waren zweieinhalb Stunden vertrödelte Zeit.
Wir hofften, der Krieg würde für uns leise zu Ende gehen. Aber da wimmelten eines frühen Morgens schwarzgraue Gesellen am Denkmal, Waffen-SS, sie kamen zu einer Zeit, da die Leipziger in ihren Betten schliefen, um fünf, da keine Angriffe zu befürchten waren; die Nachtschicht der Briten war zu Ende, die Tagschicht der Amerikaner hatte noch nicht begonnen. Als ich gegen acht nach dem Rechten schauen wollte, brummten Lastautos die Zufahrt hinauf, Doppelposten mit Maschinenpistolen wachten an allen Wegen. Ich zeigte meinen Ausweis »Freiwilliger Selbstschutz Völkerschlachtdenkmal« vor, er machte wenig Eindruck. »Kampfgebiet«, bellte einer, und ich erwiderte: »Hier weiß keiner so genau Bescheid wie ich.« Da ging er, um seinen Vorgesetzten zu holen.

»Bin der Chef hier«, sagte ich schließlich zu einem Ritterkreuzträger.
»Fabelhaft«, er gab mir die Hand. »Da zeigen Sie mir mal alles. Der Chef bin jetzt übrigens ich.«
Wieder einmal führte ich. Die Betonmischung gab ich so mager an, daß jeder, der nur eine Spur vom Bauen verstand, sich gewundert hätte, daß das Denkmal nicht augenblicklich zusammensackte. Ich zeigte hinauf zu den Rundbogenfenstern: »Die halten nischt aus.«
»Alles klar«, sagte der Ritterkreuzträger, »ich erkläre Sie zum Verbindungsmann zur Zivilbevölkerung. Erläutern Sie die neue Lage. Hier hat sich's ausgeluftschutzt. An uns beißt sich der Ami die Zähne aus.«
In unserem Verschlag richtete sich ein Stab ein. Telefonstrippen wurden kreuz und quer gezogen, ich hörte eine Meldung vom Gipfelstein herunter; der Luftmeldeposten gab bekannt: Klare Sicht über die ganze Stadt. Ich legte meine Armbinde an; ich hoffte, sie gäbe mir ein wenig Autorität. Als ich ins Freie trat, sah ich Grüppchen von Leuten an der Reitzenhainer, die zerstreuten sich bald, sie merkten wohl selbst, daß sich die Lage geändert hatte und es gut war, sich nach einem anderen Schlupfwinkel umzusehen. Mit dem Ritterkreuzträger ging ich die Wälle entlang und erklärte ihm das System unserer Luftschächte. Auf der Fläche, die einmal das Wasserbecken gewesen war, hatte sich ein Heerlager eingerichtet. SS-Leute schliefen, andere stellten Zelte auf, Feuer qualmten. Vom Friedhof her schleppten SS-Männer Bündel von Zaunlatten an, ich sagte: »Wie vor der Völkerschlacht. Nur war damals das Wetter miserabel.« Der Ritterkreuzträger lachte. »Eine phantastische Anlage«, befand er, »wie bei einem alten Fort, wir brauchen bloß den Eingang da vorn abzuriegeln.« Unter diesem Gesichtspunkt hatte ich die Wälle noch nie gesehen. »Wie der Douaumont«, lenkte ich zögernd ein.
Auf dem Platz, wo jetzt Busse parken, standen zwei Acht-

acht-Geschütze mit Flaksoldaten und Hitlerjungen als Bedienung. Granaten wurden in die Totenbunker getragen. »Wäre nicht schlecht«, sagte der Ritterkreuzträger übergangslos, »Sie würden sich freiwillig zur Waffen-SS melden. Dann könnte ich Sie zum Kommandanten der umliegenden Straßen ernennen. Na?« Er schien Gefallen an seiner Idee zu finden. »Bin Feuerwehrmann«, sagte ich, »da kann ich leider nicht ohne weiteres weg.«
»Kriegen wir hin«, meinte er fröhlich. »Ich befördere Sie gegebenenfalls zum Untersturmführer. Können erst mal wegtreten. Um zwei melden Sie sich. Verstann?«
»Alles klar, Chef«, sagte ich. Da wurde er plötzlich ernst; er überlegte, ob ich ihn wohl für voll nahm.
Marianne hatte eine Suppe aus gequetschten Roggenkörnern gekocht, sie gewann ihren Geschmack durch gebräunte Zwiebel. Natürlich war von nichts anderem als der SS die Rede. »Ich gehe nie wieder hin«, sagte ich. Da fiel mir ein, daß ich nach dem Tod meines Vaters gelobt hatte, das Denkmal zu schützen. »Jedenfalls müßt ihr euch nach einem Luftschutzraum umsehen.«
»Und wenn wir uns auf den Feldern ein Loch graben?«
»Keine Panik, aber auch nicht warten, bis es zu spät ist.«
Als ich mich wieder zur Stelle melden wollte, erfuhr ich, der Ritterkreuzträger habe eine Erkundungsfahrt an den westlichen Stadtrand unternommen. Ich sah zu, wie immer mehr Vorräte ins Denkmal und in die Bunker geschafft wurden. Die Wälle waren von Schützenlöchern und MG-Stellungen gesprenkelt. Das Heerlager unten hatte sich geordnet, Zelte standen nun in Reihen, die Ecken waren von Vierlingsflak markiert. An einer Feldküche wurde Gulasch mit Makkaroni ausgegeben, ein SS-Mann bot mir Kochgeschirr und Löffel an, ich schlang das markenfreie Gericht und entsann mich der Nudelsuppe, die mein Vater ausgekellt hatte. Es mußte wohl erst knüppeldick in Deutschland kommen, bis der kleine Mann sich vollschlagen konnte.

Der Himmel blieb feindfrei, keine Jagdbomber hetzten den Ritterkreuzträger bei seiner Rückkehr. Neben ihm saß ein Zivilist – ich stellte erstaunt fest, daß ich gedacht hatte: Zivilist und nicht etwa: älterer Herr oder glatzköpfiger Beamtentyp. Der Ritterkreuzträger sah mich an, als müßte er überlegen, wer ich war. »Mein Baufachmann«, erläuterte er schließlich mit vorstellender Geste. »Mein historischer Berater, Herr Studienrat Bemmann.« Wir gaben uns die Hand, wobei wir uns verbeugten und murmelten: »Sehr angenehm«; es war schon komisch. Neben uns fiel zwei SS-Männern ein Karton aus den Händen, Konservenbüchsen rollten den Hang hinunter. Der Ritterkreuzträger musterte argwöhnisch einen Kondensstreifen, da flog wohl hoch oben ein »Mosquito«-Aufklärer. »Vielleicht werden jetzt die ersten Luftaufnahmen von der Festung Völkerschlachtdenkmal gemacht«, sagte er selbstbewußt. »Sie dürfen sich glücklich schätzen, mit auf dem Foto zu sein.«
Führer und Unterführer reckten den Arm und meldeten den Fortgang dieser und jener Arbeit. Munition und Verpflegung seien reichlich vorhanden, zwei Heerespanzer allerdings, die sich der Kampfgruppe hatten unterstellen sollen, aus unerfindlichen Gründen nicht eingetroffen. »Wenn wir die Burschen greifen«, verkündete der Ritterkreuzträger, »hängen wir sie da vorn an die Bäume. Achtzehn Uhr in der Krypta: alle Führer zum nationalpolitischen Schulungsabend! Volksgenosse Bemmann spricht. Er und Volksgenosse Linden werden in unsere Verpflegung aufgenommen. Wegtreten!«
Ich »faßte« ein halbes Brot, eine Büchse Blut- und eine Büchse Leberwurst, zehn Zigaretten, zwei Rollen Drops und eine Schachtel Scho-Ka-Kola. Als ich murmelte, ich hätte vier Kinder, bekam ich sechs Rollen Drops extra. Daheim deckte Marianne den Tisch wie im Frieden. Die meisten Drops hielt sie zum Süßen des Tees zurück. Wir aßen das Brot und die Leberwurst auf, danach war es Joachim beinahe

schlecht. Wenn er groß sei, ginge er zur Waffen-SS, versicherte er.
Zu Beginn des Schulungsabends sangen die Führer: »Wenn alle untreu werden, so bleiben wir doch treu«, ein Lied mit schwierigem Rhythmus. Die Führer hatten Decken und Zeltplanen mitgebracht und hockten zu Füßen der Giganten. Petroleumlampen funzelten, der Ritterkreuzträger verkündete, es dürfe geraucht werden. Bisher hatte das hier noch niemand gewagt.
Was ich dann hörte, war ein Hohelied auf Schädel und gekreuzte Knochen. Die Lützower als Vorläufer der SS, Theodor Körner ein früher Horst Wessel, das Denkmal als trutziges Zeichen heldischen Sterbens für die Idee des Reiches und des Volkes – die Akustik zwang Bemmann, langsam und getragen zu formulieren, und so geriet er in den Tonfall einer Predigt. »Der Füüührer«, sang er, »im Bunker der Reichskanzleuuui blickt auf die Kräääger, die hüüür zum letzten Kaaampf angetröööten süüünd.« Ein Untersturmführer warf mir eine Schachtel Zigaretten zu, ich bediente mich ohne Umschweife. »Aus Walhall blücken unsere Ahnen auf uns heruntääär, die hiiier Bluuut und Bodän unseres Vaterlands verteidigtööön.« Napoleon sei von Westen gekommen und dorthin zurückgetrieben worden, den Amerikanern würde es nicht anders ergehen. Am Gesicht des Ritterkreuzträgers sah ich, daß er mit dieser Auslegung zufrieden war.
Ich versuchte mir vorzustellen, was der Proletarier Machulski von all dem gehalten hätte; da sah ich ihn neben der Figur, die die Tapferkeit symbolisiert, an ihrer linken Wade lehnte er, ein Hosenbein mit Sicherheitsnadeln hochgesteckt, seine Unterarmstützen daneben. Seit er aus der Erde gebrochen und unter die Judenschinder gefahren war, hatte er offensichtlich seine Uniform in Ordnung gebracht und sich gewaschen. Ich hob die Zigarette und blickte ihn halb schuldbewußt an, er winkte ab; darauf kam es nun auch nicht mehr an. Während der Studienrat die Kamellen vom Blutsfa-

den vom Teutoburger Wald bis hierher abhaspelte, fand ich Zeit, die SS-Führer zu betrachten. Keiner außer dem Ritterkreuzträger war älter als fünfundzwanzig, sie hatten die Mützen verwegen gekniffen, jeder trug sie ein wenig anders nach einem besonderen Schick. Alle waren rasiert, adrett, sportlich, feine Jungs. Keiner ohne Eisernes Kreuz, zwei mit dem Deutschen Kreuz in Gold, die meisten mit Sturmabzeichen, Nahkampfspangen – ihre Großväter waren bei Mars la Tour geritten, die Väter hatten Fleury nicht gewonnen, die Ur-Ur-Großväter waren bei Stünz übergelaufen oder hatten das Grimmaische Tor gestürmt oder verteidigt. Nun schickten sie sich an, Helden zu werden.
Das Schlußwort des Ritterkreuzträgers war kurz: »An der Festung Völkerschlachtdenkmal werden sich die Feinde des Reiches die Zähne ausbeißen, ob sie von Ost oder West kommen. Es lebe der Führer!« Da sprangen alle auf und versteckten ihre glimmenden Zigaretten in der hohlen Hand. Sie sangen: »Was glänzt dort im Walde im Sohonnenschein, hör's näher und nähäher brausön.« Auch dieses Lied hat seine Tücken, der SS-Chor kam glänzend darüber hinweg. Dann schrie der Ritterkreuzträger, daß es bis zu den Reiterreliefs hinaufschallte: »Kammraden, wir sterben zusammen!« Ich dachte: Haupt bei Haupt.
Wir traten hinaus in einen milden, windstillen Abend und hörten die Amseln in den Friedhofsbäumen. Hinter Wolkenstreifen sank die Sonne, die Luft war so rein, wie sie niemals wieder über Leipzig sein wird. Kein Fabrikschornstein rauchte, kaum ein Auto fuhr, die Werke von Kulkwitz bis Leuna hatten die Feuer unter ihren Kesseln gelöscht. Die Stadt wartete auf den Feind, den Befreier. Zu den Totenwächtern blickte ich hinauf, sie waren rötlich überhaucht; nun würden die Toten wieder Nachwuchs bekommen. Blutopfer, ein alter Ausdruck. Haupt bei Haupt.
»Kommen Sie mal mit«, sagte der Ritterkreuzträger. Wir gingen zum Friedhof. Neben dem Weg waren Zickzackgrä-

ben ausgehoben, an einer Kurve wurde ein MG-Nest mit Balken und Steinplatten abgesteift. Es war kein so kunstvoller Bau wie der, den Vojciech am Lingekopf gemauert hatte; aus dem Feuerloch konnte ein Schütze die Baumkronen abstreichen und Gegner zwischen den Grabkreuzen niederhalten. »Ist ja an alles gedacht«, sagte ich in das Schweigen hinein. Die Wendung vom tödlichen Schweigen fiel mir ein, sie störte mich.

»Wir brauchen einen Stollen zum Friedhof. Wenn wir eingeschlossen sind, könnte ein Späher oder ein Verbindungsmann hinaus.«

»Klarer Fall, Chef.«

»Das heißt ab jetzt: Jawohl, Sturmbannführer.«

»Jawohl, Sturmbannführer.«

»Und wie am besten?«

Ich dachte nach und begann vorsichtig: »Wir müßten aus den Fundamenten heraus. Das haben wir bisher aus statischen Gründen vermieden. Aber wenn's nur ein schmaler Gang ist, kann nichts passieren.«

»Wieviel Mann brauchen Sie? Und wie lange wird das dauern?«

»Vier Mann von der einen, vier von der anderen Seite – vielleicht 'ne Woche?«

»Ich geb Ihnen zwei Tage.«

Der Zaun hatte viele Lücken, die Feuer der SS hatten Latten und Riegel verschlungen wie die Wachtfeuer der Völkerschlacht jeden Pfosten und jedes Brett weitum. Vor dem Grabmal der Familie v. Pussenkomm, deren Namen ich in der zunehmenden Dämmerung nicht entzifferte und wozu auch keine Veranlassung bestand, zeigte ich auf den Boden. »Soll der Gang hier rauskomm?« Mein Chef nickte.

Eine Viertelstunde später begannen dort zwei SS-Männer zu wühlen, zwei andere standen zur Ablösung bereit, wenn einem die Luft ausgehen sollte. Die Beleuchtung durch ein paar Petroleumlampen war spärlich, der Wind rauschte in

den Bäumen, schwarz stand das Denkmal. Die Erde wurde auf Karren gekippt und weggefahren, am Morgen wurden die ersten Rahmen zum Abstützen eingesetzt. Ein Bergmann von der Saar, jetzt Oberscharführer, avancierte zum Bauleiter, von da an hatte ich mit dem Vortreiben des Ganges von dieser Seite her nichts mehr zu tun.
Unten zwischen Pfeilern, so tief, wie niemals ein Besucher hinabsteigen darf, fällte ich eine Gewissensentscheidung. Dem Ritterkreuzträger eine Lücke zeigen, wo die Betonwand nicht stärker als zwei Meter ist, oder behaupten, überall sei sie zehn Meter dick und auch nicht in einer Woche mit einem Preßlufthammer zu durchstoßen – ich entschied mich für das erstere. Einem fliehenden Helden soll man goldene Brücken bauen. An einem Nebenpfeiler entdeckte ich ein VM im Beton; wenn mir jetzt Vojciech zugenickt hätte, wäre mir alles leichter gefallen. »Hier«, sagte ich. Der Ritterkreuzträger ritzte mit seinem Dolch ein Geviert von einem Meter Höhe und einem halben Meter Breite in die Wand. »Wenn du mich angeschissen hast«, versprach er, ohne die Stimme zu heben, sogar zu einem Lächeln fand er sich bereit, »wenn wir nicht nach zwei Metern in die Erde kommen, stelle ich dich an die Wand.« Eine halbe Stunde später begann hier ein Preßlufthammer zu rattern.
Um Mitternacht war ich endlich zu Hause. Am Morgen besuchte ich Mutter und brachte ihr ein halbes Brot und eine Büchse Jagdwurst. Alle Leute in Stötteritz, hörte ich, seien voller Angst: Wenn am Denkmal gekämpft würde, gingen auch ihre Häuser zu Bruch. Wer irgend könnte, hätte sich davongemacht, manche kampierten in Löchern auf freiem Feld. Ich sagte, dafür sei noch Zeit. »Laß mich nur machen«, ich wußte, wie wenig hinter meinen Worten stand.
Mittags ging ich wieder zum Denkmal hinauf. Der Wehrmachtsbericht meldete Kämpfe in der Nähe von Naumburg, im Thüringer Wald und südlich des Harzes. Die SS-Männer kalkulierten fachmännisch, wie lange die Panzerspitzen brau-

chen würden, ehe sie vor Leipzig auftauchten; mir schien, es hätte ihnen nichts ausgemacht, wenn der Kampf in der nächsten Stunde begonnen hätte. Ich las ihre Ärmelstreifen: »Prinz Eugen«, »Das Reich«, »Wiking«, vergeblich suchte ich nach Namen, die an die Völkerschlacht erinnerten; eine Division »Lützow« gab es wohl nicht. Die Besatzung war stärker geworden, Versprengte von vielerlei Heereseinheiten und Volkssturmmänner schanzten oder warteten vor den Feldküchen, sogar ein Trupp Matrosen, Panzerfäuste geschultert, zockelte durch den Park nördlich vom Friedhof. Dort sollte ein vorgeschobener Verteidigungsring gezogen werden, hörte ich. Die Festung wuchs. Am Stollen waren ständig zehn Männer eingesetzt, um Erde herauszuschaffen und wegzubringen. Der Bergmann von der Saar schrie, wenn er in der nächsten Stunde keine Balken zum Absteifen bekäme, könne er nicht weiter. Nicht weit davon wurden Gräben in den Friedhof vorgeschoben, sie zackten über die Rasenflächen und die Wege entlang und mieden die Gräber. Die Bäume darüber standen in leuchtendem Grün, Meisen zwitscherten, zwanzig Meter vor den schippenden Soldaten befreiten zwei alte Frauen die Gräber ihrer Lieben vom Herbstlaub. Am Nordtor war ein Blumenladen geöffnet, Birkenzweige, Stiefmütterchenpflanzen und Torfmull wurden verkauft. Davor parkte ein Tigerpanzer unter einem Tarnnetz, an die Bäume gedrückt. In der Stube hinter dem Laden saßen die Panzersoldaten und wärmten Wehrmachtskonservensuppe auf dem kleinen Herd.
Ich faßte meine Tagesration; eine Büchse Schweinefleisch und ein Glas mit Heidelbeeren waren dabei. Auf der Preußenstraße flanierten Studienrat Bemmann und Fürchtegott von Lindenau in angeregtem Gespräch, historische Parallelen wurden gewiß gezogen. Fürchtegott trug einen Landsermantel ohne Rangabzeichen und ohne Koppel, allerdings mit einer Armbinde des Volkssturms; an der Art, wie er einen italienischen Kárabiner umgehängt hatte, erkannte ich seine

mangelnde Erfahrung auf diesem Gebiet. Da heulten die Sirenen zum Vollalarm auf, im Süden rumste Flak, Soldaten rannten an ihre Geschütze. Ich stieg vorsichtshalber in die Krypta hinunter. Die Fundamentwand war durchstoßen, auch hier wurde Erde herausgetragen, Schutt aus den Baujahren des Denkmals, Ziegelsplitt dabei. Der Ritterkreuzträger begrüßte mich vergnügt: »Alles in Butter. Ihr Glück übrigens!«

»Wird 'ne schöne Festung«, bestätigte ich. Seine Männer schufteten schweißtriefend. »Wir stützen mit allem ab, was wir finden«, sagte der Ritterkreuzträger, »mit Gehwegplatten, sogar mit Karabinern. Gebt mir zwei Tage Zeit, und ihr werdet diesen Gang nicht wiedererkennen«, parodierte er seinen Führer. Die Flak feuerte, die Erschütterung wirkte bis zu uns hinunter. Ich sagte: »Brauchen Sie mich eigentlich noch? In meiner Feuerwache werden sie langsam unruhig.«

»Sie sind mein unersetzlicher Fachmann. Übrigens: Wollen Sie sich nicht endlich freiwillig zur Waffen-SS melden?«

»Zu Führers Geburtstag bestimmt.« Das war in fünf Tagen. Da blickte der Ritterkreuzträger so, als wollte er auf mich schießen.

Dann heulten die Sirenen zum Daueralarm. Wir hatten in der Zeitung gelesen, was das bedeutet: Jetzt mußte jeden Augenblick mit Angriffen gerechnet werden, die Warnzeiten waren zu kurz, wir waren Front. Dieser Alarm schloß den Panzeralarm ein.

Von da an herrschte Ruhe ums Denkmal, keine Lastautos schleppten mehr Knäckebrot und Scho-Ka-Kola, Schnaps und Konserven heran. Die Soldaten gruben tiefer, sprachen leiser, rauchten hastiger, um ihre Mundwinkel spannte die Haut. Wieder ging ich die Schönbach hinunter und brachte meinen Leuten zwei Drittel meiner Ration. Mutter war zu uns gekommen, sie meinte, jetzt sei es besser, die Familie bliebe beisammen. Mir schoß wider Absicht der verfluchte

Satz des Ritterkreuzträgers durchs Hirn: »Wir sterben zusammen.« Haupt bei Haupt, die Fahne ist mehr als... Ich schüttelte diese Gedanken ab. »In zwei Tagen ist alles vorbei.« So oder so.
Auch dieser Tag war sonnig, windstill, blau der Himmel, grün das Gras. Die Birken zeigten einen gelben Schimmer, es begann die Zeit des Seidelbasts, der Weidenkätzchen und der ersten Bienen. Der Abend war samten zum Verlieben. Vom Westen drang Grollen vor; ob von Bomben oder Kanonen, das mochten auch kampferfahrene SS-Ohren nicht mit Sicherheit entscheiden. Konserven wurden ausgegeben an jedermann. Ich füllte meinen Beutel mit jungen Erbsen, stellte einen Teil beiseite, um weiße Bohnen zu hamstern, tauschte schließlich abermals aus, als Cornedbeef geboten wurde. Büchse auf Büchse wurde in stiller Runde leergelöffelt, die Zigaretten gingen nicht aus, die Korn- und Kümmelflaschen kreisten. Ich hörte Gesprächsfetzen: Wohin denn noch zurück? Ob Iwan oder Ami, uns schlagen beide tot.
Ich schlief auf einer Bunkerpritsche ein paar Stunden, dann stieg ich in die Krypta und kam gerade zurecht, als Gebrüll aus dem Gang drang: Die beiden Stollen waren aufeinandergetroffen. »Ihr Glück«, sagte der Ritterkreuzträger abermals zu mir, als wäre ich eine Geisel für den Erfolg gewesen. Als es dämmrig wurde, meldete der Posten vom Gipfelstein, am Westrand der Stadt sei Mündungsfeuer aufgeblitzt, dort würde um Panzersperren gekämpft. Aber dann hörte alles Schießen auf, aus den Vororten telefonierten Spähposten von Münzfernsprechern aus, weiße Tücher hingen an den Häusern, Frauen zögen ihre Männer vom Volkssturm nach Hause, Flugblätter eines Komitees Freies Deutschland seien aufgetaucht, mit einem Wort: Die Stadt kapitulierte.
Gegen Mittag fühlten Sherman-Panzer von Connewitz her vor. Immerzu hingen Aufklärungsmaschinen über uns. Kampflärm von Süden: Da wurde wohl eine Flakbatterie ge-

metzelt. Als dort alles vorbei war, lag wieder Ruhe über der Stadt, hin und wieder von Panzergebrumm unterbrochen. Am Grab der Familie v. Pussenkomm wurde das Tunnelloch sorgsam getarnt. Ich hockte neben dem Ritterkreuzträger in einem Graben auf dem Damm darüber, er sagte: »Linden, Sie bleiben hier, bis ich Sie holen lasse. Alles klar?«
Ich legte den Nacken auf den Rand meines Loches und streckte das Gesicht zur Sonne, ließ mich bräunen und gedachte des Regens und Sturms vor der Völkerschlacht, des diesigen Winterhimmels nach dem Brand im Dezember 1943. Die SS-Männer nahebei hatten Gras und Zweige unter die Tarnnetze ihrer Helme gesteckt, ich dachte: Warum nicht ein Veilchenstrauß ins Knopfloch?
Wir merkten es am Panzergebrumm vom VfB-Stadion her, daß wir im weiten Bogen eingeschlossen wurden. Jetzt hingen auch in Stötteritz weiße Tücher aus den Fenstern, ein wütender Unterscharführer knallte ein paar Feuerstöße hinüber. Ich vermutete, daß jetzt auch um den Weißeplatz der Krieg zu Ende gehen müßte, die Leute kamen aus den Kellern und lächelten in die Sonne. Keine Bomben mehr, keine Jabos, endlich war der Krieg verloren. Ich hätte mich gern mit Fürchtegott über die Gefühle der geschlagenen Sachsen von 1813 unterhalten und nach dem Anteil des Glücks in der Stimmungslage des Besiegten gesucht, aber weder Fürchtegott noch der Studienrat waren zu sehen. Eine Detonation unter dem Gipfelstein, Trümmer polterten, bester Granit aus Beucha war von einer Panzergranate gesplittert worden. Da erloschen die Zigaretten in den Mundwinkeln der SS-Männer, nur noch einen Spalt ließen sie zwischen Helmrand und Deckung, durch diesen Zentimeter spähten sie, wie sie es gelernt und tausendmal praktiziert hatten, sie überprüften noch einmal die Einstellung der Visiere an den MG und Maschinenpistolen und langten nach den Panzerfäusten. Aber die Attacke blieb aus, Murat trieb seine Elitereiter nicht nach vorn, nicht ein zweites Mal wurde um Probstheida gefoch-

ten, bis kein Stein auf dem anderen blieb. Die Amerikaner schickten in Marienbrunn die Bewohner aus den Häusern und legten sich in die Betten, fröhliche Neger verschenkten Schokolade und Kaugummi an verschreckte deutsche Kinder, Offiziere achteten penibel darauf, daß hundert Liter beste Fleischsuppe, von den GIs verschmäht, in den Gully geschüttet wurden. Nachkrieg schon in Schleußig, Holzhausen und Meusdorf, ehe sich die Panzer am nächsten Morgen in Richtung Naunhof, Grimma und Colditz auf die Ketten machten – treu und trutzig harrte die Festung Völkerschlachtdenkmal, unbehelligt geblieben nach dem ersten Schuß.
Der Ritterkreuzträger holte mich in der Abenddämmerung. Er hob den Kopf über den Damm und winkte mir zu. Ich robbte aus meinem Loch und ließ mich über die Kante rollen, das hatte ich nicht eigentlich gelernt, aber es ergab sich so. Ich folgte ihm ins Denkmal und in die Krypta hinunter. Hinter der Statue des Opferwilligen kramte er eine Packtasche hervor. »Spähtrupp, wir beide. Alles klar?«
»Selbstverständlich, Obersturmbannführer.« Wir bückten uns in den Gang, im Schein der Taschenlampe sah ich die Steinplatten, Balken und Karabiner, mit denen er abgestützt war. Die Deckplatte schoben wir mit gemeinsamer Anstrengung beiseite und hoben die Köpfe sachte; nichts regte sich. »Beobachten Sie!« flüsterte der Ritterkreuzträger. Hinter mir hörte ich es rascheln, er zog sich um. »Prima Schlosseranzug«, sagte er, »damit kommen wir durch. Wir schleichen uns zu Ihrer Wohnung, dann sehen wir weiter.«
»Die Maschinenpistole?«
»Behalt ich für alle Fälle.«
Da wollte also einer durchaus weiterleben, da erging es jemandem nicht anders als Carl Friedrich Linden vor hundertzweiunddreißig Jahren, da kratzte einer die Kurve, wollte weder mit anderen zusammen noch überhaupt sterben, da hielt es ein mittlerer SS-Führer nicht anders als sein Reichs-

bonze. Aber vielleicht starb ich mit ihm, wenn wir nicht durchkamen, wie er es sich vorgestellt hatte – mir blieb keine Zeit, das alles zu Ende zu denken.
Er kletterte aus dem Loch. Wir schoben die Deckplatte wieder auf und schlichen zwischen Gräbern hindurch aufs Krematorium zu. Die Nacht war mäßig hell und sehr still, für den Großteil der Stadt die erste Friedensnacht. Mir schoß vielerlei durch den Kopf: mich mit einem Sprung zwischen Gräber hinein davonmachen, mich auf den Kerl stürzen und ihn entwaffnen – ein alter Ringer vergißt die wichtigsten Griffe nicht. Wie würden die Straßen nach Stötteritz hinunter gesichert sein?
»Sie gehen voran«, flüsterte er, als ob er meine Gedanken geahnt hätte.
Vor dem Krematorium bog ich nach links und strich an den Rhododendronbüschen am Teich entlang. In der Nähe des Stadions wollte ich versuchen, aus dem Friedhof herauszukommen, dahinter lagen Einfamilienhäuser und Gärten, über Probstheida war es vielleicht möglich, einen Bogen nach Stötteritz zu schlagen. Der SS-Führer in unserer Wohnung – ein angstmachender Gedanke, aber zunächst war mir die Maschinenpistole im Rücken näher. »Keine Zicken!« Der Mann brauchte sich nicht zu wiederholen.
Lautlos gingen wir über kurzes Gras, knirschend über die Wege. Kurze Zeit verlor ich die Orientierung im Gräbergewirr, dann trat ich auf die Fläche hinaus, auf der die Architekten der Totenburgen auf den Bäuchen gelegen hatten und auf der die Bombenopfer beigesetzt waren. Auf einmal ging alles blitzschnell, seitlich sah ich im äußersten Winkel meines Blickfeldes eine Gestalt, riß den Kopf herum, Mündungsfeuer blitzte, ich warf mich hin, sprang sofort auf und rannte im Zickzack fort, warf mich wieder, blieb keuchend liegen und hörte eine Stimme, unverwechselbar die Stimme meines Vaters: »Freedi!«
Ich stand auf, alle Furcht war gewichen. Ich ging halb tau-

melnd zurück. Da lag der Ritterkreuzträger auf dem Gesicht, die Mütze war ihm zur Seite gefallen, sein Hinterkopf eine blutige Masse. Ich schaute dorthin, wo die Gestalt gestanden hatte, da waren nur schemenhaft Bäume, Büsche. Wieder rannte ich, stolperte über Grabhügel, blieb in Efeugerank hängen und stürzte, schwankte weiter und blieb endlich liegen, bis mein Atem ruhiger ging, kroch unter ein Gebüsch, zog die Beine an den Leib, spürte ein Zittern über den Rükken laufen und wußte schon nicht mehr, ob ich die Stimme meines Vaters wirklich gehört hatte oder ob alles eine Halluzination gewesen war.
Zwei Amerikaner stöberten mich am Morgen auf. Sie schrien auf mich ein, als müßten sie sich selbst Mut machen. Ich stand mit erhobenen Händen, während sie mich abtasteten. Dann mußte ich die Hände ein wenig herunternehmen, damit mir einer die Armbanduhr abnehmen konnte, der andere entschädigte sich durch meinen Ehering. »Du SS?« Ich verneinte mit heftigem Kopfschütteln. Sie stießen mich aus dem Friedhof, mir war dabei wichtig, daß wir nicht vom Gipfelstein gesehen werden konnten, MG-Feuer von dort hätte mir gerade noch gefehlt. Mir war leicht ums Herz, ich genoß das Glück des Geschlagenen, des Reumütigen, Waffen- und Fahnenlosen, alle Entscheidung war mir abgenommen, ich würde nicht eines Talers wegen erschlagen werden, war Mensch mit brüderlichem Willen. Ich wendete den Kopf und schaute meine Bewacher freudig an, sie waren immer noch Soldaten, arme Schweine, und ich war ein harmloser Zivilist, der kein Wässerchen je getrübt hatte, man würde mich zu Weib und Kindern in die Weißestraße schicken, kein Zweifel. Nun konnte es nur noch aufwärtsgehen.
Auf einem Nebenfeld des VfB-Stadions fand ich mich in einem rasch eingerichteten Gefangenenlager wieder; Wehrmachtsoldaten, Hitlerjungen, Rotkreuzschwestern, auch Eisenbahner hockten auf der Erde, immer kamen neue hinzu. SS-Männer wurden aus dem Friedhof geprügelt – hatten sie

zur Festung gehört und waren entwichen wie ihr Befehlshaber? Ich machte mich an einen Amerikaner heran, den ich für einen Offizier hielt. »Ich Feuerwehrmann«, sagte ich mehrfach und suchte nach einer Geste, die das verdeutlichen sollte; ich tat, als hielte ich einen Schlauch in den Händen, fühlte mich gar versucht, das Zischen des Wassers lautmalerisch nachzuahmen. »Von Arbeit«, sagte ich, »ich eben von Arbeit gekommen.« Warum war keiner von Katzensteins Söhnen nach den USA ausgewandert und jetzt als Offizier oder wenigstens Dolmetscher zurückgekehrt?
»Jacke aus, Hemd aus!« Ich mußte den linken Arm heben, und als darunter kein Blutgruppenzeichen der Waffen-SS zu finden war, durfte ich mich wieder anziehen. »Nach Hause«, sagte der Offizier. Und ich erwiderte artig: »Haben Sie vielen Dank! Haben Sie recht vielen Dank!«
Zwischen Friedhof und Stadion strich ich entlang, an Jeeps und Soldaten, Lastwagen und Panzern vorbei, dabei äugte ich durch Baum- und Häuserlücken zum Denkmal, die Narbe unter dem Gipfelstein war deutlich zu erkennen. Hinter dem Gewächshaus einer Gärtnerei stand ein Geschütz, das Rohr aufs Denkmal gerichtet. Amerikaner knieten daneben, zwischen ihnen bückte sich ein Mann auf Unterarmkrücken, ein Hosenbein hatte er mit Sicherheitsnadeln hochgesteckt. Auf der Glasscheibe eines Frühbeets lag ein Plan, der Einbeinige zeigte erklärend darauf und zum Denkmal hin und wieder auf den Plan. Es schien keine Verständnisschwierigkeiten zu geben; vielleicht war es wirklich ein Sohn Katzensteins, der hier mit Vojciech Machulski sprach. Die Südseite des Klotzes vor ihnen lag im Sonnenschein, das Rundbogenfenster wuchs hinter den Linsen des Fernglases, durch das sie abwechselnd blickten.
Jetzt bloß nicht das geringste Interesse an Militärischem zeigen! Ich war Zivilist, harmlos bis in die Knochen, ich wußte gar nicht, was eine Kanone war. Am liebsten hätte ich einen Rechen geschultert und wäre als friedfertiger Gärtner, ein

Liedchen summend, durch die Straßen gezogen, vor den Herren Offizieren den Hut ziehend. Inzwischen war es wohl Mittag, vielleicht kam ich zurecht, wenn Marianne ihre Suppe aus kräftigen Kriegskonserven auftischte. Ein rundum glücklicher Sachse war ich, total besiegt und weder fähig noch verpflichtet, etwa unter einem General Thielmann die Seite zu wechseln und jemanden zu verfolgen, die flüchtende SS etwa bis Torgau oder Mittweida. Der friedfertigste Sachse ist immer ein geschlagener Sachse.
Als ich die Naundorfer querte, krachte hinter mir ein Schuß; eine Granate zertrümmerte einen Streb des südlichen Bogenfensters, ließ Granit bersten und Glas in die Krypta regnen. Eine zweite Granate suchte und fand die Öffnung, eine Nebelgranate, die mit grauen, stinkenden Schwaden die Wölbung zu füllen begann. Da hielt es die Verteidiger nicht mehr, ihre Gasmasken hatten sie ja, um schneller laufen zu können, in der Normandie, bei Remagen oder in Thüringen längst weggeworfen, jetzt drängten sie mit erhobenen Händen ins Freie, hustend und spuckend, unter ihnen Studienrat Bemmann, der sich keineswegs schämte, daß nun die Ahnen aus Walhall auch ihn fliehen sahen. Diese beiden Granaten machten der Festung Völkerschlachtdenkmal den Garaus. Auf dem Gipfelstein wurde ein weißer Lappen geschwenkt, vielleicht ein Hemd. Die Kunde von der Kapitulation flog durch alle Gänge, wurde erleichtert weitergegeben, blinzelnd strömten SS und Wehrmacht, Volkssturm und geringere NS-Chargen ins Freie.
Woher ich das weiß? Weil es so gewesen sein muß. Man muß nicht überall dabeigewesen sein, um es sich vorstellen zu können. Das Wort Phantasie, das Sie eben vorschlagen, erscheint mir beinahe hochtrabend für diesen simplen Vorgang. Ist denn Erinnerung etwas anderes als ständig neu produzierte Vorstellung?
Pünktlich um zwölf setzten wir uns an den Tisch und aßen die von mir vermutete Suppe. Wir redeten leise und glück-

lich dabei. »Nun wird sich auch Hildrun bald melden«, sagte Mutter. Unten rasselte ein amerikanischer Panzer vorbei, Joachim stürzte ans Fenster. Die Drops der SS waren vergessen, der erste Kaugummi seines Lebens klebte unter dem Stuhl.

9. KAPITEL

Wie war's nach dem Krieg?

Allmählich hab ich mich hier eingelebt. Übers Essen klagte ich ja nie, die Schwestern sind freundlich. Einer mußte ich beibringen, daß ich es nicht schätze, »Opa« genannt zu werden: »Für Sie immer noch Herr Linden!« Reichlich steif, zugegeben. Aber es hat gewirkt. Wenn ich nachts Licht mache, um ein Glas Waser zu holen, warte ich, bis die Kakerlaken unterm Waschbecken davongehuscht sind. Scheußlich, dieses Knistern und Knacken, wenn das Panzerchen unter dem Pantoffel bricht. Nein, Besuch möcht ich nicht. Wenn Marianne noch lebte, vielleicht. Joachim fände gewiß nicht den richtigen Ton; und wo ist er überhaupt? Meiner Tochter Erika sollte man die weite Reise nicht zumuten. Ihr zittern jedesmal an der Grenze die Hände, nun Besuch in einer Art Verwahranstalt? Gelegentlich werde ich ihr schreiben.
Gut, daß wir unser Gespräch stets am Vormittag beginnen, da kann ich mich am besten konzentrieren. Das meiste, von dem ich erzähle, hat sich nur zwei oder drei Kilometer entfernt abgespielt. Ich kann hinüberfühlen. Gelegentlich sollten wir wieder einen Spaziergang machen, damit ich das Denkmal wenigstens aus einiger Entfernung sehe. Einen Lokaltermin hab ich Ihnen ja oft genug vorgeschlagen.
Die SS war gerade aus den letzten Löchern gekrochen, Amerikaner hatten die Maschinengewehre unter Hallo vom Gipfelstein geschmissen, die Fla-Kanonen waren abgeschleppt worden, da fuhr ich mit einem Feuerwehrfahrzeug vor. Vom Leiter unserer Wache hatte ich einen Zettel tippen lassen, der uns als Blindgängerbergungstrupp auswies. Vor einem Haufen Gewehren, Maschinenpistolen, Handgranaten und Munitionskisten wachte ein amerikanischer Posten, ihn

grüßte ich halbmilitärisch, zeigte auf mein Papier, das Denkmal und mich, er zuckte die Schultern und machte eine ausholende Handbewegung. Wir gingen am Becken entlang, kein Wasser war darin, dafür Kriegsabfall, Zeltplanen, Kochgeschirre, Decken – ich mußte meine Leute zurückhalten, damit sie nicht schon hier zu bergen begannen. Von vorn sah ich meinem Brocken keine Veränderung an. Alle Türen standen offen. Auch hier keine Amerikaner und niemand sonst, die Sonne wärmte durch die Bresche an der Südseite Heldenfiguren, Steintrümmer, leere Konservenbüchsen und Kackhaufen, die die SS panisch abgesetzt hatte. Ein begrenztes Chaos, man würde damit fertigwerden. Wir begannen zu wühlen, schließlich hatte damals alles seinen Wert, jeder Rucksack, jede Zeltplane, ich lüftete einen Karton mit Marmeladegläsern und mahnte: »Keine Gier, Leute, wir werden alles gerecht teilen!«
Der Eingang des Stollens, den die SS gebrochen hatte, war leidlich getarnt. Ich warf einen Seitenblick dorthin; Steinbrocken waren aufgeschichtet, Gehwegplatten davorgelehnt, wer sich hier nicht auskannte, schöpfte keinen Verdacht. So beteiligte ich mich weiter am Suchen, wir fanden MP-Magazine, auch eine Panzerfaust ohne Zünder, die legten wir vorn neben dem Posten auf den großen Haufen. Danach probierten wir Stiefel, boten uns gegenseitig großzügig Wattehosen und Felljacken an, ich entschied mich für einen Wintermantel mit Runen und Sternen; den schwarzen Kragen würde Marianne schon wegkriegen. Unterhemden und Socken, Büchsen mit italienischem Tomatenmark – reichbeladen machten wir uns davon. An der Tür trafen wir eine Frau, die mit Schlüsseln klapperte – die erste Wärterin war zurückgekehrt. »Gut, daß Sie abschließen«, lobte ich. »Ich komme noch mal wieder. Muß alles nach Sprengladungen absuchen. Daß mir keiner runtergeht!«
»Werd schon aufpassen, Herr Linden.« Eine namenlose Aktivistin der frühesten Stunde.

Am Nachmittag hatte ich mein Reich für mich. Ich wuchtete die Platten beiseite, schob Quader weg und kroch in den Stollen. Links am Pfeiler: ein VM im Stampfbeton. In einer Nische waren Konserven gestapelt, auch Handgranaten und Infanteriemunition, Kartons mit Zigaretten, hier ruhte ein Schatz, wertvoll wie Gold; dabei war der Schwarzmarkt noch gar nicht so recht in Gang gekommen. Nicht viele wußten von diesem Stollen, sein Initiator war tot, die anderen wurden vielleicht gerade jetzt auf Lastwagen getrieben und von siegestollen Fahrern westwärts gekarrt. Ich dachte zum erstenmal: *mein* Gang.

Ich verstellte den Einstieg wieder, am nächsten Tag mauerte ich ihn zu, verputzte und kratzte meine Initialen hinein: F. L. Davor schichtete ich Platten auf, wendete dabei Hebelgesetze an wie Vojciech in der Westvorstadt. Gelernt ist gelernt. Dann sagte ich der Wärterin, das Betreten der Krypta sei nun gefahrlos, sie könne sich ans Aufräumen machen. Der Ausgang zum Friedhof hin war sauber verschlossen und getarnt. Mir blies der Wind nicht ins Gesicht, allenfalls den Zigaretten mochte Feuchtigkeit schaden. Jetzt erst einmal fort, um keinen Argwohn zu erregen – meine Zeit würde noch kommen.

Die Amerikaner veränderten die Struktur von Polizei und Feuerwehr nicht, alle Nazis blieben im Amt. Unser erster Einsatzbefehl: Räumen einer zerschossenen Flakstellung bei Böhlen. Das Bild dort war grauenhaft: Artillerie und Tiefflieger hatten die Stellung, wie man sich damals ausdrückte, »zur Sau gemacht«. Wir zogen Leichen von Flaksoldaten und Hitlerjungen heraus, es war nicht anders als nach dem Angriff auf die Flugzeugfabrik vor einem Jahr, nur hatten die Toten seit Tagen in der Sonne gelegen. Wir arbeiteten mit nassen Tüchern um Mund und Nase und ohne Schnapsration, taumelten beiseite, atmeten durch und schufteten weiter bis zur Erschöpfung. Die Amerikaner standen rauchend in bequemer Entfernung. Eines Tages wurde der Leiter un-

serer Feuerwache von Militärpolizisten abgeführt. Natürlich war er NSDAP-Mitglied gewesen. Jahre später hörte ich, er sei zum Chef der Feuerwehr in einer süddeutschen Großstadt avanciert. Die Amerikaner rückten ab, die Sowjetarmee besetzte beinahe unauffällig die Stadt. Sprit für unsere Fahrzeuge wurde knapp, auch bekamen wir sofort einen neuen Leiter.
In diesem Sommer schütteten wir die Luftschutzbunker zu, vorher klopften wir Stützbalken und Bretter heraus, wir würden sie zum Heizen brauchen. Ich sorgte dafür, daß Trümmerschutt und Erde festgestampft wurden, damit nicht hinter uns die Dämme einsackten. Das alles ging rascher, hastiger voran als das Ausschachten vor einigen Jahren, wir wollten wohl mit den Bunkern Erinnerung an den Krieg tilgen.
Wieder führte ich Gäste, diesmal Offiziere und Soldaten der Sowjetarmee. Wenige sprachen gebrochen deutsch, meist waren Dolmetscher dabei. Ich ertappte mich, wie ich immer mehr von den Russen in der Völkerschlacht als von Österreichern und Franzosen redete, die Preußen erwähnte ich nur am Rande, die Sachsen überhaupt nicht. Die Offiziere trugen ordenbestückte Feldblusen und Stiefel mit flachen Absätzen, in der Halle nahmen sie die Mützen ab wie in einer Kirche. Die Russen hätten hier sämtliche übrigen Europäer vernichtend geschlagen, auf diese These verkürzte ich meinen Vortrag nach und nach.
In den ersten Junitagen, früh um vier, als alles still war, stieg ich durch die Gruft der Familie v. Pussenkomm in den Stollen ein. Einen Beutel und meine Aktentasche hatte ich mitgebracht, ich füllte sie mit Zigaretten, Scho-Ka-Kola und Fleischbüchsen. Mich fröstelte nicht nur vor Kälte. Ich tastete mich in Vergangenheit hinab; daß sie erst einen Monat alt war, spielte keine Rolle. Die Karabiner, mit denen der Gang abgestützt war, die Zeltplanen der SS, ein Koppel mit Schloß, eine Packtasche – darüber glitt der Schein meiner

Taschenlampe hin. Gier packte mich, die gegen den Wunsch anstritt, so schnell wie möglich hinauszukommen. Ich stopfte die Taschen voll, lauschte – tappten da Schritte? Ein Schlurfen weiter zum Denkmal hin? Mach dich nicht lächerlich, sagte ich mir, Angst hat dir einen Streich gespielt, als du in der letzten Kampfnacht meintest, die Stimme deines Vaters zu hören. Und Vojciech neben der Kanone – Ausgeburten furchtvoller Phantasie. Vielleicht nagten Ratten am Blech einer Konservenbüchse, Wasser tropfte von den Karabinern. Dennoch atmete ich auf, als ich wieder draußen war und die Grabplatte aufgeschoben hatte. Ein Spähblick in die Runde – ein Eichhörnchen, eine Amsel. Durch eine Zaunlücke machte ich mich davon und die Schönbach hinunter.
Ich bin kein findiger, windiger Schwarzhändler gewesen. Marianne verscheuerte die Zigaretten unter der Hand in ihrem Milchgeschäft oder tauschte sie gegen Brot. Ich mußte Mutter unterstützen; sie pflegte Tante Machul, die an offenen Beinen litt und für die es keine Medikamente gab. Als Feuerwehrmann war ich zur Schwerarbeiterkarte mit dreißig Gramm Fett am Tag berechtigt, die hielt uns einigermaßen über Wasser. Wieder stieg ich in den Gang und kam mit Schmalzfleisch, Marmelade und Erbswurstpulver zurück, wir kochten eine großartige Suppe, von der Mutter ein Töpfchen zu Tante Machul trug. Kratzige, feldgrüne Unterhosen, im Bündel geborgen, tauschte Marianne bei einem Bauern gegen Roggen. Andere Familien litten wie nach der Völkerschlacht, sie kochten Brennesselsuppe, machten Jagd auf Katzen und Vögel. Alte Menschen starben an Unterkühlung in klammen Betten, manche brachte ein Schnupfen um. Aber alle wußten, die Not würde vorübergehen, und dann müßte ein unvergleichlicher Aufschwung folgen, das Denkmal würde in den ewigen Frieden hineinragen – darin bestärkten wir uns, während wir das Gras auf den Dämmen für unsere Karnickel sichelten.
Eines Nachmittags ölten wir Schlösser, zwei Frauen und ich,

und unterhielten uns darüber, daß nun die Reitzenhainer und die Preußen in Leninstraße umbenannt worden waren. In der Zeitung hatten wir gelesen, alle Kriegsdenkmäler sollten beseitigt werden; das metallne Monstrum auf dem Markt, das an Leipzig-ein-und-Leipzig erinnerte, sei schon eingeschmolzen worden. »Unsrn Glotz wärn se nischt dun«, befand eine der Frauen und stieg auf eine Leiter, um Dreck von den Türen zu wischen.
Zwei Männer stapften herauf, sie trugen Parteiabzeichen und Aktentaschen. Vom Kulturamt der Stadt seien sie geschickt worden, um eine Bestandsaufnahme vorzunehmen. Eine Frau spaßte: »Der Bestand sin mir«; die Genossen lächelten. Das Denkmal müsse geschlossen werden, meinten sie, bis eine Konzeption für die Führung erarbeitet sei. Wer das tun solle, fragte ich; da zuckten sie die Schultern. Sie waren noch nicht fort, als sowjetische Offiziere eintraten, da hielt ich meinen kleinen Vortrag wie gewohnt. Die Namen russischer Generäle zählte ich auf und wies gen Westen: Dorthin war Napoleon geflüchtet, die Kosaken auf den Fersen. Nicht besser als Hitler war es dem Korsen ergangen – wenn ich einen Satz beendet hatte, blickte ich einem der Offiziere in die Augen und unterstrich meine Ausführungen: »Du verstehn?« Da registrierte ich Nicken und Einverständnis; am Ende wurde ich mit »Papyrossi« entlohnt. Als die Offiziere gegangen waren, fragten die Genossen vom Kulturamt, wer denn diese Konzeption erarbeitet und genehmigt habe. »Sauberer proletarisch-progressiver Geschichtsinstinkt«, murmelte einer. Dann fragte er mich unvermittelt, ob ich vielleicht, es gäbe ja Zufälle, wisse, wo Lenin 1905 eine bestimmte Zeitung habe drucken lassen, die ›Iskra‹, in Probstheida oder Stötteritz vielleicht? Ich sagte, ich wolle mal rumhorchen, vergaß es aber bald.
Das Völkerschlachtdenkmal wurde natürlich nicht abgerissen, wer hätte das auch tun sollen. Ein paar Männer aus dem ehemaligen »Selbstschutz«, Pförtner und ihre Frauen und

ich schlossen das Loch an der Südseite mit Balken und Brettern aus den Bunkern. Ein Schild: »Aus technischen Gründen geschlossen« hing an der Tür.
Niemals behandelten die Leipziger ihr Wahrzeichen schofler als in dieser Zeit. Sie schämten sich seiner, ich könnte auch sagen: Sie strichen es aus ihrem Bewußtsein. Mancher, in dessen Blickfeld es geriet, verstand es, es als blanke Luft zu empfinden. Eine sächsische Art ist das, mit mißlicher Vergangenheit fertig zu werden. Es gab Schutt zu räumen, Dächer zu flicken, Fensterscheiben zu ersetzen, Briketts und ein Stück Speck aufzutreiben. Völkerschlachtdenkmal? Nie gehört! Nicht gerade charaktervoll, nun ja. Da fällt mir ein, daß die Leipziger niemals einen Spitznamen für ihr mächtigstes Bauwerk erfunden haben. Kein Satiriker hat es versucht, und wir hatten doch welche, Hans Reimann oder Helene Vogt; auch aus den Kneipen ist nichts gekommen. Vielleicht liegt vielen Leipzigern das Denkmal gar nicht so am Herzen, wie ich mir einbilde? Ich geb's zu, eine Ausnahme bin ich schon.
Am 11. November 1945 starb Clemens Thieme; die Zeitungen verloren darüber kein Wort. Der Pfarrer sprach von epochaler Leistung, die eine hoffentlich baldige Zukunft würdigen würde, vom Auf und Ab der Zeitabläufe, vom unbeugsamen Geist dessen, der da vor uns auf der Bahre lag. Ich hätte einen Kranz besorgen sollen, auf dessen Schleife die Namen von Felix Linden und Vojciech Machulski gestanden hätten; die besten Gedanken kommen oft zu spät. Auch der Name Katzenstein... Ich schaute mich suchend um, ob nicht unter den betagten Herren jemand wäre, der im Vorstand des Patrioten-Bundes an Thiemes Seite gesessen hatte, sie waren damals alle in den zahlreichen Publikationen abgebildet gewesen, aber mehr als dreißig Jahre hatten die Gesichter verändert. Ein Einbeiniger schwang sich auf Unterarmkrücken im Zug mit, es war nicht Vojciech Machulski. Am Grab sprach ein Graukopf, der sich als Freund und Mit-

streiter des Toten bezeichnete, vom großen gemeinsamen Werk, ohne das Völkerschlachtdenkmal auch nur zu nennen. Niemand blickte durch die kahlen Äste hinauf zum Gipfelstein. Vier Schaufelchen Erde warf ich hinab, auch für Vater, Vojciech und Katzenstein. Kein Chor sang, althergebrachte Lieder waren verdächtig geworden, so »Lützows wilde, verwegene Jagd« und die Weise vom guten Kameraden: »Einen bessern find'st du nit.«
Noch vor Weihnachten räumte ich den Stollen von allem, was brauchbar war; das letzte Kochgeschirr, schon rostig, und ein paar vermoderte Tarnjacken warf ich in den Müll. Ganz hinten, fast an der Mauer, die ich von der anderen Seite her verputzt hatte, stieß ich auf fünf Flakgranaten. Sie lagen in einer Kiste zwischen Holzwolle und Ölpapier, blank wie aus der Fabrik. Der Zünder einer Flakgranate ist ein Wunderwerk, ich sagte es schon. Es war die Liebe eines Sprengmeisters zu einem Glanzstück seines Berufs, die mich sie pflegen ließ: Dick mit Maschinenfett schmierte ich sie ein und verpackte sie in zusätzlichen Hüllen. Ein letztes Mal schob ich die Grabplatte auf; fast dreißig Jahre sollten vergehen, bis ich zurückkehrte.
Die Genossen vom Kulturamt tauchten wieder auf, ihre Mienen waren bedrückt. Wir sprachen über die Wiedereröffnung; sie bedauerten, daß noch keine Konzeption für den Führungsvortrag erarbeitet war. Ob ich nicht schriftlich niederlegen wollte, was ich vor einiger Zeit ausgeführt hätte? »Längst vergessen«, behauptete ich. Und ob ich mich nach einer Druckerei umgesehen, in der Lenin... »In Probstheida gibt's 'ne kleene, alte Bude«, fiel mir von einem Augenblick zum anderen ein. »Gar nich weid.« Ob ich die Genossen hinführen könnte?
Wir betraten die primitive Werkstatt in der Russenstraße, von einer ›Iskra‹ hatten weder der Besitzer noch seine Gehilfen je etwas gehört. 1905 sei Lenin in Leipzig gewesen, erläuterten die Genossen, nun habe die Kommandantur befoh-

len, bis zum baldigen Geburtstag des genialen Revolutionärs die betreffende Druckerei ausfindig zu machen und dort eine Gedenkstätte zu eröffnen. Ein alter Genosse habe Lenin geführt, übrigens habe Lenin noch nicht seinen berühmten Bart getragen. Im Johannapark seien sie spazierengegangen, Lenin habe Eichhörnchen gefüttert. Aber von einer Druckerei sei dem Genossen leider nichts in Erinnerung.
»Ging ja alles streng konspirativ vor sich«, ergänzte ich und fing einen anerkennenden Blick auf; sicherlich hatte mich mein proletarisch-progressiver Geschichtsinstinkt eben bestens beraten. Ich wurde kühn: »Aber wer könne *beweisen*, daß Lenin hier *nicht* hat drucken lassen?« Das war das Ei des Kolumbus.
Der Besitzer der Werkstatt, ein Mann im Rentenalter, nutzte seine Chance. »Wenn unbedingt eener de Druckerei abkoofn will? Un ›Iskra‹, ›Iskra‹ – je länger 'ch nachdenk, desto stärker dämmert's mir, daß mei alder Herr...«
»Was soll die Bude kosten?«
»Verpachtn wär mir lieber.« Dem Mann war wohl eingefallen, wie wenig die Reichsmark galt.
Den Genossen war anzumerken, welchen Stein ich von ihrem Parteibuch genommen hatte. Da befahlen ihre Obergenossen, die alte Druckerei auf Teufel komm raus zu finden, sie hatten nicht die geringste Spur, und nun konfrontierte sie einer mit der Weisheit des nichtvorhandenen Gegenbeweises. Ich verstärkte meine These: »Lenin dürfte diese Werkstatt am Stadtrand bevorzugt haben.« In der Innenstadt wachten Geheimpolizisten, hier draußen aber dachte niemand an etwas Verbotenes. Wenn noch ein paar alte Maschinen aufzutreiben wären? Und schließlich ein ausgestopftes Eichhörnchen mit dem Schild: Lenin hat während seines Besuches in Leipzig Eichhörnchen gefüttert?
»Mensch«, stöhnten die beiden wie aus einem Mund: »Willste nich hier 'n Chef machn?«
Sie kamen zurück, nachdem sie in einer Druckerei in Lin-

denau eine verbogene Tiegelpresse aus der Schrottecke gezogen hatten. Diese und verschmierte Setzkästen karrte ich im Feuerwehrauto hinaus nach Probstheida. Fünf Tage später las ich in der ›Volkszeitung‹, eine Gedenkstätte werde demnächst eröffnet, wo die ersten Nummern der legendären ›Iskra‹ gedruckt worden seien, und ›Iskra‹ hieße im Deutschen »der Funke«. Aus dem Funken sei die Flamme der Revolution geschlagen, und eben hier habe Lenin die leuchtende Fackel... Den Artikel finden Sie in meinem Archiv.
Bei der Eröffnung stellte ich mich zu den Arbeitern, die in einer Hauruck-Aktion Fenster eingesetzt, Lampen installiert, Wände geweißt und roten Stoff mit Sprüchen bemalt hatten. »Der Marxismus ist allmächtig, weil er wahr ist«, las ich. »Die Hitler kommen und gehen, das deutsche Volk, der deutsche Staat bleiben.« Büsten von Lenin und Stalin standen zwischen zu weihendem Gerümpel. Ein sowjetischer Major sprach, dann einer der Genossen, die mir diese Stunde verdankten. »An dieser Stelle«, rief er, »Hand in Hand mit Arbeitern, die durch die Schule Bebels und Liebknechts! Auf dieser Maschine dort, mit Lettern aus diesem Kasten! Unter der Knute des Zaren und dem Stiefel des Kaisers! In Mauern, die zum Mahnmal werden!«
Kein Zwinkern, daß wir beide es besser wüßten. Wir Deutschen waren nicht nur geschlagen, nicht nur Nazis, nicht bloß Durchhalter in der Festung Völkerschlachtdenkmal, nicht braun bis in die Knochen, eine Schande für die Welt und der letzte Dreck. Dicht neben dem Denkmal, in seinem Schatten, war eine fortschrittliche Tat ersten Ranges vollbracht worden. Ich schaute mich um, da notierte ein Zeitungsredakteur, ein magerer, junger Mann in ausgebeulter Marinehose und Lederjacke, die einem hitlerischen Panzerfahrer gehört hatte. Anderentags sollte der flinke Schreiber formulieren, nur im Verein mit Lenins Ideen und Seite an Seite mit der großen Sowjetunion könnte sich das deutsche Volk aus ideologischer und materieller Not erheben. Ich

stellte mir vor: Da war doch Vojciech auf seinem Rückweg von der Denkmalsbaustelle zur Stadt neben einem hurtigen kleinen Mann hergegangen, der wach um sich blickte, auf Menschen, Straßenbahnen und Eichhörnchen, der in unbeobachteten Augenblicken die Faust vor der Brust ballte, denn eben war seinem Hirn wieder ein genialer Gedanke entschlüpft. Vielleicht hatten Maria und Tadeusz als Lenins Leibwächter Pakete mit brisanten Druckschriften, als Sunlicht-Schmierseife deklariert, zum Postamt gebracht. Lenin *mußte* das Denkmal im Bau gesehen haben, es fiele mir nicht schwer, auf den Meter genau zu bestimmen, wie hoch es ragte und welche Lage Granit, von Felix gebrochen, gerade von einem elektrischen Aufzug der Firma Wolle gehoben worden war. Lenin schritt die Preußen stadtwärts, sah Vojciech Machulski, ein Pünktchen da oben, und dachte natürlich: Proletarier aller Länder, vereinigt euch endlich, grüß dich, polnisch-deutscher Genosse!
Meist hab ich unsre Gespräche, Herr Doktor, nicht als lästig empfunden, manchmal waren sie mir gar Gelegenheit, über einiges nachzudenken, das in Vergessenheit geraten war. Jetzt, offen gestanden, wäre ich gern allein, möchte über mögliche Begegnungen zwischen Lenin, Viktor und Tadeusz nachgrübeln. Dabei bin ich keineswegs sicher, ob es sozusagen auf Bestellung gelingen würde, brüchige Fäden zu knüpfen. Es ist ein delikates Geschäft mit den Ahnen, Sie dürfen es mir glauben.
Am Ende der Feier empfingen die Arbeiter den Händedruck des Festredners, auch mir blickte er bedeutsam in die Augen. Kein Verschwörerlächeln, kein besserwisserisches Grinsen – neue Wahrheit war in ihn eingedrungen. »Vergessen Sie das Eichhörnchen nicht«, flüsterte ich ihm zu.
Und so haben es die Reisebusse, die heutzutage vor dem Denkmal für eine halbe Stunde parken, nicht weit zur ›Iskra‹-Gedenkstätte; läge diese in Plagwitz, müßten die Touristen durch die halbe Stadt. Männer in schweißtreibenden

schwarzen Anzügen, Orden und Medaillen an der Brust, Frauen mit gestrickten Mützen oder Kopftüchern können ihre Gedanken von einer russischen Großtat zur anderen wechseln lassen, ohne daß sie von fremden Eindrücken, Schillerhäuschen oder etwa dem Einkauf von Parfüm, Haarwickeln und Kaffeegeschirr, abgelenkt würden. So wirkt sich meine Wahl heute noch emotionsgünstig und kraftstoffsparend aus. Das ausgestopfte Eichhörnchen übrigens gehörte auf Jahre zum Inventar; wenigstens stand nicht darunter, Lenin habe gerade *dieses* Eichhörnchen geatzt.

Es muß Ende der vierziger Jahre gewesen sein, als ich durch die Zeitung erfuhr, im Kulturbund habe sich eine Arbeitsgruppe mit dem Ziel gebildet, die Geschichte der Stadt auf revolutionäre Vergangenheiten abzuklopfen, mit der Völkerschlacht und ihrem Denkmal sollte begonnen werden. Natürlich ging ich hin.

Den Einführungsvortrag hielt Bundesfreund Bemmann, der gewesene Studienrat und Ideologe der Festung Völkerschlachtdenkmal. Aus dem Schuldienst entlassen, hatte er hier ein unbeackertes Betätigungsfeld gefunden. Er war abgemagert, eckige Schultern konnten einen schlotternden Anzug nicht füllen, der Hals war im Hemd um drei Nummern geschrumpft. Ein Konzept müsse ausgearbeitet werden, hörte ich ihn, dabei müsse der Friedensgedanke im Mittelpunkt stehen. Gewiß habe chauvinistischer Dünkel seinerzeit die Schöpfer verleitet, beim genaueren Hinsehen jedoch weise der Bau Merkmale auf, die ihn auch in eine neue Zeit einbinden ließen. Das Stöhnen der Völker nach endlich errungenem Friedööön, der es gestatte, Schwerter in Pflüge umzuschmieden! Daß nie eine Mutter mehr um ihren Sohn weine, den Spaltern vom Rhein ein flammendes Nein ins Stammbuch! Bemmann hob das Kinn, die Halshaut schlotterte wie bei einem Puter. »Friiiiidööön«, tönte er, »Karl Liebknöcht und Rosa Luxemburg wären überglücklich, könnten sie sehen, wie wir hier die demokratischen Errungenschaftäään

unseres Vaterlands verteidigööön. Mit den Völkern der Sowjetunion im Bundä...«
Still saß ich, ein schlichter Arbeiter, und dachte, das müßte doch den Kulturbundleuten eine rechte Freude sein: Ein proletarisches Element, bislang von geistigen Werten ausgeschlossen, schöpfte aus endlich sprudelnden Quellen. Ich stellte mir vor, wie aus den Schwertern der Wächter Spatenblätter wüchsen; das war schon Vojciechs Gedanke gewesen. »Das Alte, Morsche überwinden wür und tragen das Wertvolle aus dem Schutt hinaus auf eine sonnenüberglänzte Wiese des Friedööns.« – »Ein Mahnmal für deutsches Sehnen, das bis an den Rhein, die Donau und Schleswigs Küsten leuchtööt« – ich entsann mich Arndtscher Worte. Am Ende fragte Bemmann, wer von den Anwesenden sich bereit erklärte, einer Kommission beizutreten, die eine Konzeption für einen Führungsvortrag ausarbeiten sollte; ich hob die Hand, und befriedigt trug Bemmann ein: Mitglied des Gewerkschaftsbundes.
Eine Woche später trafen wir uns zur konstituierenden Sitzung, und siehe da, einer der Genossen, die mir den Standort der ›Iskra‹-Gedenkstätte verdankten, präsidierte neben Bemmann am Quertisch. »Geht's gut, Genosse?« fragte er munter und wartete eine Antwort nicht ab.
Frieden, beteuerten alle, Frieden! Die Hand eines jeden Deutschen solle verdorren, die je wieder ein Gewehr ergriffe. Jetzt merkte ich mir den Namen meines ›Iskra‹-Gedenkstätten-Miterfinders: Heinz Lohse, er war nun Kultursekretär in der Stadtleitung der Einheitspartei. Bemmann gehörte, wie bei der Vorstellung mitgeteilt wurde, der Umerziehungspartei der bereuenden Nazis an. »Genossen und Kollegen«, Lohse dämpfte die Stimme, »es ist der Wunsch unserer sowjetischen Freunde, das Völkerschlachtdenkmal als Stätte des Friedens so schnell wie möglich wieder zu eröffnen.«
»Nächsten Monat, am dreizehnten Oktober?«

Lohse hob gequält die Hände. An dieser Zwischenbemerkung des Vertreters der befreiten Arbeiterklasse sähe er, wie viel Schutt noch aus Hirnen und Herzen zu räumen sei. Nichts gegen den Friedensfreund mit der schwieligen Hand, keineswegs betrachte er dessen Vorschlag als Provokation, vielmehr als falschen Zungenschlag, aber es sei natürlich unmöglich, das Mahnmal am Tage der blutigen Schlacht unserer demokratischen Öffentlichkeit zu übergeben. Nicht irgendein Gemetzel sei das Wichtige, sondern der Frieden!
»Man sollte es umbenennen«, schlug die Vertreterin des Demokratischen Frauenbundes vor. »Nicht mehr Völker*schlacht*-, sondern Völker*friedens*denkmal!«
Wir waren starr vor Überraschung. Ich meinte Lohse anzumerken, daß er sich eben schwarz ärgerte, nicht selber auf diese Idee gekommen zu sein. Der Frauenbündlerin wuchsen rote Flecken am Hals, als sich die Stille ausbreitete, die ihrem Wort gebührte. »Ich danke der Friedensfreundin«, Bemmann schaute in seiner Liste nach, »Lieselotte Schupkoweit für ihren Vorschlag und stelle ihn zur Diskussion. Namens der Nationaldemokratischen Partei, die den Friedensgedanken auf ihre Fahnen...«
»Namens der Hausgemeinschaften neun bis dreizehn des Wahlbezirks römisch elf...«
»Alle Werktätigen des VEB Elektromotorenwerk Leipzig, Werk drei...«
»Wir Straßenbahner haben schon immer...«
Völker*friedens*denkmal – wir entwickelten eine Idee blühender als die andere. Natürlich kam manchem hin und wieder die alte Bezeichnung auf die Zunge, wurde mittendrin mit verlegenem Lächeln geschluckt, und die Umsitzenden schmunzelten verzeihend. Völker*friedens*denkmal – was gab es nicht alles zu bedenken! Der Erzengel Michael umkrampfte Mordstahl – sollte es nicht ein Schraubenschlüssel sein? Oder ein eiserner Besen? Auch ich leistete meinen Beitrag: »Wie wir alle wissen, schritt Lenin die heutige Leninstraße

stadteinwärts. Ich schlage vor, daß wir in Drittelhöhe – man müßte natürlich metergenau nachprüfen, wozu ich aufgrund meiner Unterlagen imstande wäre – einen weithin sichtbaren roten Streifen ziehen mit der Inschrift: ›So hoch war das Denkmal, als Lenin es sah!‹«
Bemmann notierte. Gewiß könne man bei der schwierigen Materiallage nicht sofort an weitreichende Veränderungen denken, dennoch wäre es gut, sie schon immer in der Konzeption zu verankern. »Wir werden das bekannte Mal zum Völker*friedens*denkmal um-, um-, ...«, er fand nicht weiter. »Umfunktionieren« wurde vorgeschlagen, es wirkte bläßlich. »Umbilden«, da nickten mehrere. »Ummetzen«, meine Formulierung fand sich im Protokoll wieder.
Eine weitere Zusammenkunft war nötig, Bemmann bemühte Berta von Suttner und las aus ihrem Buch »Die Waffen nieder«, die Friedensfreundin Schupkoweit zitierte ein Gedicht von Erich Kästner: »Wenn wir den Krieg gewonnen hätten«, das damit endete: »Zum Glück gewannen wir ihn nicht.« Ich berichtete, wie ein namenloser Erbauer des Denkmals, Vojciech Machulski, vor Verdun tödlich verwundet, in den Kasematten des Forts Douaumont geglaubt hatte, er sei in die Leipziger Krypta heimgekehrt. Heinz Lohse lobte die Patrioten, die in der Eifel tückische Sprenglöcher, die Ami-Söldner in deutsche Brücken bohrten, unter Einsatz ihres Lebens zubetonierten oder wenigstens »Ami, go home!« an die Pfeiler malten. Ein Vertreter der Freien Deutschen Jugend, Student der Pädagogik, machte auf die Schönheit des Liedes aufmerksam: »Bau auf, bau auf, Freie Deutsche Jugend, bau auf!« und schlug vor, die Besucher sollten es vor der Besichtigung gemeinsam singen. »Und der Vortrag?« sprach leise die Freundin Schupkoweit. Dazu fehlte die zentrale Idee.
Die Kommission traf sich nicht so bald wieder. Mein Leben war auch ohne Sitzungen angefüllt: Wir holten Granaten aus Wäldern, Panzerfäuste aus Teichen. Auf den Feldern nahe Böhlen hatten Bauern entschärfte Bomben in Trichter ge-

schleppt und verscharrt, jetzt fraß sich dort der Tagebau vor, und immer wieder sprangen Baggerführer entsetzt aus ihren Kabinen, wenn die Greifer einen Blindgänger zwischen den Zähnen hielten. Ich war dreißig-, fünfzigmal allein dort draußen.

Tante Machul kam nun überhaupt nicht mehr aus dem Haus und kaum noch aus dem Bett. An ihrem Geburtstag trug ich sie hinunter und setzte sie in ein Taxi zur Stadtrundfahrt. Wir klapperten die Stellen ab, an denen sie gewohnt und an denen Viktor gebaut hatte, Tante schniefte in ihr Taschentuch. Der »Krystallpalast« – gewesen. Der »Thüringer Hof« – nur ein Rest. Natürlich fuhren wir zum Denkmal. »Bloß einmal noch«, schnüffelte Erna, »mechtch Victor seine Buchstam inner Mauer sehn.«

»Is immer inwendch.« In den Stollen konnte ich die Tante ja nun wirklich nicht schleppen.

Wenig später starb sie. Meine Mutter, Marianne und ein paar von Ernas Hausbewohnern folgten dem Sarg, Angehörige hatte sie nicht. Danach ging ich dorthin, wo ich Vojciech zum letztenmal begegnet war; er hatte amerikanischen Artilleristen die Stelle gezeigt, von der aus die Festung Völkerschlachtdenkmal am besten geknackt werden konnte. Dort wurde jetzt Salat ausgepflanzt. Das Südfenster war noch provisorisch geschlossen, am Gipfelstein klaffte die alte Wunde. Ich dachte an Vojciech, an Felix und daß ich nun die berühmte Löwenstory aus Tante Ernas Mund nicht mehr hören würde. Den Koloß umrundete ich: Dort waren Felix und Vojciech aus der Erde gebrochen, dort hatten Fürchtegott und Studienrat Bemmann flaniert. Lenin und die Eichhörnchen – was für Geschichten!

Bei der nächsten Tagung der Kulturbundgruppe »Stadtgeschichte aus progressiver Sicht« teilte Heinz Lohse lapidar mit, die Arbeit der Kommission habe sich erübrigt. »Nun, meine Freunde, was ist geschehen? Wir haben die bisherigen Ergebnisse unseren sowjetischen Freunden vorgelegt. Und was haben unsere sowjetischen Freunde geantwortet? Sie haben geantwortet, daß die Umbenennung des Völkerschlachtdenkmals eine unhistorische, mehrere Entwicklungsetappen überspringende Maßnahme wäre. Die Geschichte des Völkerschlachtdenkmals ist ein komplizierter dialektischer Vorgang. Die Friedensfreundin, die jene Idee einbrachte – wir rechnen ihr guten Willen zu! –, sollte sich überlegen, aus welchen inneren Gründen sie diesen radikalistischen Vorschlag...«

Meine Gedanken irrten fort, ich gab nur noch acht, ob Lohse wenigstens einmal die Bezeichnung »Völker*friedens*denkmal« gebrauchte, er mied sie konsequent. »Jene voreilige Idee, der mehrere historische Epochen überspringen wollende kopflastige, scheinradikale Zungenschlag...« Danach saßen wir stumm, nur der Schniefatem der Friedensfreundin Schupkoweit wehte. Wer zu seinen Ausführungen das Wort wünsche? Niemand meldete sich, sogar Bemmann war sprachlos. Danach entwarf Lohse die Konzeption für einen Führungsvortrag: Russische *Freunde* hätten mit Verbündeten aus *allen* deutschen Stämmen den westlichen Aggressor bestraft, und so würde es jedem ergehen, der die deutsche Einheit antasten wolle. Heute stehe die Sowjetunion mit uns gemeinsam auf Friedenswacht. Schon damals sei Blücher bei Kaub über den Rhein gegangen. Die Tage der Amis auf heiligem deutschem Boden seien gezählt. So ähnlich hatte ich zu den sowjetischen Offizieren gesprochen. Wer wünsche das Wort? fragte Lohse und schloß rasch an: Damit sei sein Vorschlag einstimmig gebilligt.

Ein Vierteljahr später wurde das Denkmal in aller Stille wieder eröffnet. Man könnte es auch so sagen: Früh um neun wurden die Türen aufgeschlossen, am Kiosk wurden Karten verkauft, das Schild, das auf die Führungen hinwies, stand wieder in seinem Eisenrahmen neben dem Haupteingang. Natürlich hatten wir gekehrt und die Treppen vom Hundedreck befreit. Wir nickten uns zu, lächelten: Unser Klotz war

nicht umzubringen gewesen. Drei jüngere Frauen hatten Lohses Vortrag auswendig gelernt. Durch Kampf zum Frieden, sangen sie in unserem schmiegsamen Dialekt in der wundervollen Akustik, bei Kaub über den Rhein und fort mit Adenauer, Schumacher, Globke und Konsorten, den Spaltpilzen, Seite an Seite mit den westdeutschen Patrioten! Die Adenauer kommen und gehen.
Gäste fanden allmählich in die Stadt und auch an und ins Denkmal, die Leipziger gewöhnten sich wieder an ihr Wahrzeichen. Granit aus Beucha ist härter als jeder Kommissionsbeschluß.
In dieser Zeit sprengte ich das Gütchen Fürchtegott von Lindenaus. Ich barg seine Schriften und den Schädel, las, horchte in die Manuskripte hinein. Sonntags radelte ich hinaus, setzte mich auf die Grundmauern und spazierte durch den Park, ich kurvte die Wege entlang, die er mit seiner Kutsche gefahren war. Manchmal nahm ich Joachim mit, nach kurzer Zeit verlor er die Lust. »Du mit dein alten Schteen«; er meinte die Gedenkblöcke an den Brennpunkten der Schlacht. Ich überlegte, ob ich ihm eine Aufgabe stellen könnte, ob es etwas für ihn zu ermitteln gäbe, aber mir fiel nichts ein. Vielleicht wäre, hätte er eigenhändig einen Schädel oder eine Kanonenkugel ausbuddeln können, sein Leben anders verlaufen? Joachim wollte schon mit zehn nicht in der zweiten Reihe stehen, schon gar nicht hinter seinem Vater. Typische Sachsen sind solche Leute wohl nicht.
Ich habe viel gelesen in dieser Zeit; damals waren Leipzigs Antiquariate noch gefüllt. Einen der besessensten Buchhändler lernte ich kennen, der nahe des Marktes in tiefen Gewölben seine Schätze mehr hortete als feilbot. Jetzt ist er längst tot, das Haus ist zusammengefallen oder abgebrochen worden. In Otterwisch entdeckte ich den Grabstein Carl Friedrich Lindners – ich habe stundenlang auf die verwitterte Schrift gestarrt. Es war ein langer, heißer Sommer, der sich wochenlang weigerte, in den Herbst überzugehen, An-

fang Oktober konnten die Leute noch im Freien baden. Die Blätter der Friedhofsbäume färbten alles Licht golden und hüllten mit ihrem Schimmer den Klotz ein.
In diesem Sommer kam es zu Spannungen mit Marianne. Ich hätte zuviel von den alten Sachen im Kopf, mäkelte sie, immer neuen Krempel schleppte ich an, an den Sonntagen sei ich kaum zu Hause. Ich bat sie, mich hin und wieder bei meinen Radtouren zu begleiten, sie tat es einmal: Vor dem Grabstein in Otterwisch schüttelte sie den Kopf. Zufälle des Todes und der Geburt, Zufall der Namensähnlichkeit, was fände ich daran Besonderes? Ich brachte es nicht fertig, ihr von meinen Ahnungen zu erzählen.
Heute fragen Sie häufig in meinen Bericht hinein, Herr Doktor. In diesen Jahren hätte sich meine Hinwendung zum Alten beschleunigt, ein Umschlag wäre spürbar – ich gebe Ihnen recht. Ich betrachte Ihr Fragen durchaus nicht als unbefugtes Eindringen in mein Inneres – daß darin nun gerade eine Hilfe für mich läge, möchte ich allerdings bezweifeln. Wenn sich in mir Krusten gebildet haben sollten, wie Sie vermuten, möchte ich Sie um eines bitten: Überlegen Sie, ob ich sie nicht etwa zum Weiterleben brauche.
Ich war Ende Dreißig, in einem Alter, in dem die meisten Väter die Phantasien ihrer Kinder begreifen und beflügeln. Leider war's bei mir nicht so. Vergeblich hatte ich versucht, Joachim fürs Denkmal und seine Geschichte zu interessieren. Ob ich ihn an seinem zehnten Geburtstag mit auf den Gipfelstein nahm – mir ist es im Moment nicht erinnerlich.
Am wohlsten fühlte ich mich zu dieser Zeit bei meiner Mutter. Wenn ich etwas mitbrachte, freute sie sich. »Freedi, bist mei Bester.« Wir saßen friedlich zusammen, sie erzählte, wie die Wehen sie überfallen hatten an diesem 20. Oktober 1913, Vater als Turner, Vater im Streit mit Viktor. Mutter arbeitete halbtags in einer Druckerei, obwohl sie Rentnerin war, sie sagte, zu Hause würde es für sie zu langweilig. Manchmal brachte sie etwas von dem mit, was durch ihre Hände ging,

das meiste interessierte mich nicht. Sie erzählte vom Leipzig ihrer Kindheit, wie sie in dieses Haus gezogen war. Dort drüben hatte das alte Sofa mit den durchgedrückten Federn gestanden. Ein Kissen hatte Mutter in die Delle gelegt, später zwei Kissen. Vaters Platz. Ich sagte: »Viel hat er nie geredet, der Baba.«
»Aber gedacht.«
»Vielleicht immer an derselben Stelle, im Kreis rum? Was hat er denn gesagt, als er in die SA eintrat?« Ich wunderte mich, wie unempfindlich ich damals für alles gewesen war, was mich nicht unmittelbar betraf, vor allem für Politik.
»Weißte noch, wie mir zusamm zur Rolle gegang sin?«
Ich erinnerte mich an den riesigen Kasten, der von einem Motor hin- und hergetrieben wurde, der auf die Walzen preßte. Das Geräusch, wenn die Scherengitter aufsprangen, wenn der Block verhielt, wenn er sich quietschend und rumpelnd in Bewegung setzte. An Hinterhöfen knarrten diese Monstren, auch »Mangel« genannt, ich hatte geholfen, den Handwagen zu ziehen. Hatte still auf einem Stuhl gesessen und Mutter zugeschaut, wie sie mit den Walzen wuchtete, die Wäsche einsprengte, herausnahm, legte. »Würde nie meine Wäsche fortgeben«, sagte sie. Dann schwiegen wir wieder eine Weile, es war gut, so zu sitzen und nicht darauf zu warten, daß der andere mit etwas Neuem anfing. Ich war schon damals nicht auf neue Themen erpicht.
Die Kulturbundgruppe schleppte sich weiter. Bemmann verschwand, als er merkte, ideologische Höhenflüge blieben aus. Eines Tages sollte sein Nachfolger gewählt werden, alle Blicke richteten sich auf mich. Im Grunde fand ich es natürlich, daß ich gewählt wurde, wer verstand schon so viel vom Denkmal wie ich. Marianne zuckte die Schultern, Mutter spöttelte: »Wenn einer der Wächter da oben mal schlappmacht, obste den vertrittst?«
Als Erika, meine Tochter, noch klein war, setzte ich sie in ein Körbchen vorn an der Lenkstange und radelte mit ihr

übers Land. Ich redete allerlei in sie hinein, was sie nicht verstehen konnte. Aber mir war's wohl ums Herz, wenn sie dabeiwar. Später hatte auch sie keine Lust mitzukommen. Kein Gedanke, sie an einem Geburtstag zur Belohnung mit auf den Gipfelstein zu nehmen. Hab mich ziemlich einsam gefühlt.
Joachim wurde konfirmiert und aus der Schule entlassen, er verstand sich weit besser mit Marianne als mit mir. Manches entschieden die beiden, ohne mich zu fragen. Ich hätte es gern gesehen, wäre er ins Baufach gegangen, als Nachfolger Vojciechs sozusagen; Steinbrüche verloren ja im Zeitalter des Betons an Bedeutung. Aber er wollte Autoschlosser werden und wurde wenigstens Maschinenschlosser. Ich erfuhr davon, als es feststand.
Sie fragen, ob ich einen Freund gehabt habe – nein, eigentlich nie, und zu der Zeit schon gar nicht. Ein Eigenbrötler – dieser Begriff klingt nicht schön, aber er trifft.
Wir hören heute etwas eher als gewöhnlich auf? Aha, Sie müssen sich um einen Auspuff für Ihren »Trabbi« kümmern. Dann viel Glück, Herr Doktor!

10. KAPITEL

Wir sollten heute über Ihre Kinder reden

Ich stand ganz oben; neben mir waren zwei junge Männer aufgezogen, Kettenraucher. Sie wiesen mich an, hinter uns abzuschließen und nur auf ihre ausdrückliche Anweisung zu öffnen. Wenn ihre Hände nicht mit Zigaretten und Streichhölzern zu schaffen hatten, stopften sie sie in die Sargtaschen ihrer wadenlangen Mäntel. Sie hatten mich mitgenommen, weil die Schlösser einen von Rost und Verklemmungen hervorgerufenen Zustand erreicht hatten, den ein Unerfahrener nicht überlisten konnte. Ich führte den Schlüssel ein, drückte an, drehte sachte nach links, jagte zweimal rechts herum und hörte das sanfte Krachen, mit dem der ausgeleierte Riegel die schartigen Sperren überwand. Maßpfusch.
Die beiden blickten argwöhnisch in den Himmel, er war käsiggelb, in seinen Tiefen vermuteten sie gewiß angloamerikanische Piraten, die diesmal wohl keine Kartoffelkäfer abwarfen wie gewöhnlich behauptet, sondern vergiftete Bonbons, die *emmende* – Sie kennen das Wort – Agenten mit Fallschirmen abzusetzen gedachten, um das vorzubereitende Fest unter unseren Füßen zu sprengen. Die maßlose Friedensphase war vorbei.
Mein vierzigster Geburtstag stand vor der Tür, aber natürlich nicht er sollte gefeiert werden, sondern der hundertvierzigste Jahrestag der Schlacht. Als Leiter der erwähnten Kulturbundgruppe hatte ich die beiden Genossen jener nur ungern genannten Organisation hinaufgeführt, die nun, Pistolen im Schulterhalfter, den Himmel im Blick hatten. Weit unten zwischen Friedhofsbäumen sah ich frisch ausgehobene Gräber und stellte mir vor, wie die beiden mit durch-

löcherter Brust und breitgespannten Mänteln hinabsegelten, stracks in die Grube fuhren. Ich wollte mit ihnen über das Denkmal plaudern, erntete allerdings wenig Gegenliebe. Immerhin hörte ich heraus, daß der eine aus Sachsen stammte, der andere redete hart, knarrig: ein Schlesier. Was Wunder, daß ich den ersteren probeweise jenem Bataillon zugesellte, das vor hundertvierzig Jahren durch die Parthenniederung gestapft war, ein Rest der sächsischen Getreuen. Er hatte ein arg armes Fleischgesicht mit blassen Augen, die gütig hätten genannt werden können, wenn er nicht ständig versucht hätte, ihnen einen trotzigen, kämpferischen Ausdruck zu verleihen. Den anderen teilte ich dem schlesischen Train zu, der Blüchers Regimenter mit Branntwein und Hafer versorgte: Konnte nicht ein Vorfahr mit Carl Friedrich an einem Wagenrad gewuchtet haben: Hau ruck! Zuuu gleich!
Wir waren am Nachmittag hinaufgestiegen, als unten die letzten Vorbereitungen getroffen wurden, Kompanien der Volkspolizei Scheinwerfer überprüften, Fahnen hißten, geballte Jugendgruppen Sprechchöre und Hochrufe übten. Es mußte gar nicht so einfach sein, den Einzelschrei: »Der Genosse Walter Ulbricht, er lebe!« mit chorigem »Hoch, hoch, hoch!« zu beantworten. Ich blickte auf die Zelte mit dem roten Kreuz, dort standen Bahren und Hofmannstropfen für Schlappmacher bereit. Den hinteren Ausgang blockierten Bockwurst- und Zigarettenbuden, dort wurden Verpflegungsbeutel mit Salami, Bonbons und Keksen gehortet, ein Teil der sogenannten materiellen Basis. Von Stötteritz her bogen Kolonnen von Trommlern und Bläsern ein, sie gellten mit schräg von sich weggesteilten Fanfaren den guten alten Marsch von Lützows wilder, verwegener Jagd. Unter den Trommelbuben war mein Joachim. Dieses Bemühen hörte sich simpel an für einen Kenner, der das Lied von Chören vernommen hat, die das Echo zu flüstern verstanden, daß man dachte: Singen sie nun wirklich noch, oder bildest du dir das bloß ein? Ich summte mit: Hör's näher und nähaher

brausön! Ach, mein schlichter Körner, als du da drüben im Fieber lagst! Nach Westen blickte ich, dort wurde aus Trümmerschutt eine Kippe aufgefahren, ungezählte Loren waren von einer Schmalspurlokomotive dahingezogen worden, nun ragte ein Berg über den Dächern auf. Es war wirklich ein Berg und nicht das, was in der letzten Zeit überall rund um Leipzig buckelt, ich begreife Ihre Bemerkung und höre Spott heraus. Nicht aus Asche und Hausmüll bestand diese Kippe, sondern aus den Trümmern von Brühl und vom Augustusplatz, der Hauptpost und dem Krystallpalast, von dem Hotel, in dem die Grabmalspezialisten verbrannt waren.

Unten dröhnten die Trommeln. In Sechserreihen schwenkten die Jungen ein, einer wirbelte mit dem Stab vorneweg, von oben sah es aus wie das Zucken eines Insekts. Joachim war siebzehn – ein gefährliches Alter fürs Trommeln. Jetzt sei alles anders, hatte er mir erklärt, sein Trommeln würde die Kriegslüsternen erschrecken. Ich hatte ihm ein paarmal beim Marschieren zugesehen und sein konzentriertes Gesicht beobachtet. So hatten preußische Infanteristen im Karree die Münder gekniffen, wenn Napoleons todesmutigste Reiter angeritten waren. Oder umgekehrt.

Jetzt stapfte seine Kolonne den breiten Weg von Süden herauf, auf dem die Lastwagen der SS gefahren waren, die Jungen trommelten und fanfarten im Steigen: der Marsch Nummer vier, dazu hob der Anführer vier Finger, das konnte ich nicht erkennen von hier oben, ich wußte es. Vor den Treppen zerfaserte die Kolonne, die Felle sah ich als helle Flekken, sie schwankten auf die Brüstung, auf allen Treppen und Plattformen standen nun Trommler und Bläser und lärmten hinunter auf die Stadt. In schwarzen Wolken stoben Krähen im Friedhof auf und flohen auf die Felder hinaus. Trommeln sind wie Kanonen und Fanfaren wie Todesschreie.

Der Schlesier knurrte, ich solle aufschließen, der Dienst sei vorbei. Auf dem oberen Rundgang lehnten zwei ihrer Ge-

nossen, zwei andere in einer Treppennische. Das Trommeln und Gellen drang bis in die Kuppel hinein und in die Krypta hinunter. Draußen war es sonnighell, durch den Lautsprecher wurde geröhrt, jetzt solle noch einmal der Begrüßungsschrei geübt werden, denn er habe eben verdammt lahm geklungen. Also! »Der Genosse Walter Ulbricht, er lebe!« Die Trommel- und Fanfarenjungen und das blauhemdige Fußvolk antworteten auch diesmal schwunglos.
Daheim am Küchentisch saß ein junger Mann im blauen Hemd, der sich erhob und seinen Namen nannte: Ralf Bleckschild. Als Mitglied einer Arbeitsgemeinschaft junger Autoren sei er vom Genossen Lohse zu mir geschickt worden; ich sei als Spezialist bekannt. Über die Rolle der Volksmassen in den Befreiungskriegen in Mölkau und Holzhausen wolle er eine Geschichte schreiben und ob mir darüber etwas bekannt sei. Er denke vor allem an Sabotage hinter den französischen Linien, daß vielleicht patriotische Bauern und Knechte konspirativ Wagen geschädigt und Brücken verbrannt hätten, vielleicht Wegweiser umgedreht, um Franzosen in die Sümpfe zu locken.
Ich brummte, von solchen Turbulenzen hätte ich nichts gehört. Joachim kam von seiner Trommelei zurück und setzte sich zu uns; sofort waren sich die beiden einig, irgendwas in dieser Art *müsse* es gegeben haben, und dann fiel das Wort *»typisch«*, jedenfalls sei es *typisch* für die damalige Zeit gewesen.
Kartoffeln standen inzwischen auf dem Herd, Marianne kochte sie mit Kümmel. Joachim packte seine Festration aus – Hartwurst, Apfelsinen, ein Würfelchen Butter, Drops – und lud den werdenden Dichter ein, so aßen wir zu viert. Die beiden redeten über das bevorstehende Fest: völlig neue Sicht, meinte Bleckschild, revolutionäre Aufarbeitung des Erbes und vor allem und immer wieder Tradition der deutsch-russischen Waffenbrüderschaft. Er zeigte eine Broschüre her, da hatte ein FDJ-Funktionär geschrieben, es gäl-

te, das Feuer aus der Geschichte herauszusuchen und nicht die Asche, und das Feuer sei erstens das Bündnis zwischen Russen und Deutschen gegen die aus dem Westen kommende Fremdherrschaft und zweitens das Aufbegehren der Volksmassen, die soziale Komponente also. Das sei sein Thema, versicherte Bleckschild, während er Drops lutschte.
Ich gab mich zugänglicher: »Der verwundete Körner wurde gepflegt, versteckt – darauf stand die Todesstrafe.«
»Umgedrehte Wegweiser?« fragte Bleckschild hartnäckig.
»Nicht, daß ich wüßte.«
Aber das sei typisch gewesen, meinte mein Sohn. »Ham die Lützower Trommeln gehabt?«
»Wahrscheinlich nicht«, ich blieb vorsichtig, »sie ritten als Partisanen im Hinterland des Feindes – warum sollten sie Trommeln mitschleppen?«
»Aber es wäre... .« Joachim verschluckte die nächsten Worte.
Bei der Hausdurchsuchung haben Sie sicherlich meine Fotoalben gesehen und vielleicht beschlagnahmt. Sie können ja noch einmal hineinschauen, um sich meinen Sohn von damals vorstellen zu können: Von der »Deutschen Eiche«, seinem Großvater, war nicht viel geblieben. Bei uns haben die Frauen allerlei in die Erbmasse eingestreut, schon Klärchen, meine Mutter, hat mich vor Vierschrötigkeit bewahrt, und Marianne in ihrer Beweglichkeit hatte Joachim allerlei mitgegeben. Schlank war Joachim, mittelgroß, rasch in seinen Bewegungen; mich machte er wütend, wenn er sein Essen in drei Minuten hinunterschlang, noch kauend aufstand, alles stehen und liegen ließ und die Treppe hinunter war – seine Mutter räumte dann den Teller weg.
»Ist nämlich ein Wettbewerb«, sagte Bleckschild, »für die beste Kurzgeschichte. Umgedrehte Wegweiser in Holzhausen, eine französische Patrouille verliert die Richtung und reitet in den Hinterhalt der preußischen Landwehr? Na?«

»Wie wäre es denn«, probierte ich, »Sachsen schickten Späher aus, wollten das Überlaufen anbieten, aber die ostpreußische Landwehr war so in Braß, daß sie...«
»Sachsen?« fragten Joachim und Bleckschild wie aus einem Munde. »Und Ostpreußen?« setzte Bleckschild vorwurfsvoll hinzu.
Da hatte ich es wieder. Russen, Preußen und Franzosen waren in der Broschüre aufgeführt, von uns Sachsen war nicht die Rede. »Und *Ost*preußen«, ermahnte mich Bleckschild, »erwähnen wir besser nicht. Könnte als Revanchismus angesehen werden, verstehen Sie?« Das hatte nachsichtig geklungen; so sprach Jugend zu einem, der die letzten entscheidenden Dinge nicht mitbekommen hatte. Auf einmal wurde er munter: »Jetzt kommt der Freiheitssender 904!« rief er. »Kann ich das noch hören?«
Joachim drehte das Radio an; als es neun war, tat eine kampfwillige Stimme kund, sie richte sich an die Patrioten der Westzonen. Bleckschild klärte mich auf: Seit kurzem strahle dieser Sender abends für zwei Stunden ein aufregendes Programm aus, flotte, in der DDR eigentlich verpönte Musik sei mit Nachrichten versetzt, die zum Kampf gegen die Ami-Besetzer aufforderten, Geheimmeldungen an Widerstandsgruppen im Untergrund seien dabei: »Ameise drei an Zukkerhut! Grand ouvert in Vorderhand. Gerlinde trinkt Kaffee mit Hannibal.«
Marianne redete erst, als Bleckschild gegangen war; Joachim hatte ihn runtergebracht. »Gefällt mir nich.«
»Mir ooch nich.«
»Der weiß einfach alles. Der kann schon gar nich mehr zuhörn.«
Joachim kam erst nach einer halben Stunde wieder hoch. »Der wollte mich zur kasernierten Polizei werben«, sagte er. »Zu unserer künftigen Roten Armee.«
»Und was machste?«
»Überlegen.«

Ich zog mich zurück und las noch ein paar Seiten in den Schriften des Ernst Moritz Arndt, dabei versuchte ich meine innere Stimme wie die des Radiosprechers vom Sender 904 klingen zu lassen; es gelang zu meiner Verwunderung und zu meinem Schrecken.
Am nächsten Tag brachte die Volkszeitung eine Sonderseite. Der bekannte Stich vom Sturm der *ost*preußischen Landwehr auf das Grimmaische Tor war mit der Unterschrift versehen, es sei preußische Landwehr gewesen. Eine Art Bazillus in mir ließ mich überall nach tendenziösen Drehungen suchen. »Deutsch-russische Waffenbrüderschaft«, las ich, doch nur Preußen und Russen hatten seitanseit gekämpft, alle anderen, Sachsen und Württemberger voran, waren beim Korsen geblieben. Ich legte das Blatt ärgerlich weg.
Eigentlich hatten wir an diesem Tag einen ausgedienten Fabrikschornstein knicken sollen, wurden aber von einer Stunde zur anderen umdirigiert: Wer an Minensuchgeräten ausgebildet worden sei? Das waren wir Älteren alle. Einstellung jeder anderen Arbeit, Warten auf den Einsatzbefehl! Unsere erste Reaktion: Hatte jemand Skatkarten dabei? Es war auf einmal wie im Krieg, Wurstigkeit sollte Spannung mildern, jeder war neugierig, aber keiner wollte es zugeben. Forsche der Befehle wurde mit Abwehrgefühlen kompensiert: Nun macht euch nicht feucht! Das ist, als ob man breitbeinig geht, die Mütze aus der Stirn schiebt, die Zigarette im Mundwinkel hängen läßt. Schlechtes Kino.
Ein Lastauto fuhr vor, neben dem Fahrer saß mein knurriger Sachse, mit dem ich am Vortag auf dem Gipfelstein gestanden hatte. Wir kletterten auf die Ladefläche, da lagen tatsächlich Minensuchgeräte. Flott rollten wir zum Denkmal, durchquerten Absperrungen und Postenketten, an Haufen von Fichtengrün ging's vorbei, unter Fahnen hindurch, wir parkten vor dem Becken, sprangen hinunter, *sprangen* tatsächlich, und ich ärgerte mich, als mir bewußt wurde: Ich hatte mich von der Atmosphäre des Wichtigen, Geheimnis-

vollen anstecken lassen. »Folgendes«, sagte der Knurrige. »Der Weg von hier links am Becken entlang und der Platz um die Tribüne wird abgesucht. Hier schreitet morgen der Genosse Ulbricht.«
Wir stülpten die Kopfhörer über. Seit meiner Ausbildung in Zeithain hatte ich kein solches Gerät mehr in der Hand gehabt, ich mußte mir die Handgriffe überlegen. Man streift mit der Scheibe über den Boden hin, auf Metall reagiert es mit einem Fiepen. Wer geübt ist, kann die Größe des Fundes und seine Tiefe ziemlich genau heraushören. Wir gingen nebeneinander langsam den Weg entlang und schwenkten achtsam. Wie ein Sämann auf alten Bildern kam ich mir vor, aber wir ernteten: Ein Magazin einer deutschen Maschinenpistole buddelten wir unter dem Gras am Wegrand heraus. An meine Flakgranaten dachte ich und hoffte, wir würden ihnen nicht zu nahe kommen, oder Beton und Erde über ihnen würden für die Strahlen zu stark sein. Wir orteten einen Stahlhelm und einen Kochgeschirrdeckel, dann machten wir Pause und schwafelten unserem einsilbigen Genossen vor, die Geräte müßten nach einer Stunde ruhen, um die Kondensatoren nicht zu überlasten. Wir hockten uns auf eine Treppe und rauchten und hatten ein Gefühl wie Schuljungen, wenn sie ihren Lehrer ausgetrickst haben.
Wo Clemens Thieme die Weiheworte gesprochen hatte, war eine Tribüne gezimmert, von ihr aus sollte Ulbricht seine Rede halten. Dort drüben hatte die Kiste gestanden, in die ein kaiserlicher Adjutant die Staffelstäbe des großen Sternlaufs gelegt hatte. Vierzig Jahre war das erst her, damals war ein Jahr später der Krieg ausgebrochen. Ich dachte: Und was ist in einem Jahr? Hinter dem Wall rummste es schon wieder; Joachim und seine Mittrommler waren für die nächsten Tage von der Arbeit befreit. Wir suchten unter der Tribüne und davor und fanden nichts mehr. Reisig wurde angenagelt, rotes Tuch gespannt. Ich sagte: »Un das alles, weilsch verzsch wer.« Meine Kollegen feixten geduldig. Die Kriegsfurien

waren durch Fahnen und durch die Tribüne halb verdeckt, wenigstens sah ich etwas von ihrem wehenden Haar.
Abends brummte Joachim, er brauche meine Unterschrift. Er schob einen Bogen über den Tisch – etwas Absonderliches war im Gange, das sah ich an seinem Gesicht und hörte es an seiner Stimme. Er legte die Ellbogen auf und zog sie sofort wieder herunter, sein Rücken knickte zusammen, er straffte sich und ließ sich gegen die Lehne fallen, das alles in der Minute, während ich las: Joachim hatte mir einen Antrag hingeschoben, auf dem er bat, in der kasernierten Polizei Dienst tun zu dürfen. Marianne war die erste, die etwas sagte: »Is doch nich dei Ernst!«
Da überschüttete uns Joachim mit Sätzen wie: Wer sich jetzt meldete, habe die besten Chancen, beim Aufbau der KVP würde einer viel schneller befördert als später, in einem Jahr könnte er Offizier sein oder auch Waffenmeister. »Is doch alles anders als früher, is doch fürn Frieden!«
»Biste denn verrickt geworden, Schunge!«
Joachim war noch nicht mündig, brauchte also unsere Zustimmung. »Kriegste nich!« Anläßlich des hundertvierzigsten Jahrestages der Völkerschlacht sei in seinem Betrieb geworben worden, brachte er trotzig vor, von seiner FDJ-Gruppe habe sich die Hälfte gemeldet. Manchmal müßte man gerechte Kriege führen, um den Frieden zu sichern. Und gerade jetzt...
»Schluß«, unterbrach ich, »kannst reden, was du willst! Und Mutter unterschreibt schon gar nich.«
Da erwiderte Joachim, seine Stimme, das muß ich ihm zugestehen, klang nicht im mindesten frech, und er hielt den Blick gesenkt: »Eingezogen werd ich sowieso erst in 'nem halben Jahr, da bin ich achtzehn. Ihr braucht gar nich zu unterschreim.«
Da merkten Marianne und ich, daß Joachim kein Kind mehr war, das begreifen Eltern ja meist irgendwann mit einem Ruck. »Dein Großvater...«, ich setzte meinen Satz nicht

fort. Dein Onkel Vojciech, fiel mir ein, das kam mir schon gar nicht über die Zunge. Manchmal sind alle Erfahrungen für die Katz, da kommt Jugend daher und weiß alles besser, und so schob ich den Bogen zurück und ging in mein Zimmer und schaute zu dem Schädel auf dem Schrank. Vor kurzem hab ich gelesen: Eine Schriftstellerin empfindet Kopfsteinpflaster so: Die Toten stehen senkrecht in ihren Gräbern, und wir trampeln über ihre Schädeldecken hin.
Tags darauf zog Joachim mit seinem Fanfarenzug kreuz und quer und ließ sich aus Beuteln und Feldküchen verpflegen, er schlug die Trommel und fürchtete sich nicht.
Ulbrichts Rede hörten wir abends im Radio. Russen und Deutsche hätten Napoleon nach Westen getrieben, jetzt stünden Sowjetbürger und deutsche Patrioten gegen die Amis und ihre Handlanger, die Alt- und Neufaschisten, die Kriegstreiber vom Rhein. Ich fügte für mich hinzu: über den Rhein bei Kaub! Ich sah den Feuerschein von Fackeln und Scheinwerfern, rot glühte der Himmel, als würde Probstheida brennen wie damals. Ich sah meine Stadt lodern von Connewitz bis ins Zentrum, sah Flammen aus der Hauptpost schlagen. Ich stand neben Marianne am offenen Fenster, Marschmusik hallte herüber, und dann brach hinter den Parkbäumen das Feuerwerk los, dieser Kriegsersatz, und ich schloß das Fenster und setzte mich an den Tisch und stützte den Kopf in die Hände.
Mit den runden Geburtstagen ist es ja so eine Sache. Man überlegt, was man erreicht hat, Angst packt einen, man habe versäumt, unterlassen. Natürlich gab ich im Betrieb eine Runde aus, natürlich kam meine Mutter zum Abendbrot, Marianne schenkte mir irgendwas, Blumen standen auf dem Tisch, von Joachim stammte eine halbe Flasche Eierlikör. Ich dachte, es wäre am schönsten gewesen, hätte ich ein paar Dörfer und Felder in der Umgebung abradeln können, allein, bei mildem Herbstwetter. Aber Wind wehte, die Wolken hingen tief, und ich hatte ja auch keine Zeit.

Die Fanfaren gellten bis Mitternacht. Der Soldat Lindner floh in meinen Träumen über nassen Acker, sein Gewehr hatte er weggeworfen, ein fremdes Gewehr wollte er aufheben, wie eine Mauer standen russische Reiter vor ihm, die Lanzen gesenkt. Diesmal würden Panzer vorpreschen, T 34 und »Joseph Stalin«, und bei Kaub über den Rhein setzen, den Amis hinterdrein. In einem Panzer würde mein Joachim sitzen, der gerechte Krieger, auf eine Mine fahren, herausspringen, über hessischen Acker keuchen, fern bei Sedan auf der Höhe stünde der Soldat Joachim Linden auf der Wacht neben seinem Kameraden, den die Feindeskugel tödlich traf. Oder er gehörte zum südlichen Durchbruchskeil, bei Straßburg neben der Schanz überschritt er den Rhein, keuchte als Pionier zum Lingekopf hinauf – gut sind die Leute dran, deren Phantasie nicht weit reicht.
Am Morgen schlug ich die Zeitung auf und stieß auf eine Kurzgeschichte des jungen Autors Ralf Bleckschild: »Der Wegweiser«, geschildert wurde, wie zwischen Zwenkau und Störmtal ein Bauernjunge namens Wilhelm, zornig, weil ihn die Lützower wegen seiner Jugend zurückgewiesen hatten – »Lachend riefen sie vom Pferd: Mußt noch wachsen, Bürschlein, komm nächstes Jahr wieder!« –, einen Wegweiser umgedreht hatte, und nicht auf Beucha waren die Franzmänner geritten, sondern in die Sumpfwiesen nahe Otterwisch, und dort hatten, als ihre Pferde bis zu den Bäuchen im Schlamm steckten, Bauern sie mit Sensen und Dreschflegeln erschlagen. Der Schmied von Dölitz sei ihr Anführer gewesen, Bleckschild hatte ihm den hanebüchenen Namen Jörg Wakkerbarth gegeben.
Ein Zeichner hatte die Geschichte illustriert: Jörg Wackerbarth sah aus wie Andreas Hofer. »Guck dir den Mist an«, sagte ich zu Joachim, als er gegen elf aus dem Bett gefunden hatte.
»Nun laßt den Quatsch«, sagte Marianne und tischte Bratwurst mit Kraut auf.

Ich fragte nicht, ob Joachim sich freiwillig gemeldet hatte, das warf mir Marianne am Nachmittag vor, als wir mit dem Handwagen loszogen, um Kartoffeln einzukellern. Ich sei genau so stur wie Joachim, müßte ihn begreifen in seinem jugendlichen Trotz: »Immer, wenn's ernst wird, hältste dich raus, un ich muß alles ausbadn!«
Wir schwiegen, während wir die Säcke auf den Handwagen hoben und zurückklapperten, erst im Keller beim Auslesen probierte ich: »Jede Generation braucht ihre Fehler.« Marianne schmiß vor Wut eine angefaulte Ärber, so nennen wir die Kartoffel, gegen die Wand, wo sie zerspritzte.
Ein paar Wochen später nuschelte Joachim beim Abendbrot so dahin, für den nächsten Morgen um zehn sei er zur Musterung bestellt. Marianne atmete tief durch, mir fiel wenigstens das ein: »Früher haben sich die angehenden Rekruten hinterher besoffen.« Joachim klärte mich auf, jetzt sei Schluß mit diesem kleinbürgerlichen Mief, sie würden die »Iskra«-Gedenkstätte besuchen, danach sei ein Meeting mit sowjetischen Freunden.
Marianne und ich gingen am Morgen darauf wie gewohnt zur Arbeit. Ich lag unter einem Fahrzeug, um irgend etwas zu überprüfen, als ich ans Telefon gerufen wurde: Eine Frauenstimme fragte behutsam, ob ich der Vater eines gewissen Joachim Linden sei. »Chirurgie in der Liebigstraße. Begomm Se bidde kein Schregg, Ihr Sohn is bei uns, Verkehrsunfall. Er wird gerade oberiert. Bidde regen Se sich nich auf!«
Eiseskälte fuhr mir in die Glieder. Ich ging in unseren Aufenthaltsraum. Bloß kein Alarm jetzt, eine Leiter hinauf, in eine Grube zu einer Bombe hinunter – bloß nicht. Marianne Bescheid sagen – das hatte bis zum Abend Zeit.
Vor der Tür zum Saal der Chirurgie lungerten drei Gestalten in Bademänteln, eine den Arm in einem Gestell, die anderen mit Halskrägen aus Gips. Kein Pförtner weit und breit, keine Schwester; die drei zeigten sich hilfsgierig. »Dei

Schunge? Unfall? Da liegt einer links am Fenster, Gumpel, ich guck gleich mal nach.« Und er kam zurück und sagte, alles sei halb so schlimm, Schienbeinbruch und dann noch vielleicht was am Knöchel. Die drei klärten mich auf, sie dürften keinen reinlassen, Besuchszeit sonntags und mittwochs, das Essen sei mies, und die Sachen, die ich mitgebracht hätte, würden sie selbstverständlich weitergeben. »Und wenn de irgendwas willst, wendste dich immer an uns!« Sie hatten sich selbst zu dieser Funktion aufgeschwungen, fühlten sich als Ordnungshüter, als langer Arm des Professors. Da schlurfte wieder einer fort und kam mit der Nachricht zurück, mein Junge sei *vor* der Musterung angerempelt worden, von einem Motorradfahrer. Ich bot Zigaretten an.
Am Sonntagnachmittag standen wir vor Joachims Bett; Marianne hockte gleich bei ihm und streichelte und steckte das Laken fest, sein Bein hing bandagiert und vergipst schräg in der Luft: »Tut doch bestimmt nicht mehr so weh, stimmt's? Und nachts? Kannste schlafen, oder tut's nachts auch weh?« Einer mit gipsernem Halskragen streunte vorbei. »Alles klar soweit?« Joachim nickte. Fachleute unter sich.
Dann hörten wir: Joachim war vom Platz vor der Oper auf die Franz-Mehring-Buchhandlung zugegangen, ein Mann auf Unterarmkrücken, ein Beinamputierter, hatte sich ihm entgegengeschwungen. »Richtig blöd«, sagte Joachim, »ich nach der einen Seite, er auch, ich nach der andern, er auch, ich konnt ihn doch nicht umrenn! Und da hat mich dann ein Motorrad von hinten erwischt.« Menschenauflauf, Straßenbahnen hatten sich gestaut, er war an die Bordkante getragen worden, Polizei, ein Krankenauto... Ich fragte: »Und der Einbeinige?«
»Der hat sich davongemacht.«
Ich spürte Mariannes Seitenblick. Wie lange er hierbleiben müsse, fragte ich, und Joachim schniefte. Vier Wochen mindestens, vielleicht sechs, eher würde der Gips nicht heruntergeschnitten. Nachbehandlung – zwei Monate müßte er

wohl aufnehmen. Ich dachte dabei: zwei Monate ohne Musterung.
Joachim kam verändert aus dem Krankenhaus zurück. Marianne und ich hüteten uns, die kasernierte Polizei zu erwähnen. Eines Tages erzählte Joachim, im Betrieb hätten Werber nach gescheiten, fleißigen, staatsbewußten Mädchen und Jungen gefahndet, auch ihn hätten sie bekniet, ob er nicht studieren wolle. Maschinenbau, Medizin, Justiz, Kunstgeschichte – er möge nur zugreifen. »Hab gesagt, ich würd's mir überlegen.«
Marianne war skeptisch. Er würde weniger verdienen, in seiner Kindheit habe er Lehrer und Eltern nicht gerade mit Fleiß verwöhnt. Ich sagte: »Dümmer is vom Studieren noch keiner geworden.« Das war einfältig genug. Ich überlegte, was ich wohl gemacht hätte, wenn mir mit achtzehn ein Studium vorgeschlagen worden wäre. Beim Fach Sprengen hätte ich zugegriffen, alles andere hätte mich nicht gereizt. Nein, auch Geschichte nicht. Damals nicht.
Im nächsten Herbst saß Joachim auf der Schulbank. Mathematik und Physik wurden gepaukt, von manchem verstand ich etwas, aber nur im ersten Jahr. Meist sah ich ihn im Blauhemd; über den Tisch, an dem er lernte, hängte er ein Bild von Stalin. Seiner Schwester Erika half er bei den Schularbeiten, das hatte er vorher nie getan; er war wohl stolz, ihr zu zeigen, was er alles wußte. Natürlich kommandierte er sie dabei herum, aber das minderte Erikas Liebe zu ihm nicht.
Ich sah Erika heranwachsen, hörte sie reden, lachen, aber ihre Welt war nicht meine Welt. Sie war eine normale Schülerin, nie ehrgeizig und nie in Gefahr sitzenzubleiben. Sie hatte eine unbekümmerte Art zu zeichnen: Vögel, Blumen, Fachwerkhäuser, kahle Bäume vor einem Winterhimmel, und an allen Zweigen hingen Trompeten. Einmal, da war sie vielleicht zwölf, zeigte sie mir die Zeichnung eines Mannes mit tiefen Augenhöhlen und ohne Mund. »Weil du seit einer Woche nicht mit mir geredet hast. Das bist nämlich du.«

Ich sagte: »Worüber wollen wir denn reden?« Da wurden ihre Schultern eckig, sie malte hastig einen Mund hinein, der war nur ein Strich. »Sollte nicht so werden«, sagte sie, mit sich selbst unzufrieden, und es klang auch so, als sollte ich ihr nicht böse sein.

Joachim hielt sich in der Mitte der Studiengruppe. Manchmal kamen wir auf mein Lieblingsthema zu sprechen. Joachim hatte nur Spott für das Denkmal übrig: feudal-bourgeoises Relikt, wer sich schon für Geschichte interessiere, solle das gefälligst im positiven Bereich tun. Beinahe hätte ich da das Geheimnis der ›Iskra‹-Gedenkstätte gelüftet.

Nach einem halben Jahr hörte ich, sein Geschichtsdozent hieße Bemmann. Ich überlegte, ob ich Joachim von meinen Begegnungen mit ihm erzählen sollte: Ich hatte beispielsweise Bemmann im Gespräch mit Fürchtegott auf den Wällen gesehen. Da meinte ich, es gäbe Dinge, die gehörten nicht in die Ohren der Jugend, zu kompliziert waren sie, zu leicht gingen sie in Unverständnis und Hohn unter. Ich fragte, worüber Bemmann doziere; über den Aufstand des Spartakus, Interbrigaden vor Madrid und Walter Ulbricht in den Schützengräben Stalingrads. Kein Platz für uns arme Sachsen, immer die Preußen im Nacken. Gern wurde erzählt, wir Sachsen seien in Berlin die fünfte Besatzungsmacht, rote Sachsen drückten der DDR den Stempel auf. Auch Sie sind Preuße, Herr Doktor, da fällt es gewiß schwer, Ihnen begreiflich zu machen, was geschah. Die Sachsen, Ulbricht an der Spitze, die nach Berlin gezogen waren, hatten sich dort gewandelt, nun regierten sie als Preußen. Blücher und die Festung Völkerschlachtdenkmal, die Erfindung der ›Iskra‹-Stätte – alles preußisch. Nie hat einer untersucht, was geschehen wäre, wäre Deutschland am sächsischen Wesen genesen. Natürlich lästern Sie jetzt, und wie Sie das Wort »gemiedlich« aussprechen, ist voller Häme. Aber »gemütlich« kommt von Gemüt, und das ist das schlechteste nicht.

Erika erhielt die Jugendweihe. Der Genosse Bemmann – er

hatte inzwischen die Partei gewechselt – hielt die Rede: Jeder junge Mensch habe bereit zu sein, das sozialistische Vaterland gegen den Imperialismus zu verteidigen. Schulter an Schulter. Erika lernte danach Technische Zeichnerin. »Wenn du ausgelernt hast und mir eine Freude machen willst«, sagte ich, »mach 'ne Skizze, die das Denkmal durchschnitten zeigt, maßstabgerecht für die Wand meines Zimmers.« – »Mach ich dir, Baba.« – Aber als es soweit war, vergaß sie es.

Ihr Chef konstruierte Hebebühnen und Gabelstapler für einen wichtigen Betrieb im Norden der Stadt. Ihr Chef war ein As und wurde sogar nach England geschickt, um dort Verhandlungen zu führen und den Export anzukurbeln. Ich dachte mir, vielleicht könnte er eine Spezialbühne für das Denkmalsinnere entwerfen, die ausgefahren werden konnte, um die Kuppelwände sauberzuhalten und zu streichen. Ich schrieb einen Brief und gab ihn Erika mit; der Mann interessierte sich dafür, und wir verabredeten uns für einen Sonntagmorgen. Der Denkmalschor sang, »Lützows wilde verwegene Jagd« gehörte längst wieder zum Repertoire. Auf dem Programmzettel las ich: »Der Chor des Völkerschlachtdenkmals bemüht sich, sozialistisches und patriotisches Liedgut der progressiven deutschen Geschichte zu pflegen.« Der Hebebühnenkonstrukteur sah interessiert zu den Reitern hinauf und maß die Höhe mit skeptischem Blick. Als die berühmte Akustik nicht mehr im Dienst patriotischer Klänge stand, sagte er: »Bauen kann man im Grunde alles. Bloß, ob's zu bezahlen ist.«

Wir hatten beide die Köpfe in den Nacken gelegt, ich wartete drauf, daß mir schwindlig wurde, dann schien es so, als drehten sich die Reiter im Kreis. »Müßte man hoch anbinden, die Sache«, probierte ich im Stil der Zeit. »Irgendwie über Ulbricht einfädeln. Für seine Stadt tut er 'ne Menge!«

Der Mann verlangte durch Erika exakte Zahlen, er wolle die

Sache überdenken. Wir verabschiedeten uns und sahen uns nie wieder.
Denn das Schicksal wollte es, daß die Produktion der Gabelstapler von der DDR weggeplant wurde, dafür waren künftig die Bulgaren zuständig. Das führte zu Kuddelmuddel, Gabelstapler kamen in nur ungenügender Zahl vom Balkan, mit den Ersatzteilen klappte überhaupt nichts mehr. Und das große As zog nun nicht etwa donauabwärts, um dort ehemaligen Tomatenzüchtern und Schafscherern seine Kniffe beizubringen, sondern verschwand nach Heidelberg. Von da aus schrieb er bunte Karten an ehemalige Kollegen, wie schön das Neckartal sei, und wer gern richtige Gabelstapler baue, sei herzlich in ein modernes Werk am Fuße von Weinbergen eingeladen.
Ich hab ein wenig Kopfweh, machen wir Schluß für heute, Herr Doktor. Na gut, ich beantworte Ihre Frage nach dem hauptsächlichsten sächsischen Charakterzug noch. Es ist schwer, ein sperriges Bündel in einen Begriff zu fassen. Ich will's versuchen: Wir Sachsen wollen nicht gewinnen.

11. KAPITEL

Das Bild in Ihrem Zimmer?

Welches? Ach, das, ich hätte es mir denken können. Den Maler kannte ich gut. Deshalb hab ich mir ja den Druck hingehängt. Und weil vom Denkmal aus... einleuchtend? Ja, ich hab an dem Bild einiges korrigiert. Wenn Sie das Original nicht kennen würden, hätten Sie es nicht gemerkt, logisch.
Der Maler – ich möchte bei dieser Bezeichnung bleiben, in meinen Gedanken hieß er so, ehe ich den Namen erfuhr. Eines Tages legte er seinen Skizzenblock auf die Brüstung über dem Erzengel und begann zu stricheln, die Silhouette der Stadt, Kuppeln, Schornsteine, Kirchen. Ich ging hinter ihm die Treppe hinunter, sah seine Schultern, seine Glatze und warf einen Blick auf den Bogen. Das war Anfang der sechziger Jahre, acht Jahre nach Ulbrichts Auftritt und dem Unfall meines Sohnes. Die Narben am Gipfelstein waren inzwischen von Bergsteigern geglättet, die Bombentrichter im Becken gestopft, Wasser kräuselte wieder, Enten und Möwen fielen ein. Meine Tochter Erika hatte sich mit ihrem Freund nach dem Westen abgesetzt. In amtlichen westlichen Papieren hieß es: geflüchtet. Das riecht nach Gefahr für Leib und Leben. Erika war abgehauen, behende, listig, mit zwei Koffern über West-Berlin. Beim Gabelstaplerbau half sie auch jetzt, ihr Freund fand Lohn und Brot in der Nähe. Vorangegangen waren Tuscheleien; meine Mutter, Marianne und Erika hatten lange über Vor- und Nachteile geredet und sich oft die Tränen aus den Augenwinkeln gewischt. Mich hatten sie draußengelassen – aber Sie haben nach dem Bild gefragt, das berühmt wurde und oft als Vorlage für Ka-

lender und Postkarten diente. Ich hab mir einen Druck von knapp halber Originalgröße rahmen lassen.
Man schaut ja einem Maler nicht ohne weiteres zu, wenn er arbeitet, da muß sich einer konzentrieren und kann keine Auskunft geben, und Flachs verträgt er schon gar nicht. Malen ist wie Bombenentschärfen. Als er zum drittenmal dort skizzierte, jetzt das sich perspektivisch verjüngende Wasserbecken, schlug ich vor: »Sie könnten auch von weiter oben guggn. Ich könnt Sie raufführn.«
Seltsam, grübelte ich, der Klotz ist tausendmal fotografiert und gemalt worden, und zum erstenmal zeichnet einer von ihm aus die Stadt. Ich versuchte herauszufinden, warum keiner vorher auf die Idee gekommen war, der Maler strichelte weiter, vielleicht hörte er mir gar nicht zu. »Andererseits«, sagte ich, »Sie ham recht: Jeder Besucher hat so geblickt, zweimal, beim Aufstieg und beim Abstieg.«
Er kam wieder, Buchstaben und Zahlen schrieb er in die Zeichnung; das seien Farb- und Helligkeitswerte; Hochformat, viel Himmel über der Stadt.
»Dreckiger Himmel«, vermutete ich.
»Blauer Himmel.«
»Wie bei Kriegsschluß?«
Er schaute mich fragend an, da kam ich ins Erzählen. Die Fabriken hatten stillgelegen, aus keiner Lokomotive war Qualm hochgestoßen, was hatten dagegen schon eingeäscherte »Mein-Kampf«-Bände und Hitlerjugend-Führerschnuren verderben können. Ich fragte: »Sie warn wohl damals nich hier?«
»War in Gefangenschaft.«
»Ich war immer hier.« Ein beruhigender Satz, mir konnte keiner was vormachen. Ich musterte ihn von der Seite: dunkle, kurzgeschnittene Haare, an den Schläfen ein bißchen weiß, und oben war der Schädel kahl. Er war bartlos, trug einen Pullover und ein wolliges Hemd mit offenem Kragen, Manchesterhosen. Er war nicht als Künstler zurechtge-

macht. Brille, ein simples Modell, nicht ein halbes Pfund schwarzer Plast oder so was.
Das also geschah Anfang der sechziger Jahre in einer für meine Umgebung stillen Zeit. Die Mauer ums Ländle war erbaut, niemand wollte mehr bei Kaub über den Rhein, Beton stand am Brandenburger Tor und bei Eisenach, Napoleons Nachfolger würden nicht vorstoßen. Die Wächter spreizten oben Mann an Mann die Beine; so ähnlich waren Kampfgrüppler in Berlin fotografiert worden, die Maschinenpistolen vor der Brust.
Ich machte meine Arbeit zwischen Altenburg und Delitzsch, Schkeuditz und Wurzen und galt als der erfahrenste Sprengmeister im Bezirk. Die Zeit zwischen meinem vierzigsten und fünfzigsten Geburtstag war meine beste überhaupt. Als Vorsitzender der Kulturbundgruppe Leipzig Süd-Südost, Sektion Heimatfreunde, galt ich als unangefochten. Marianne war zur Leiterin eines Lebensmittel-Konsums avanciert, so hatten wir Schinken und besseres Bier auf dem Tisch und Tomaten und Blumenkohl auch außerhalb der Schwemme. Wir kauften Schrankwand und Drehsessel, Marianne drängelte, ich solle mir einen Schreibtisch zulegen; an dem hätte sie meine historischen Faxen, wie sie mein Sammeln und Sichten nannte, vermutlich erträglicher gefunden. Fernsehen und Hackepeter, Strickjacke und Übergewicht – es war die allergewöhnlichste Zeit, auf die ich mich besinnen kann. Einmal, wir hatten gerade den Fernseher ausgeschaltet und wollten ins Bett, sagte Marianne: »Du, Freedi, was ich schon immer fragen wollte: Hast dir wohl lange nicht mehr eingebildet, hättest deinen Vater gesehen? Oder Viktor?«
Vermutlich hatte Marianne wochenlang diesen Satz mit sich herumgetragen, hatte ihn gewendet und den richtigen Augenblick abzupassen versucht. Ich starrte den stummen Fernseher an, Marianne regte sich nicht, ich dachte auch, ich könnte diesen Satz überhören, in die Küche gehen und mir die Zähne putzen. Ich hatte mich nicht über das Auftauchen

von Felix und Vojciech gewundert, hatte aber nicht geglaubt, das müsse sich wiederholen. »Das war bei Kriegsende«, sagte ich, »als es drunter und drüber ging. Und immer am Denkmal.«
»Als sich Achim das Bein brach?«
»Da doch nich.« Ich wußte, es war kaum die Hälfte der Wahrheit.
»Mir machste doch nischt vor, Freedi.«
Ich legte die Hand auf ihren Arm und wendete den Kopf. »Und du hast dasselbe gedacht?«
»Ich hab gedacht, daß du's denkst.«
»Haste manchmal gefürchtet: Freedi is bissel verrückt?«
»Seinen Sparrn hat doch jeder.«
»Sie sind nicht mehr gekommen, und ich hab es auch nicht erwartet. Jetzt sind ruhige Zeiten. Alles geht seinen Gang.«
»Da haste recht.«
Wir saßen noch eine Weile, ohne zu reden, ich ließ meine Hand auf ihrem Arm. Vielleicht haben wir uns nie besser verstanden, als in dieser Stunde. »Geht's uns gut?«
»Klar geht's uns gut.«
Eines Tages stürzte ein Wolkenbruch nieder, da flüchtete ich mit dem Maler in die Stehkneipe vorn in einem der Totenbunker. Wir vom Kulturbund hatten uns mit Händen und Füßen gesträubt – Schande fürs Denkmal! Aber ein Ökonom hatte uns vorgerechnet, was es kostete, eine Baracke hinzuschachteln, und würde nicht gerade sie neben dem Denkmal fürchterlich aussehen? Und *unsere Menschen* hätten ein Recht auf Bockwurst und Bier. Zum Glück dieser Tage gehörte die Bockwurst, die bald durch die Riesenbockwurst ergänzt wurde. Unsere Menschen aßen die meisten Bockwürste der Welt, warum nicht auch hier zur Abrundung des Erlebnisses?
Unter meterdicker Decke aus Beuchaer Granit, blitz- und bombensicher, mit einem Bier und einem Kurzen, lehnten

wir an der Theke; unversehens waren wir beim Du. Ich fragte: »Bleibste bei dem saubern Himmel?«
»Vielleicht eine runde, weiße Sommerwolke drauf. Wie'n Bettkissen.« Und er erzählte, in Sibirien habe er eine lustig auf einem Rohr balancierende Frau gemalt, eine Sommerwolke darüber. Noch ein Bier, noch ein Schnaps, und da sagte er: »Mußt mich mal besuchen. Zeig ich dir. Mit der Malerei von der Brüstung aus hab ich übrigens angefangen.«
Da führte ich meinen berühmten Bierdeckeltrick vor, vierzehn Deckel übereinander, nur drei berührten den Tisch. Ich sagte, was ich von Beruf sei. »Kann dich ja leider nicht einladen, auch mal bei meiner Arbeit zuzugucken.« Das fanden wir ziemlich spaßig.
Er wohnte in hohen Räumen am Johannapark, die mit Bildern und ungewöhnlichen Möbeln und Kunstbänden vollgestellt waren. In dieser Umgebung gelang mir das Du nicht mehr so selbstverständlich wie in der Kneipe; ihm ging es wohl genauso. Das Gemälde stand hoch auf einer Staffelei, das Wasserbecken glänzte sattblau. Die Linie der Stadt gegen den Horizont war schwach zu erkennen, der Himmel drüber freundlich blank, ich dachte: Möwen und Krähen darauf oder nicht? Das Denkmal als Kante ganz vorn, ganz unten – und wenn es wegfiele: Das war ein mich schwindelnd machender Gedanke –, dann schwebte der Betrachter in der Luft. Da sagte ich, gut, daß von der Brüstung und nicht vom Gipfelstein aus gemalt worden sei. Mir blieb dieses Schweben im Sinn, dieses Losgelöstsein. Die Stadt war nicht denkbar ohne den Klotz, er hielt Leipzig zusammen, die Stadt richtete alle Blicke hinauf, nun fand der Blick zurück. Dennoch: Der Erzengel hatte mit seinem Schwert nicht in den Himmel hinaufgeschlagen, als die Bomber gekommen waren. Ich dachte: Geheimnist zuviel hinein; für den Maler ist das Perspektive, nichts weiter.
Irgendwie kamen wir auf Silvester. »Ich bin am liebsten un-

ter freiem Himmel«, sagte er, »im Gebirge oder im Wald. In Leipzig geh ich auf den Trümmerberg in Connewitz.« Ich kannte den Berg vom Denkmal aus, hatte gesehen, wie er über die Dächer gewachsen war, und manchesmal gedacht: Dort liegt das alte Leipzig.
»Das mußt du erleben!« rief er. »Wenn's Wetter nicht allzu schlecht ist – vielleicht treffen wir uns oben? Ich hab den Berg schon mal gemalt.« Er rückte Bilder von der Wand, eines stellte er hoch, und ich sah den Hang, die Trümmer überzogen von Buschwerk und Goldrute, ein Trampelpfad führt durch zähen Wuchs, auf ihm ist ein Junge hinaufgestürmt und schreit mit erhobenen Armen: »Mensch, ich seh die ganze Welt.« Ich wußte, wer sich aus Leipzigs flachen Straßen so weit erhob, mußte taumeln, denn die Welt ist nicht zweidimensional, wie er immer angenommen hat. Eine Ameise, die über den Globus turnt, weiß nicht, was unten und oben ist; so geht es dem Messestädter. Und dann steht er auf einmal fünfzig Meter hoch. In einer Bildecke haben Jungen ein bißchen Gelumpe zusammengekratzt und ein Feuerchen gemacht; das kleine Idyll, die Freude des Alltags, aber der Junge da oben ist auf dem Weg zu den Sternen. »Ob du mir das glaubst oder nicht«, sagte ich, »ich hab auch mal gerufen: Ich seh die ganze Welt. Da war ich so alt wie die Jungen, mein Vater hatte mich auf die oberste Kante gestellt. Ich hab gemeint, ich könnte fliegen. Vielleicht gehen wir mal zusammen auf deinen Berg? Schon vor Silvester, wenn Jungen dort hinaufstürmen?«
Hinter kaputten Zäunen und einem zerbrochenen Tor begann ein Fahrweg, dort stand ein Steinhäuschen ohne Türen und Fenster, gleich dahinter lagen Betonriegel im wirren Haufen. Der Maler sagte: »Ich hab mir den Mund fußlig geredet gegenüber Leuten, die was zu sagen haben: Hier vorn müßte man aufräumen, alles andere müßte so bleiben, Wildwuchs, Akazien und Buchen und Eichen, und diese wunderliche Schmarotzerpflanze, Wolfsmilch, sollst mal sehen, was

sie im Herbst für duftige, federleichte Wattepolster in die Zweige hängt.«
Wir gingen um den Berg herum, dort grenzt ein Graben, der angefüllt mit stinkender schwarzer Brühe war, voll von Phenol aus den chemischen Werken oberhalb der Stadt, blaue Schaumkissen schwammen darauf. Die Ufer waren mit dicken festen Unratbänken verkleistert, und ich dachte: Selbst wenn eines Tages wieder quellklares Wasser flösse, würde es sich aus dem Ufer heraus immer wieder verpesten. Wie könnte man diese Giftmassen abtragen, ein spezieller Bagger müßte her, aber wohin entsorgen? Es stank scharf wie immer. Es klang hämisch, als ich fragte: »Und wie kriegste solchen Gestank aufs Bild?«
Da war der schmale Pfad, durch Kinderfüße getreten, oben stand schief ein Mast. Ins Gebüsch waren Höhlen gegraben, abgestützt durch Bretter, wieder verfallen. Er sagte: »Hier hab ich Kaninchen und Hasen und Rebhühner gesehen, auch Fasane, einmal sogar ein Reh. Der Trümmerbrocken dort, vielleicht könnte ein junger Künstler ihn ein bißchen herrichten, nicht überpinseln, sondern seinen Ausdruck verstärken. Das Moniereisen, ist es nicht großartig, wie es sich schlängelt? Wie eine moderne Skulptur. Der Berg als Kunstwerk und Naturwerk gleichzeitig, verstehst du mich? Die Idioten, denen ich es erzählt habe, begriffen kein Wort. Sie haben genickt und jaja gemurmelt, und wahrscheinlich haben sie gedacht: Der Spinner, was der schon wieder will.«
Allmählich sah ich mit seinen Augen: eine Mulde dort, müßte man so lassen. Eine Kaskade von Ziegelbrocken sollte man von Bewuchs frei halten. Das Papier da und die verrosteten Blechtonnen müßten natürlich weg. »Bloß keine Bude obendrauf«, sagte der Maler. »Kaffee trinken und Bockwurst essen können die Leute woanders.«
Als wir oben waren, blickte ich natürlich zuerst zu meinem Klotz. Es war nachmittags, die Sonne beschien ihn, ein kleines Fenster weit oben blinkte. Unter uns lag die Stadt Dach

an Dach um die Karl-Liebknecht-Straße, dahinter die Kuppeln der Markthalle, die Spitze der russischen Kirche. Im Süden und Westen Baumwipfel dicht an dicht, grünes Leben. »Von dort werden die Tagebaue vorangetrieben«, sagte ich, »sie werden die Hälfte der Bäume fressen. Und der Schwefel in der Luft.« Auf einmal fiel mir ein: »Die Goldrute lebt wahrscheinlich vom Schwefel.«
»Also bis Silvester!«
Unsre Erika schrieb bald die erste bunte Ansichtskarte aus dem Schwarzwald. Für Joachim veränderte sich einiges: Er hatte jetzt eine Blutsverwandte im Westen, war nur noch zweitgradig vertrauenswürdig, nicht tragbar für Polizei und Armee – kein Schwert an seiner Linken! Vor dem Abitur wurde hin- und hergeredet: Zahnarzt oder Chemiker, Tiefbauingenieur oder Außenhändler oder was?
Damals hatte man, so erzählte er mir, den *Kulturwissenschaftler* erfunden, der sich in Literatur, Malerei, Musik und Theater auskenne, er könne ein Kino leiten wie ein Jugendklubhaus, könne Stadtkulturdirektor sein wie Intendant eines Theaters. Da sich Joachim bisher für keines dieser Gebiete besonders interessiert hatte, schien er geeignet, sich mit allen auseinanderzusetzen. Zum Studium zog er nach Greifswald, wir sahen ihn nur in den Ferien. Auch da war er oft in Zeltlagern, einmal zu einem Arbeitseinsatz in der Ukraine, da schaufelten sie beim Bau eines Industriewerkes und saßen am Lagerfeuer und sangen und machten Druschba mit Studenten aus Bulgarien und Polen und der Slowakei, und da verliebte er sich in eine Studentin für Binnenhandel, Claudia aus Schkeuditz. Nach dem Lagerfeuer gingen sie in die ukrainischen Büsche oder Kukuruzfelder, fern der Heimat schlug das Herz hoch für den Landsmann, das Landsmädchen, vielleicht klang noch die Balalaika oder Garmoschka herüber, die Harmonika – sie knickten halbtrockene Stengel, bis sie ein Bett hatten.
Als der Ernteeinsatz vorbei war, schauten sie sich im Zug

traurig und verwundert an, versuchten ein Lächeln, und in Leipzig auf dem Hauptbahnhof, als sich der Trupp auflöste, sagte Claudia müde: »Schreib mir mal, ja?« Aber er schrieb nicht, vielleicht schrieb er auch nur noch nicht, dann kam ein Brief von ihr. Da ahnte er halb und halb, und was er dann hörte auf einer Bank zwischen Hauptbahnhof und Oper, klang wie befürchtet: Claudia erwartete ein Kind. Da fragte er kleinlaut, ob es denn von ihm sein müsse, hundertprozentig? Und sie nickte. Und Joachim rang sich zu dem schwersten Satz durch, den er je hatte sprechen müssen: »Meinst du, daß ich dich nun heiraten muß?« Und sie fragte: »Willste denn?« Und er schaute sie betreten an. Und sie sagte: »Ich dich nämlich auch nicht.«
Mit gesenktem Kopf schlich Claudia herum, sie war blaß, und als das Studium wieder begann, schrieb sie eine Fünf nach der anderen. Joachim hatte sich wieder in sein Greifswald davongemacht, karg blieben seine Nachrichten an Claudia und erst recht an uns. Von der Bescherung hörte Marianne erst zu Weihnachten. Da fuhr sie, aufgewühlt durch den halb beängstigenden, halb die Augen glänzend machenden Schreck: Ich werde Großmutter! hinaus nach Schkeuditz; Claudia, deren Mutter und Marianne saßen bei Kaffee und Stolle. Dazu tranken sie Hemus, einen süßlichklebrigen Wein, der bei sächsischen Frauen beliebt war. Tja, und war denn Platz hier für das Kind? Und was mit dem Studium? Und wie konnte man, fragte Marianne, den Herrn Vater animieren, daß er, der Student, auch zum Gedeihen seines Sprößlings beitrug?
Wie oft in solchen Fällen erfuhr ein zur Familie gehörender Mann, nämlich ich, erst weit später davon. »Ach, übrigens«, begann Marianne ein Abendgespräch, und dann wurde ich informiert, nicht etwa um Meinung oder Rat gefragt; benötigt wurde ich bei dem, was nun zu tun war, eigentlich nicht. Wenn sie wenigstens Geld von mir gebraucht hätten. Claudias Vater war Dreher in zwei Schichten in einer Maschinen-

fabrik in Schkeuditz, die Mutter Köchin in der Mühle nebenan. Sie bewohnten ein Häuschen, von den Nazis nach 1933 innerhalb einer SA-Siedlung gefördert, denn auch zu dieser Familie hatte einmal ein Alter Kämpfer gehört. »Da wird's der kleine Kerl gut haben im Grünen«, sagte ich.
»Oder die Kerlin.«
Es wurde ein Mädchen, und Claudia und die beiden glücklichen Großmütter nannten es Julia. Joachim sah sein Kind nicht, Claudia entschied so. Unbelastet durch Kindsgeschrei legte er sein Examen ab und wurde in einem Filmarchiv in Berlin angestellt – ich wunderte mich darüber, obwohl ich ja bei ihm allerhand Bocksprünge gewöhnt war. Als eifrigen Kinogänger hatte ich ihn noch nicht erlebt.
In der Silvesternacht traf ich den Maler auf dem Trümmerberg. Als Marianne und ich hinaufstapften, lag Schnee, die Nacht war hell, auf dem Plateau hörte ich ihn schon von weitem. Wir begrüßten uns, er streckte eine halbe Flasche Whisky vor, ich revanchierte mich mit Korn. »Hab ich den Mond nicht prima hingekriegt!« lärmte er und zeigte hinauf, da hing er wie bei Caspar David Friedrich, schien auf die Stadt und ihr Denkmal. Männer stellten an den Rändern Raketen auf, Jungen hatten in einer Mulde trockenes Zeug zusammengeramscht und ließen Feuerchen flackern, es war wie auf dem Bild: »Mensch, ich seh die ganze Welt!« Lustigkeit überall und Gerufe, wieviel schöner es war, Silvester mit anderen zu feiern, unter sich die Stadt, als für sich daheim.
So hatte ich Leipzig noch nie gesehen, es gleißte, funkelte, hatte nicht Ruhetag, hatte nicht wegen Inventur oder Warenannahme oder Verdunkelung oder Kriegsende geschlossen, das Ältestbauviertel hatte illuminiert wie das Neubaugebiet, Leipzig konnte kein Wässerchen und kein Himmelchen trüben, es strahlte aus allen Fenstern und Knopflöchern, mein Leipzig lobte selbst ich mir in dieser Nacht. Fünf vor zwölf, hier und da schnellte ein Raketchen auf, das es nicht erwarten konnte. Die Taschenflaschen wurden aber-

mals gelüpft, der Maler jubelte in den Mond hinein. Fast war der Lichterkreis um uns geschlossen, nur im Süden dunkelte Auwald, aber selbst hinter dieser Schwärze glühte eine Abgasfackel. Ach, dachte ich, du Stadt, wie schwer liegst du mir am Herzen, wie hast du mir schon auf dem Magen gelegen, aber jetzt bist du ganz einfach wunderschön. Zwölf Uhr? Alles Gute und Küßchen! Und Gesundheit vor allem, und ich wünschte dem Maler prächtige Bilder und er mir immerdar rostfreie Zünder. In diesem Augenblick ging unten Leipzig in die Luft.
Das spritzte auf als schimmernder Teppich, gewebt aus silbernen Bogenfäden, springend und hüpfend, doppelt so hoch wie die Häuser erhob sich dieser Flor. Aus weißer Lohe stiegen blau und rot und grün Signale auf, wir sind da, leben, jauchzen, wir grüßen den Himmel und das neue Jahr, das besser werden soll als das alte, wie denn nicht! Meine Flasche hob ich grüßend in Richtung auf den Denkmalsbrokken. Dort und da und überall goß sich dieser größte Feuerzauber des Jahres in den Himmel. Als ob die Leipziger selbst in den Himmel springen wollten! Sterne fauchten nun auch von der Kante unseres Berges hinauf, da merkte ich, daß ich schon seit einer Weile Mariannes Hand hielt. Nicht an Bombardement dachte ich wie sonst bei einem Feuerwerk, nicht an Masterbomber und den sich rächenden Samuel alias Horst-Heinrich Katzenstein, nicht an Kanister mit Stabbrandbomben und die badeofengroßen Luftminen der Medium-Capacity-Version, ich hörte den Maler rufen: »Das werde ich malen!« Ich dämpfte: »Das schaffst du nie, das schafft keiner, das muß man *sehen*, und morgen oder in einer Stunde schon können wir es uns noch nicht einmal mehr vorstellen.«
Nach einer Viertelstunde gingen dem Lichterteppich die ersten Fäden aus, die glühenden Sterne wurden seltener, noch eine Kaskade, noch einmal Christbaumschmuck, die Leipziger hatten Geld verpulvert, hatten sich in etlicher Hinsicht

verausgabt und kehrten nun wieder in ihre Ziegelstein- und Betonhülsen zurück, schraubten sich ein, tanzten zu Swing und Bebop oder was gerade modern war mit Geschwofe und Geküsse und Bowle und immer mal einem Schnäpschen zwischendurch. Der Mond übernahm wieder die Herrschaft. Licht glomm noch hinter zehntausend Fenstern, die Bergwanderer stöpselten ihre halbleeren Flaschen zu, schmissen die leeren in den Schnee und machten sich auf den Heimweg. Ich bedankte mich beim Maler für den Tip, und er sagte, in den nächsten Tagen besuche er mich wieder am Denkmal, und außerdem sei ihm in dieser Nacht eine Idee durch den Kopf gegangen.
Er kam wieder mit seinem Skizzenblock und probierte aus, wie hoch der Bildhimmel über dem Becken sein solle. Er fragte: »Weißt du noch, daß du mir gesagt hast, das Denkmal sei nur für die Toten der einen Seite? Man müßte ein neues Denkmal bauen, und zwar auf dem Trümmerberg.« Wenn die neue Straße von Süden her fertig sei, führe sie direkt auf den Berg zu, er würde vor einem aufragen. Von allen Seiten sonst müßte man durch winklige, bröcklige Vorstädte. Ein Mahnmal für *alle* Toten dieses Jahrhunderts, redete er weiter, für die Kriegstoten *beider* Seiten, für die KZ-Opfer, die Bombenopfer, und ich überlegte, ob er die toten SS-Männer, etwa den Befehlshaber der Festung Völkerschlachtdenkmal, dazurechnen würde. »Eine Faust«, sagte er, »riesenhoch, und eine Schrift: Trotz alledem!«
Ein paar Wochen später wurde am Markt eine Kunstausstellung eröffnet, in der Volkszeitung las ich, der Maler sei vertreten, seine Graphik mit dem Titel »Trotz alledem« wurde erwähnt. Ich stand lange davor. Eine Faust, allerlei Menschenkörper um den Arm herum, fallend und sich klammernd, kämpfend und stürzend, sich bäumend, Flammen auch, Stacheldraht, Speerspitzen, gebogenes Moniereisen und immer wieder Menschenleiber. Simple Gedanken wie: Es gefällt mir, oder: Gefällt mir nicht, ließ ich nicht an mich

heran. Ich wartete auf andere Empfindungen: Stolz oder Beklemmung oder Ehrfurcht. Einer Besuchergruppe erklärte eine Dame die Ausstellungsstücke, auch vor der Graphik »Trotz alledem« bildete sich ein Halbkreis.
Karl Liebknecht sei zitiert, die Arbeiterklasse bäume sich immer wieder auf, im Spanischen Bürgerkrieg und in den Konzentrationslagern seien Proletarier gefallen, auch an tapfere Vietnamesen könne man denken. Thälmann habe gesagt, fünf Finger seien eine Faust. Die Bildsprache des Künstlers, vielleicht manchem ungewohnt – auch sie sei sozialistischer Realismus. Die Faust mahne zur Wachsamkeit, noch immer würden Kriegsstifter drohen, man müsse ihnen entgegenschleudern... Der Künstler habe ausgedrückt, daß der Sieg des Kommunismus trotz aller Opfer... Ich dachte mir: Der Maler wird ja wohl wissen, wenn es nötig ist, den Mund aufzutun.
Einige Male hatte ich an der Straße zu schaffen, die von Süden her auf die Stadt zu gebaut wurde; wir sprengten die Fundamente einer ausgedienten Eisenbahnbrücke. Ich sah den Trümmerberg hinter den Bäumen und stellte mir darauf die ragende Faust zu verschiedenen Jahreszeiten, bei wechselnder Beleuchtung vor. Vom verschlungenen Weg blickte ich auf die Wipfel der Eichen und Buchen und wunderte mich über die Weite des Waldes, der sich da entlang der Flußarme durch Leipzig zog. Mein Klotz stand am Abend im hellen Licht von Westen her angeleuchtet. Wie würden wohl die Besucher des Mahnmals auf diesem Berg einmal hinüberblicken? Ich war nicht eifersüchtig.
Joachim trug inzwischen das SED-Abzeichen am Aufschlag. Nun, da er auf die Dreißig zuging, wurden die Haare an den Stirnecken dünn, das lag nicht in unserer Familie. Erika hatte ein Paket geschickt, aber wir stellten, als er einmal zu uns kam, weder westfälische Katenrauchwurst noch Emmentaler auf den Tisch, wir wollten unseren Genossen Gast nicht provozieren. Er erzählte von seiner Arbeit in

Berlin, er arbeitete nicht mehr im Film-Archiv, sondern war einer bestimmten Kommission zugeteilt worden, »hoch angebunden« und »direkt unterstellt«. Ich fragte: »Wem denn?« und erntete einen verwunderten Blick. So etwas fragte man wohl nicht. »Und wie kommste mit den Berlinern zurecht?«

Joachim wiegte den Kopf: Ganz Berlin werde von der Propaganda des RIAS verseucht. Andere Bezirksfürsten blickten scheel auf Leipzig, weil der Genosse Walter die Hand über seine Geburtsstadt hielt, es werde gemault, er schanze ihr fette Gelder zu – die Sportlerschule, das Stadion, die Oper. Der Genosse Walter müsse gegen Intrigen auf der Hut sein, Spannungen gingen auch quer durch die Kommission, in der er, Joachim, tätig sei.

Während Joachim redete, schnitt er sich Happen auf dem Teller zurecht und schob sie in den Mund; während er kaute, schnitt er schon wieder – ich dachte, so aßen Leute auf dem Sprung in Kantinen, so sollte man nicht essen, wenn man bei den Eltern die Beine unter den Tisch steckte. Er war Vater seit ein paar Jahren, ich konnte mir nicht vorstellen, daß er mit einem kleinen Kind hätte umgehen können. Inzwischen kannte ich Claudia und auch Julia, ein dunkeläugiges, kleines Ding mit Ponyfrisur, und seit kurzer Zeit hieß es, Claudia wolle einen Binnenhändler heiraten, der geschieden und Vater von zwei Kindern war, die bei der Mutter bleiben sollten. Alles das gehörte nicht eigentlich in meine, sondern in Mariannes Welt.

Marianne fragte nach einem Mädchen, es würde doch nun langsam Zeit, ans Heiraten zu denken, oder? Joachim schluckte rasch hinunter. Er sei unglaublich mit Arbeit eingedeckt, habe einfach keine Gelegenheit, und eine Genossin ... und dann auch zu Hause noch Debatten wie auf Arbeit – besser nicht.

Joachim blieb drei Tage: Er hockte in Sitzungen wegen schwierig zu realisierender Perspektivpläne. Ein paar Leute

wollten von der Linie abweichen – Revisionisten überall. Ich sagte: »Vielleicht stellt jemand falsche Wegweiser auf und lockt euch in die Sümpfe?« Joachim schaute mich an, als sei ich wunderlich geworden. Ein Name tauchte auf, mit dem ich etwas anzufangen wußte: Der Genosse Lohse sei inzwischen Kulturhäuptling für den Bezirk. »Da soll es einen Trümmerberg bei Connewitz geben«, fragte Joachim. »Kennst du?«
»Klar.«
»Ein Spinner will ein versöhnlerisches Denkmal hinstellen, eine vollhumanistische Dusselei. Den Satz kennst du doch sicherlich: Mein Leipzig lob ich mir, weil wir die Hausherren sind!«
»Stammt von einem gewissen Fröhlich, unserem Bezirksfürsten. Er lobt Leipzig, weil es ihm gehört – soll ich das so verstehen?«
»Möchte mal wissen, ob du überhaupt noch dazulernen kannst!« Joachim blickte auf die Uhr. Er habe noch eine Beratung.
Zwei Tage später ging ich zum Maler. Ich erinnerte mich an meinen Vater; durch eine Brandnacht war er zu Katzensteins Haus gerannt. Ich kam aus gewiß weniger triftigem Grund, dachte aber: Sicherlich hängt ein Künstler an seiner Schöpfung wie am eigenen Leben.
Der Maler trug Kittel und Käppchen. Er entschuldigte sich, er könne mir nicht die Hand geben, er sei gerade dabei, einen Rahmen zu streichen. Alles müsse er selber machen, die Heizung im Atelier sei entzwei – er schimpfte mehr für sich, während er noch pinselte.
Später am Tisch rückte ich heraus. »Versöhnlerisch«, sagte ich, »vollhumanistische Dusselei, das sind so ein paar Ausdrücke.«
Wir gingen in einen anderen Raum, da ragte eine meterhohe Lehmfaust aus einem Sockel, Draht wand sich, Leiber stürzten. Der Maler zog Sackleinwand zur Seite, ich sah mehr,

sah alles, sagte: »Man erkennt bei den Leuten doch gar nicht, auf welcher Seite sie gekämpft haben.«
Das ginge ja nun wirklich nicht, klärte er mich auf, die Figuren in der jeweiligen Uniform darzustellen, Kunst müsse symbolisieren; schon wenn er alle als Tote darstelle, sei viel hineingelegt.
»Müßtest eine Schrift um den Sockel laufen lassen«, schlug ich vor: »In diesem Jahrhundert sind so viel tausend Leipziger an den Fronten gefallen, so viel in den Lagern umgekommen, so viel durch Bomben getötet worden, so viele wurden vertrieben.« Hildrun und ihre drei Kinder gehörten eigentlich dazu.
»Kann mir schon denken, woher der Schuß kommt. Aus Berlin. Auch die in Halle stecken dahinter. Gerechte und ungerechte Kriege, kenn' ich doch alles.«
»Du hast einen sächsischen Standpunkt, und die haben einen preußischen.«
»Aber Ulbricht...«, der Maler setzte nicht fort.
Ein völlig neues Sachsengefühl, wer hatte das zu verbreiten versucht? Ulbricht und tausend Sachsen hatten Berlin unterwandern wollen, tja, das war wohl vorbei. »Brauchst ein paar gute Argumente«, probierte ich. »Mußt listig vorgehen.« Der Maler sagte fast nichts mehr. »Der heilige Berg unserer Stadt«, fuhr ich fort, »mir ist vor einiger Zeit die Idee gekommen. Ich trete sie dir gern ab, kannst damit mehr anfangen als ich.«
»Mit diesem Begriff würde ich mir selber beide Beine wegschlagen.« Schicksalsberg, rieten wir noch und bastelten mit Begriffen wie hehr und ewig, Gedächtnisberg – es war alles unbrauchbar.
In diesen Wochen sprengten wir eine Gasse durch den Wald auf den Berg zu, Findlinge und Baumstümpfe mußten geräumt werden, ein alltägliches Geschäft. Die Goldrute schoß aus grauen Winterresten heraus, in den Auenniederungen blühten die Himmelsschlüssel und dieses Kraut, das nach

Knoblauch stinkt. Phenol und Knoblauch – Leipziger Gerüche. Oben sah ich manchmal den Maler. Er stand an der Stelle, an der er sein Mahnmal aufstellen wollte, und schaute in die Ferne und natürlich über mich hinweg. Ich hatte mit ihm alles geredet, was möglich war.
Eines Vormittags, ich wickelte gerade meine Stullen aus, zog ein Trüppchen den Berg hinauf, zu meiner Verwunderung entdeckte ich an der Spitze Joachim. Auch der Genosse Lohse war dabei. Joachim zeigte hinauf und hinunter, er war wohl hier tonangebend. Ich stand auf, noch kauend folgte ich einem Pfad, verlor das Trüppchen aus dem Auge und sah es erst wieder, als es dort palaverte, wo, wenn es nach dem Maler gegangen wäre, das Denkmal seinen Platz bekommen hätte. Wieder wurde in die Gegend gewiesen. Über die Nordseite machten sich die Männer davon, ich kehrte zu meinen Baumstümpfen zurück. Ich war neugierig, ob Joachim am Abend bei uns auftauchen würde, aber er war wohl rasch nach Berlin zurückgekehrt.
Drei Tage später ratterten zwei Bulldozer hinauf, oben wurden die Fahrer eingewinkt; der Mann, der das tat, war der Genosse Lohse. Eine Woche lang schoben die Brummer gerade dort eine Mulde, wo das Mahnmal hätte stehen sollen, die Massen wurden abgefahren. Einmal ging ich hinauf und erfuhr: Der Schutt wurde gebraucht, um irgendwo einen Straßendamm aufzuschütten. Ich sagte: »Und da müßt ihr ausgerechnet hier räumen?« Schulterzucken. Im Hinuntergehen blieb ich an einem Moniereisen hängen und riß mir den Hosensaum auf. Nichts Besonderes in meinem Beruf. Ich bückte mich, neben dem Eisen waren Vertiefungen im Putz. Ein verwittertes VM?
Wochen später radelte ich über Land, da sah ich den Maler in der Nähe des Kolm ostwärts von Liebertwolkwitz. Wenn da drüben der andere Krankenhausblock nicht wäre, könnte man die Kuppe vom Fenster aus sehen. Der Kolm hat mich schon immer angezogen. Von ihm aus stellte ich mir oft vor,

wie während der Schlacht die Regimenter durch die Senken gezogen waren. Oben erinnert ein Obelisk an zwei Generäle und viele tote Sieger. Dort wachsen Pflanzen, die es sonst in unserer Gegend nicht gibt, Trockenpflanzen, Steppenpflanzen. Nach dem Krieg hat dort jemand einen Holzturm errichtet, von ihm aus wurde mit Radarstrahlen probiert, später hingen oben Richtstrahler für Störsender, RIAS-Hörern pfiff es von dort in die Ohren. Jetzt steht der Turm als halbe Ruine, aber niemand räumt ihn weg. Drumherum Zäune, niedergetreten. Dann hat jemand Garagen für Lastautos gebaut, sie sind verlassen, die Tore herausgerissen. Schutt und Unrat überall und dazwischen zäh und beharrlich die seltenen Pflanzen. Im Herbst blubbert dort eine Dämpfanlage für Kartoffeln, dann stinkt es weit in die Gegend, Schlammhaufen bleiben zurück. Wird eben auf Verschleiß gefahren, der Kolm. Warum soll es ihm besser gehen als der Stadt?
Nahebei traf ich den Maler. In einem Gartengrundstück schwang er die Spitzhacke, er hatte das Hemd ausgezogen, der Schweiß lief ihm über den Rücken. »Hab mir hier 'n Stück Land gekauft.« Er zeigte über Gras und Schutt und Disteln: Es würde eine Menge Arbeit geben. »Fast tausend Meter Land, was Besseres war weit und breit nicht zu kriegen.« Das Gelände fiel sanft auf die Stadt zu ab, der Blick war unverstellt, und natürlich ragte mein Klotz in seiner ganzen Wucht gegen den Horizont. Mir schien es nicht so, als ob sich der Maler sonderlich freute, mich zu sehen; vielleicht störte ich ihn bei der Arbeit. Ich stand noch neben ihm, als er wieder zur Hacke griff. »Wenn du Hilfe brauchst.«
»Hab die Baugenehmigung noch nicht«, sagte er. »Soll ein Mehrzweckschuppen werden.«
Diesen Begriff kannte ich. Zu dieser Zeit war es – Baustoffe sollten gespart werden – nicht gestattet, Garagen zu bauen, man brauchte eine Sondererlaubnis, und die kriegten nur Funktionäre, Schriftsteller und Sportler. Andere ließen sich einen Mehrzweckschuppen genehmigen, das heißt, sie bau-

ten eine Garage mit Veranda dran oder mit kleinem Klo und einem Verschlag für die Gießkanne. »Klarer Fall«, sagte ich. »Wenn ich mal mit anpacken soll, weißt du ja, wo ich zu finden bin.« Er hieb schon wieder auf Wurzelballen ein.
Ein paar Wochen später radelte ich wieder dort entlang, da waren allerlei Veränderungen vor sich gegangen. Der Maler war gerade dabei, einige Männer anzuweisen, wohin sie Granitbrocken von einem Plattenwagen tragen sollten. »Wird ja ein mächtiges Fundament«, sagte ich. »Oder willste 'ne massive Mauer ums Grundstück ziehen?« Er machte einen erschöpften, fahrigen Eindruck. »Granit aus Beucha«, sagte ich fachkundig.
Als uns Joachim das nächste Mal besuchte, fragte ich, was aus der Denkmalsidee geworden sei. »Der Mann ist hartnäkkig«, Joachim lächelte, »aber wir sind es auch.« Er schöpfte sich Suppe nach. »Wir haben ihm eine schöne Reise angeboten, Ägypten, Spanien, Indien, wohin er will. So wird er am schnellsten von seiner Schnapsidee geheilt. Wir haben ganz andere Dinge im Kopf.« Pläne für die Innenstadt seien an höchster Stelle beraten worden, die Perspektive des Marxplatzes im Mittelpunkt. Eine Kirche an einem Platz, der den Namen des größten Revolutionärs aller Zeiten trug?
»Dein Großvater hat sie gerettet.«
Es machte Joachim einige Mühe weiterzureden. »Es gibt sogar Leute, die sagen: Wenn die Kirche mit verbrannt wäre, hätten wir heute ein Problem weniger.« In der Sowjetunion habe man historische Bauten von ihren Fundamenten geschnitten, um die eigene Achse gedreht und Dutzende Meter verrückt, das wolle man auch hier probieren. Ich ließ den Blick nicht von meinem Jungen und versuchte mir vorzustellen, wie er als kleiner Kerl gewesen war, im Krieg. Nun kam er aus einer anderen Stadt und entschied über meine Stadt. Der Maler war Leipziger, ich war einer, Ulbricht war einer gewesen. »Ich glaube«, sagte ich, »unsere Stadt ist verloren, sie geht unter wie einst Vineta. Wir stehen auf Braunkohle,

womöglich ist die eines Tages wichtiger als das Alte Rathaus und der Hauptbahnhof und sogar das Völkerschlachtdenkmal.« Joachim lachte. So lachen Sieger.
Als ich wieder zum Grundstück des Malers am Kolm kam, erstarrte ich. Granit war meterhoch gestapelt, eine Ecke war aufgemauert, sechs Meter lang an der einen, drei an der anderen Flanke, mehr als zwei Meter hoch. Dahinter war Erde geschüttet: So sah eine Umfassungsmauer für ein noch so pompöses Grundstück nicht aus. Ein halbes Dutzend Männer war an der Arbeit. Ich lehnte mein Rad an einen alten Pflaumenbaum, da kam schon einer auf mich zu und raunzte mich an, sie könnten keine Gaffer brauchen.
»Mal langsam«, sagte ich, »wo ich bin, is'n öffentlicher Weg, da haste nischt zu sachen, Gumpl!« Ich wich seinem Blick nicht aus, da drehte er sich um und ging zu seinen Leuten zurück. Sie tuschelten, dann schufteten sie weiter. Unten in der Ebene wehte eine Staubwolke auf, ein Kutschwagen mit zwei Pferden davor preschte herauf, in ihm saß der Maler. Vor mir hielt er an, ich wartete darauf, daß er mir die Zügel zuwarf, zumindest hätte es mich nicht gewundert.
»Geht vorwärts, was!« rief er.
»Seltsamer Mehrzweckschuppen.«
»Man muß Tatsachen schaffen.«
»Da hast du recht«, sagte ich, »das hat Thieme nicht anders gemacht.«
Der Maler nahm den Pferden das Gebiß aus dem Maul, damit sie fressen konnten. Das Fell war naß unter dem Geschirr, seine Handgriffe waren so, als wäre er es gewohnt, mit Pferden umzugehen. »Der Standplatz ist gut«, sagte ich, »vielleicht noch besser als auf dem Trümmerberg. Man schaut von einem Denkmal aufs andere. Vielleicht bringen die Leute, die was zu sagen haben, dann auch den Kolm in Ordnung; Kartoffeln kann man ja auch woanders dämpfen. Habt ihr beim Ausschachten Knochen gefunden? Schädel?«

»Ist ja wohl bißchen spät nach hundertfünfzig Jahren.«
»Fürchtegott hatte es da besser.«
Der Maler schaute nicht auf bei diesem Namen und fragte nicht, wer das gewesen sei. »Der Sockel soll fünf Meter hoch sein«, sagte er. »Obendrauf die Faust, noch mal zehn Meter.«
»Wenn dir das Geld ausgehen sollte, von mir kannst du alles haben, was auf dem Konto ist.« Damals hatten Marianne und ich an die zwanzigtausend Mark gespart.
Der Maler ging zu seinen Arbeitern und redete mit ihnen. Er trat hinter den Sockel, dort konnte ich ihn nicht mehr sehen. Ich wartete eine Weile, dann setzte ich mich aufs Rad und fuhr hinüber nach Liebertwolkwitz und zurück zur Stadt. Ein Kerl, dachte ich, er läßt sich nicht unterkriegen. Mehrzweckschuppen – ich lachte in mich hinein.
Noch einmal kam ich hin, es war an einem diesigen Sommerabend, leiser Regen fiel, der alle Konturen verwischte. Da schufteten an die fünfzig Männer am Denkmal, ohne ein Wort reichten sie sich die Brocken zu. Manche trugen unförmige lange Mäntel, obwohl es schwül war. Es ging alles seltsam leise vor sich, in unnatürlicher Hast. Der Maler war nicht zu sehen. Gewiß hatte er freiwillige Helfer gefunden, vielleicht junge Kollegen, die er mit seinem Plan angesteckt hatte. Ich trat nicht näher, nicht nur, weil ich nicht stören wollte, mich befiel eine mir sonst nicht eigene Scheu. Er war also nicht nach Indien oder Ägypten gefahren, sondern schuftete hier an seiner großen Idee. Es gibt Sagen, in denen Männer aus den Gräbern steigen und eine Arbeit tun, die eine spätere Generation versäumt. Eines war klar: Joachim oder der Genosse Lohse etwa durfte nichts davon erfahren, was hier vorging.
Zwischen dem vierzigsten und dem fünfzigsten Jahr war meine beste Zeit. Der Staat beging seinen fünfzehnten Jahrestag mit dem Gefühl: Wir haben's zu was gebracht, sind alles andere als Hungerleider! Bis in die Betriebe hinunter

wurde geschmaust und getrunken, bei uns standen Aal und Zunge und Forellen auf dem Tisch, Wein von der Unstrut und aus Bulgarien, Korn aus Nordhausen, Bier jede Menge. Ein paar Wochen später wurde ich fünfzig. Ich lud Freunde und Kollegen in eine Gartenkantine, das Bierfaß stach ich selber an, auf dem Rost lagen Bratwürste und eingelegtes Kammfleisch. Ich war ein normaler satter Bürger, nahm Marianne in den Arm, trank mit jedem. Viele hielten sich für witzig: Sie wünschten mir für die *zweite Hälfte* meines Lebens alles Gute. Mit Joachim stieß ich an und sagte: »Wenn du wüßtest!« Und Joachim erwiderte: »Vater, ich kann nur sagen: Wenn du wüßtest!« Er trank viel und hastig wie einer, der es nicht erwarten kann, daß er betrunken wird und es doch nicht schafft.
Eine Woche später sagte ich zu Marianne: »Heute kommst du mal mit, ich will dir was zeigen.« Wir nahmen unsere Räder und bummelten über Holzhausen und Zuckelhain um den Kolm herum, dabei lasen wir Äpfel und Birnen aus den Straßengräben oder pflückten sie von den Bäumen der verwahrlosten Chausseen. Wir schoben unsere Räder einen verschlammten Weg hoch, den Traktoren zerwühlt hatten, wahrscheinlich wurden zwischen den seltenen Kräutern wieder Schweinekartoffeln gedämpft. Von oben her wollte ich aufs Mahnmal zukommen, vielleicht erhob sich die Faust aus dem Sockel heraus, vielleicht war schon ein Teil der Schrift eingemeißelt. Ein Stück Zaun war quer über den Weg gefallen, wir mußten einen Bogen durchs Gestrüpp schlagen, und als wir auf der anderen Seite herauskamen und den Blick frei hatten, schaute ich hinunter, und da war gar nichts.
»Was wollste mir denn zeigen, Freedi?«
Unten krümmten sich ein paar alte Pflaumenbäume. Es gab keine Umfassungsmauer, keinen Sockel, nicht einmal einen Steinhaufen, Granit aus Beucha. Der Maler konnte aufgegeben haben, der Genosse Lohse hatte ein Machtwort gesprochen; wer weiß, was Joachim an meinem Geburtstag mit sei-

nem dunklen Satz gemeint hatte. Mein Herz begann zu schmerzen.
Den Maler hab ich erst viel später wieder gesehen. Ein halbes Jahr darauf hing sein Gemälde, das die Stadt von meinem Denkmal aus zeigt, in einer Ausstellung. Den Himmel zierten Kondensstreifen von Flugzeugen, die spiegelten sich im Wasserbecken. Heiter sei dies, optimistisch, so stand es in allen Zeitungen, der Maler äußerte sich nicht dazu. Etwas war in ihm vorgegangen, kein Zweifel. Die Berliner hatten ihn ausgetrickst. Ob er sich nun rächte, indem er die neue Gefahr über der Stadt malte? Mir kamen die Kondensstreifen gar nicht lustig vor, mir schien es, als ob Flugzeuge den Ernstfall probten. In dieser Dezembernacht hatten sie die halbe Stadt zerschlagen, jetzt kamen sie wieder am hellerlichten Tag, probeweise, aber sie kamen.
Ich will mir kein Urteil erlauben, was Künstler heutzutage durchsetzen können und was nicht, wo bei ihnen Charakterstärke anfängt und aufhört, wie sich die Verhältnisse seit Thiemes Zeiten verändert haben. Thieme konnte sein Denkmal bauen, mein Maler wohl nicht.
Ein halbes Jahr später kaufte ich mir einen Druck und überpinselte die Kondensstreifen am Himmel und auf dem Wasser. So hängte ich ihn mir ins Zimmer. Nein, ich hab mir nicht eingebildet, ich könnte so Unheil vom Denkmal und von der Stadt fernhalten. So doch nicht.

12. KAPITEL

Sie waren schon mal im Gefängnis?

Der Kreis beginnt sich zu schließen. Man könnte auch sagen: Wie bei einer Spirale kehrt man immer an einen bestimmten Punkt zurück. Manchmal ein Stück höher, manchmal tiefer. Aber wer entscheidet schon, was weiter oben oder unten ist? Ein schreckliches Jahr, ein fürchterlicher Wonnemonat Mai. Das Jahr, der Mai 1968.
Eines Morgens während der Frühstückspause schlug ich die Volkszeitung auf und las, die Stadtverordneten hätten über die Neugestaltung des Karl-Marx-Platzes beraten, Gäste seien dabeigewesen, an der Spitze Paul Fröhlich, der Bezirkschef, dem man nachsagte, er verstünde sich mit Ulbricht blind und würde dessen Nachfolger werden.
Der Rektor der Universität war gekommen; auch dessen Vorgänger, den Georg Mayer, hatte man aus einer seiner Stammkneipen geholt. Ich muß heute Namen nennen, die vielen nichts bedeuten, aber sie weichen nicht aus meinem Gedächtnis. Man sollte diese Namen aufbewahren als die von Verderbern meiner Stadt.
Neben mir blieb die Stulle liegen, den Bissen im Mund vergaß ich zu Ende zu kauen, zum erstenmal in meiner langen Berufslaufbahn ging ich nicht nach einer Viertelstunde an die Arbeit zurück, sondern las wieder und wieder und drang durch blumige und scharfe und verwaschene Worte in den Sinn dessen ein, was da geschehen sollte, und es war kein Zweifel möglich, Leipzigs sogenannte Stadtväter hatten die Beseitigung der Universität und der dazugehörigen Kirche beschlossen.
Ein neuer Platz, sozialistischer Aufbruch, schöner denn je im

frischen Geiste, so argumentierte eine Genossin Sorgenfrei von der Volksbildung. Deren Kollege Eisengräber drohte allen, die dagegen hätten sein können: »Wenn Vertreter christlicher Kreise versuchen, Stimmung gegen die höchste Volksvertretung unserer Stadt zu machen, stellen wir uns hinter den vom Oberbürgermeister vertretenen Standpunkt, gegen diese Kräfte mit allen gesetzlichen Mitteln vorzugehen! Die geistige Urheberschaft ist in der Theologischen Fakultät und im Theologenseminar zu suchen!« Eisengräber beantragte, eine Kommission zu bilden, die diese Vorgänge untersuchen sollte; der Antrag wurde einstimmig gutgeheißen. Oberbürgermeister Kresse, las ich, habe sich energisch gegen die Versuche einiger Kirchenmänner gewendet, Sachentscheidungen zu politischen Entscheidungen ummünzen zu wollen und gegen staatliche Organe und ihre Beschlüsse zu schüren. Von Machenschaften kündete der Oberbürgermeister. Da hatte doch sogar ein Mitglied der Christpartei, Dr. Paul Ullmann, der Sprengung der ältesten Kirche der Stadt zugestimmt, Dr. Paul Ullmann, ich wiederhole den Namen voller Ekel. Die Schriftstellerin Trude Richter schlug namens des Kulturbundes in dieselbe Kerbe. Wenigstens meldete Professor Albert Kapr, der Rektor der Kunsthochschule, Bedauern an, daß die Kirche »dem Neuen weichen müsse«, vorher aber hatte er in einer Kommission dem Abbruch zugestimmt: Architekten aus Rostock hätten eine Lösung versucht, bei der die Kirche erhalten werden solle, aber der Vorschlag sei *unbefriedigend* gewesen. Ich bin sicher, *die* Scharfrichter sind am schlimmsten, die kurz vor dem Köpfen noch zum Opfer sagen: Tut mir aufrichtig leid, mein Herr!
»Meester, was is?« Ein Lehrling stand in der Tür. »Is Ihn schlecht?«
»Macht alleene weiter, ich gomm gleich.« Aber ich las: Der stellvertretende Direktor der Universitätsbibliothek, Dr. Fritz Schaaf, hatte der Zerstörung zugestimmt, Hans-Dieter Richter von den Liberalen hatte eingeräumt, es sei verständ-

lich, daß mancher Leipziger an diesem Stück hinge; dann hatte auch er den Daumen gesenkt. Ein einziger nur, Pfarrer Rausch, hatte den Mut gefunden, gegen diese Absicht zu sprechen: Selbst auf dem Roten Platz in Moskau stünde eine Basilika, da werde doch wohl der Marxplatz in Leipzig mit einem Gotteshaus auskommen. Rausch hatte vom Alter der Paulinerkirche gesprochen, dem Rest einer Klosteranlage, noch vor 1240 errichtet, vom Kreuzgang, von der Standfigur des Markgrafen Dietzmann, dem geschnitzten Altar; ich hätte gern gewußt, ob seine Stimme fest geklungen hatte wie die Martin Luthers einst drüben in der Pleißenburg, wie die Dimitroffs – es hat schon Männer in Leipzig gegeben. Pfarrer Rausch war unser letzter Held.
Nun stapfte der Stargast aufs Podium, Paul Fröhlich. Weil der Marxplatz zu fast hundert Prozent zerstört sei, müsse man zu einer neuen Lösung kommen. Die durch meinen Vater gerettete Kirche machte also in Fröhlichs Augen kaum ein paar Prozente aus. Und dann zog auch er das Messer: »Es gibt aber noch einige Leute, die aus dieser städtebaulich objektiv notwendigen Entscheidung eine weltanschauliche Diskussion ableiten wollen, mehr noch, die versuchen, politischen Druck auf die Stadtverordneten und den Rat auszuüben. Jeder sollte wissen, daß die Stadtverordneten niemandem gestatten werden, mit ihren Beschlüssen zu spielen.«
Wer übte mehr Druck aus als Fröhlich? Dennoch stimmte einer gegen die Sprengung von Kirche und Universität – eben jener Pfarrer Rausch. Alle anderen hoben die Hand. Was wäre geworden, sie hätten dagegengestimmt? Wären sie ins Gefängnis oder ihrer Pfründen verlustig gegangen? Das erstere wohl kaum, das letztere vermutlich. Heute redet man gern in Leipzig: Waren eben wilde Zeiten, Ulbricht und Fröhlich haben die Kirche sprengen lassen. Aber *alle* Stadtverordneten von 1969 sind schuldig außer Pfarrer Rausch. Vielleicht wird er noch einmal Ehrenbürger? Die evangelische Kirche hat ja keine Heiligen.

Mittags saß ich immer noch in unserer Bude, die Zeitung neben mir. Ein Lastwagen fuhr vor, darin saß der Schlesier, der Jahre vorher an meiner Seite auf der Denkmalskrone in den gelben Himmel gestarrt hatte. »Hier ist jetzt Schluß«, er wies sich als Einsatzleiter einer Sonderaufgabe aus, »alles zusammenpacken, morgen früh geht's woanders weiter.«
Ich ging nicht nach Hause, sondern fuhr mit der Straßenbahn in die Innenstadt. Die Universität und die Kirche waren abgesperrt, Seile gezogen, alle paar Meter lungerte ein Polizist. Die Vorderseite der Universität stand mit ihren klassizistischen Säulen, dem Fries, leer die Fensterhöhlen, der Lichthof dahinter ohne Dach. Das Tor hatte Schinkel entworfen. Seitenflügel waren bewohnbar und boten Platz für Institute mit Bibliotheken, Büros und Hörsälen, im Hof stand ein Denkmal von Leibniz. Viel fotografiert wurde an diesem hellen Abend, die Gesichter der Leute waren wie zugesperrt, sie redeten weniger und leiser als sonst.
Bitte, wenn Sie etwas lesen wollen, ich habe nichts gegen eine Unterbrechung. Das heutige Thema gehört zum Bedrükkendsten, was ich erlebt habe, mir wäre durchaus recht, wir könnten es überspringen. Bitte? Eine Zeugenaussage, aha.
So, der Maler habe nie versucht, auf eigenem Grund und Boden und mit eigenen Mitteln sein Mahnmal zu bauen, das versichere er – ich glaube Ihnen, wenn Sie mir das vorlesen, ich muß nicht unbedingt selber... Gut, wenn es das Protokoll verlangt. Ich will nicht streiten, selbst Marianne würde ja, lebte sie noch, gegen mich zeugen. Der Maler habe nie in Liebertwolkwitz ein Grundstück besessen, das gehe aus Grundbucheintragungen hervor, habe nie Granit aus Beucha anfahren lassen – Herr Doktor, würden Sie sich nicht mit mir freuen, hätte er es getan? Eine so weitgespannte Idee und dann nicht das Äußerste riskiert? Nicht begriffen, daß vielleicht nach seinem Beispiel die Kirche noch stünde? Weil er den Stadtverordneten Mut gemacht hätte? Als altem Mann stehen mir Kraftausdrücke schlecht an. Aber diesmal

geht es ohne nicht ab: Diese Abgeordnetenversammlung war, mit Ausnahme von Pfarrer Rausch, eine Anhäufung von Scheißkerlen.
Also weiter: Als wir am nächsten Tag vorfuhren, hatte sich die Universität in eine Festung verwandelt: Die Absperrungen waren verstärkt, junge Kerle in den Uniformen von Bereitschaftspolizisten hatte man hergeholt, aus Mecklenburg und von der Oder. In einem Büro, an dessen Tür zu lesen stand, hier sei das Germanistische Institut, an dessen Wänden Bilder von deutschen Dichtern hingen, saßen Polizeioffiziere, hier herrschte ein spannungsgeladener Ton, als würde mit jedem Wort entschieden, abgewehrt, als könne die geringste Lässigkeit Gefahr heraufbeschwören. »Sie bekommen Sonderausweise«, sagte ein Offizier, als wir, unsere Frühstückstaschen unter dem Arm, eingetreten waren. »Sie lassen sich da drüben fotografieren, Sie unterstehen dem Sonderstab. Also der erste dort nüber.« Meine Leute blickten auf mich, ich war der Meister, wenn einer Fragen zu stellen hatte, wäre ich es gewesen, aber ich ging auf den Fotografen zu. »Mütze abnehm!« Ich klemmte sie unter den Arm, setzte mich und starrte in die Kamera und nahm folgsam das Kinn höher, und dann klickte es, und ich hatte einen ersten Schritt getan, das meiste beginnt ja ganz unscheinbar. Mir folgten meine Männer, der Fotograf beschied: »Heut nachmittag könn Se de Ausweise abholn.« Schließlich: »Sie gehn jetzt mit dem Genossen mit.« In einem anderen Raum, an dessen Tür zu lesen war, hier sei das Anglistische Institut, lagen Pläne der Universität und der Kirche: Von langer Hand war das vorbereitet worden, hier hatten Fachleute berechnet, wie man diesen Mauern beikommen könnte: Die Sprengpläne waren Maßarbeit. »Wir beginnen«, sagte der Major, »mit der Kirche. Die zweite Schicht bilden Sie.« Ich blickte auf den Plan hinunter, vor langer Zeit hatte ich gelernt, was jedes Symbol bedeutete. In meiner Gesellen- und Meisterprüfung war es abgefragt worden, jetzt hörte ich den

Major referieren. Ich horchte auf den Dialekt, den Tonfall; der Mann war Leipziger. Liebend gern hätte ich herausgehört, daß er von sonstwoher stammte. Aus Preußen – natürlich. Aber er kam noch nicht einmal aus Dresden oder Karl-Marx-Stadt oder Zwickau. Der Major schloß: »Eine Aufgabe, die die Anspannung aller Kräfte verlangt. Sie holen jetzt Ihr Gerät vom Wagen. Ich erwarte, daß wir in einer halben Stunde anfangen könn! Der Genosse hier geht mit Ihnen mit.«

Ich reagierte wie eine Marionette. Da zieht einer, schon bewege ich ein Bein, einen Arm, schon klappt der Unterkiefer herunter. Neben unserem Wagen wurde Reisig abgeladen, auch dreimeterhohe Fichten, sie waren nicht geschlagen worden, um wie bei der Eröffnung des Völkerschlachtdenkmals oder bei einem Turnfest zu schmücken, jetzt sollte Sprengwirkung eingedämmt, Druckwelle abgefangen werden, Steinbrocken sollten sich verfangen. Die Sonne brannte aufs Kirchdach, das Türmchen stand spitz vor dem blanken Himmel. Ich dachte: eine Woche noch. Meine Arme wurden wie von Drähten gehoben und griffen nach einem Preßlufthammer, ich wartete darauf, daß irgend jemand, irgend etwas diese Drähte durchschnitt. Ich hätte mich nicht auf den Stuhl des Polizeifotografen setzen sollen, hätte nicht hier herausgehen dürfen, ich spürte das Gewicht des Hammers, vertraut bis in jedes Gramm, meine Arme gehorchten noch immer, ich war ja nicht besser als die Stadtverräter, die auch an allerlei gebunden waren, an Parteidisziplinen und Fraktionszwänge, Gehälter und Vorrechte und an Vorwürfe von Ehepartnern und studierwilligen Kindern, daß sie vieles gefährdeten, Karrieren, und hätte sich denn sonst alles gelohnt, und lohnte es sich, und überstimmt wurde man ja gewiß – da ließen meine Arme den Hammer fallen, er krachte auf den Wagenboden.

Ich spürte die Blicke meiner Männer und wich ihnen aus. Es gibt Dinge, in die darf man keinen hineinziehen, da darf man

nicht voranstürmen: Mir nach, Kanaillen! Ich ging über den Hof und die Treppe hinauf in die Universität hinein, Bücherstapel wurden herausgetragen. Hörsaal 40 stand über einer Tür, sie war sperrangelweit offen, drin brannten alle Lampen, leer die Bänke. In einen Flur schien die Sonne hinein – Fotos der alten Universität sind erhalten: Sie sollten sich einmal einen Band anschauen und mit dem vergleichen, was seitdem in Billigbauweise dort aufgeschachtelt worden ist. In die berühmte Aula trat ich, Albert Geutebrück hat sie entworfen, Klinger mit einem Wandbild geschmückt. Arwed Roßbach baute sie um – wie klingen die Namen in Ihren Ohren? Die Aula war ausgebrannt, aber die Mauern standen, man hätte das Dach schließen können, hätte es längst getan haben sollen. Auf den Simsen wuchsen Birkchen. Maiensonne und Maiengrün, und unten ratterten die Bohrer. Ich maß den Raum mit den Augen – Sie sollten sich das Käfterchen anschauen, das in der heutigen Universität den Professoren als Sitzungsraum zugemutet wird, da kann sich einer kaum hinter dem Stuhl des anderen vorbeidrücken. Eine Aula gibt es sowieso nicht, kein Auditorium maximum, wozu auch so viele Studenten auf einem Haufen, die könnten ja etwas aushecken.
Von der Kirche herüber hörte ich die Preßlufthämmer. Ich ging wieder hinab; vor dem Portal wurde ich von einem Zivilisten angehalten, er wollte meinen Sonderausweis sehen. Der würde gerade ausgestellt, sagte ich, aber meine Männer seien schließlich in der Kirche – oder nicht? Ich fand sie in den Gewölben des Weinlokals unter dem Universitätsflügel, der an die Grundmauern der Kirche grenzt. Jeder wolle etwas anderes von ihnen, hörte ich, und die oben bohrten, seien Pioniere einer Sondereinheit.
Am späten Nachmittag erhielten wir unsere Ausweise, kurz vor Feierabend; meine Leute waren sich einig, daß es keinen Zweck mehr habe, irgend etwas anzufangen. Einen Tag lang hatten wir keinen Handgriff getan. Ich fuhr nach Hause, aß

wenig, redete nur ein paar Worte mit Marianne. Ich überlegte, ob ich mich krank melden sollte, mir kam sogar der Gedanke, ich könne unter diesen Umständen tatsächlich krank werden, ein Organ könne nicht mitmachen, was von ihm verlangt wurde, der Magen, das Herz.
Kurz vor neun klingelte es; Joachim stand in der Tür. »Vater, ich muß unbedingt mit dir sprechen.« Gewichtig und hastig klang das, nie hatte Joachim einen Besuch so begonnen. Wir setzten uns an den Wohnzimmertisch, er redete sofort los: »Ich hab erfahren, daß du am Karl-Marx-Platz eingesetzt bist.« Da mühten sich verschiedene Leute, allerlei aus der Kirche und der Universität zu bergen, sie wollten die Orgel und das Gestühl ausbauen. »Du, Vater, Fröhlich und seine Leute sind knochenhart. Keinen Tag lassen sie denen. Und ich hab mir gedacht, daß du vielleicht ...«
»Bin bloß froh, daß ihr euch nicht streitet«, beschwor Marianne. Ob Joachim etwas essen oder trinken wolle; sie rannte fast nach Bier und goß ein.
»Keiner kann was ändern«, redete Joachim. »Heute abend sind die ersten festgenommen worden, sie hatten sich vor der Absperrung auf die Erde gesetzt. Vater, machst keinen Unsinn, ja?«
Am liebsten wäre ich in mein Zimmer gegangen. Ich wich aus: »Jetzt bin ich jedenfalls hundemüde.«
Marianne barmte nochmal: »Bin bloß froh, daß ihr euch nicht streitet! Und nett, daß du gekommen bist, Joachim.«
Ich hätte jetzt am liebsten bei meiner Mutter gesessen und mit ihr an die Kirche gedacht. Da sagte Joachim: »Du, Baba, ich hab immerzu Ärger gehabt, weil Erika drüben ist. Du machst mir nich auch noch Ärger?«
»Hab schon mal gesagt: Ich bin hundemüde.«
Joachim trank sein Bier aus, ich brachte ihn an die Haustür. Nachdem ich aufgeschlossen hatte, sagte er: »Ach, Vater!« Einen Augenblick hatte ich den Wunsch, ihn an mich zu ziehen, das hatte ich seit zwanzig Jahren nicht mehr getan.

Am nächsten Morgen in der Straßenbahn las ich in der Zeitung, die Stadtverordneten hätten nicht nur die Neugestaltung des Karl-Marx-Platzes beschlossen, jetzt ginge es überall in Leipzig richtig mit dem Aufbau los. Für die Häuser in der Straße des 18. Oktobers seien moderne leuchtende Farben vorgesehen, ein Wettbewerb für den Bayerischen Platz sei ausgeschrieben, interessante Ingenieurbauwerke seien für Johannisplatz und Matthäikirchhof geplant. Daneben Leserbriefe: Ganz Leipzig schien von dem besoffen zu sein, das nun geschehen sollte. Kein Wort über die Kirche. Die Architekten für die neue Universität wurden genannt: Hermann Henselmann und Horst Siegel. Ich dachte: So heißen Leute, die über Leichen gehen. Niemals haben die Häuser im Oktoberbeton leuchtende Farben bekommen, am Bayerischen Platz sieht es aus wie damals, bloß ist inzwischen ein Haus wegen Hinfälligkeit abgerissen worden. Nichts Neues am Johannisplatz. Nur in einem haben die Stadtväter recht behalten: Am Matthäikirchhof steht ein weiterer Klotz der Staatssicherheit.
Diesmal kam ich ohne Schwierigkeiten durch die Absperrungen und sogar in die Kirche hinein. Das Dröhnen der Preßluftbohrer vibrierte in den Mauern, Steinstaub lag in der Luft. Ich fragte nach meinen Männern und nach dem Gerät, das wir am Vortag abgeladen hatten – niemand wußte davon. Ich schaute zur Decke hinauf, da war der Wasserfleck, der den Tod des Kirchenretters Felix Linden überdauert hatte.
Beim Hinausgehen zeigte ich wieder meinen Ausweis vor. Weit vor der Kirche waren Seile gezogen und Schilder aufgestellt: Betreten der Baustelle verboten! Am Blumengeschäft – »Blumen-Hanisch« sagen die Leipziger noch heute – konnten die Leute am nächsten heran, dort stand ein Polizist mit einem Sprechfunkgerät, auch er voller Nervosität. Die Leute gingen langsam mit verschlossenen Gesichtern, blickten auf die Kirche und sprachen nicht. Was wäre wohl geschehen,

wenn hier tausend Menschen vorgedrungen wären oder dreitausend, die die Seile niedergetreten, die Posten beiseite geschoben und die Preßluftbohrer zerstört hätten? Ach, das doch nicht in Sachsen.

»Gehen Sie weiter«, sagte ein junger Mann, dabei schaute er an mir vorbei, aber es war klar, daß ich gemeint war. Was hier alles seinen guten und schönen Platz gehabt hatte, auch das »Café Felsche« alias »Français«, es war 1914 nicht etwa abgerissen, sondern umbenannt worden. Gewiß hätte Studienrat Bemmann für die Vernichtung dieses Schandcafés eine flammende patriotische Begründung gefunden, wenn man ihn damit beauftragt hätte. Jetzt müßte, dachte ich, Katzenstein junior mit seinem Liberatorbomber anfliegen, um im Tiefdonnern die Sprengwütigen zu vertreiben. Aber lustige Kondensstreifen am Leipziger Himmel kündeten ja davon, daß ihm das nicht leicht gemacht würde, der Himmelsfriede war bewaffnet. Blüchers ostpreußische Landwehr war durch diese Gasse gedrungen, auf Stroh in der Kirche waren Verwundete gestorben. Jetzt mußte die Kirche ein paar Fahnenstangen weichen, ein Bildhauer entwarf schon Röhren, aus denen Wasser blubbern sollte – fort mit dem Alten und was Neues hin und heraus gegen uns, wer sich traut! Die Schweden hatten hier gehaust, die Kaiserlichen, sie hatten die Kirchen der anderen frisch geweiht, aber sie hatten sie stehenlassen. Nun kam Paul Fröhlich aus der Zuchthausstadt Bautzen.

»Mal Ihrn Ausweis!« Da war ich also nicht weitergegangen, meinen Sonderausweis hielt ich einem Kerl vor die Nase und sagte: »Von hier aus wird gezündet. Da müssen *Sie* dann weitergehen!«

Er blickte verdutzt. »Aber machn Se schnell, sonst denkn die andern...« So jung und dumm war Carl Friedrich Lindner gewesen, die Krätze hatte ihn gequält, und schließlich hatten sie ihn erschlagen. Man durfte nicht in letzter Minute überlaufen; Verrat war stets eine Frage des Zeitpunkts. Stein-

staub hatte immer zu meinem Beruf gehört. »Eine riesige Wolke wird aufsteigen«, sagte ich zu dem Bengel, »passen Sie nur auf, daß Sie dann nicht hier sind.«
»Geine Privatundrhaldung!«
Ich ging um die Ecke in die Nikolaistraße, setzte mich in den »Blauen Hecht« und bestellte Gose. Mir gegenüber saß ein Mann in altmodischer Kleidung, einen geflochtenen Koffer neben sich, eine Art Reisetasche mit geschwungenem Henkel. »Sind Sie Bauarbeiter?« Er zeigte auf meine Jacke. »Gehören Sie auch zu denen, die sich beschweren?« Er tippte auf die Volkszeitung vor sich. »Da steht: ›Bauarbeiter wandten sich empört gegen Gammler und Nichtstuer, die im Stadtgebiet rumkriechen und vermutlich nicht wissen, wo ihre Arbeitsstelle ist. Man sollte ihnen das Arbeiten lernen.‹ Meister Fritz Timper hat gesagt: ›Ich bin der Meinung, diesen Gammlern eine Schaufel in die Hand zu drücken.‹ Hübsch, nicht wahr? Sie sind wohl nicht zufällig Meister Timper?«
»Zufällig nicht.«
»Bin zum Besuch in der Stadt, komme von meinem Gütchen bei Borna.«
Meine Gose wurde gebracht, ich...
Ich hätte selbst gesagt, Gose sei wegrationalisiert worden – stimmt. Dann war es also Silberpils von Sternburg meinetwegen.
Der alte Herr an meinem Tisch redete davon, daß er und andere Eichenreiser an den Hüten getragen hätten, als sie durch die Innenstadt marschiert waren, Turner auf zum Streite. Bin Sprengmeister, wollte ich sagen, es kam mir nicht über die Lippen. Hab mich für einen Sonderausweis fotografieren lassen, es fängt immer mit Kleinigkeiten an, und jetzt weiß ich nicht einmal, ob Vojciech Machulski und Felix Linden Paßfotos in ihren Soldbüchern hatten, als sie auf dem Bienitz übten. Von dem alten Herrn ging ein säuerlicher Geruch aus, als ob er lange nicht an die Luft gekommen wäre. An der Wand hing ein Plakat, das für Döllnitzer

Rittergutsgose warb, mir kam alles so vor, als ob ich vor sehr langer Zeit zum letztenmal hier gewesen wäre, aber jede Einzelheit behalten hätte. Draußen krachte es, ich zuckte nicht zusammen, wußte ja, daß es noch nicht soweit war. Frühzündung bei einem Auto oder so was. »Ich hab vor kurzem Ihren Kutschwagen gesehen«, sagte ich, »dachte wenigstens, ihn gesehen zu haben. Sie sind doch früher oft übers Schlachtfeld gefahren?« Er hatte mir wohl nicht zugehört. »Kommen Sie doch wieder mal ans Denkmal«, sagte ich. »Wenn es meine Zeit erlaubt.« Darüber schien er nachzudenken und kicherte. Ein Geruch wehte über mich hin wie zuletzt im Fluchtstollen der SS, wo Zeltplanen und Tarnjakken moderten. Ich ließ mir noch ein Pils bringen. Das in meiner Arbeitszeit, ich dachte an meinen Lehrmeister draußen in Beucha, an Vater, als ich meine erste Ladung gezündet hatte, das Bier danach – nun war etwas zu Ende mit mir. »Ihr Gütchen hab ich gesprengt«, fuhr ich fort, »das verzeihe ich mir. Viel wert war es nicht mehr, und wir haben vorher jeden Stuhl und jeden Fensterrahmen geborgen. Einen Ihrer Schädel hab ich aufgehoben.« Ich wußte nicht, ob er mich verstanden hatte.
Ich zahlte und trat auf die Straße. Die Sonne stand hell überm Dach von Nikolai, ein Auto, hochbeladen mit Fellen, fuhr vorbei, weiter unten waren ja die Kürschnereien am Brühl. Etwas zog mich zurück in die Kirche und in die Universität hinein, der Gedanke an meine Leute, seit Jahren hatte immer jemand auf mich gehört: Mach das, paß auf das auf, gib das her, schaff das weg. Meine Stimme hatte Besonnenheit auch im Ton verbreiten müssen; einen Sprengmeister, der seine Männer anschreit, gibt es nicht. Ich ging um die Nikolaikirche, kam wieder auf die Grimmaische, an dieser Ecke hatte das Königshaus gestanden; zerbombt. Dahinter ragte der Westgiebel der Paulinerkirche auf, das Dröhnen der Preßluftbohrer nahm zu, und da kam ich auf den Gedanken, daß wohl meine Männer längst einem anderen Meister unter-

stellt wären, daß ich, selbst wenn ich in und an der Kirche wäre, nicht mehr zu sagen haben würde als jeder Geselle. Jetzt führte ein Major das Kommando und entschied, welche Ladung an welche Stelle kam. Vom Sims eines Flachdachs schauten zwei Männer in die Straße hinein. Späher also auch über mir, und ich stellte mir vor, wie ein heißer Draht hinaus in die Bezirksleitung zum ernsten Fröhlich führte, der lauschte: die Orgel sprengreif, die Figur des Thomas von Aquin wird vom Kreuz fliegen trotz aller Nägel, Platz wird sein für ein Bronzerelief mit dem Marxkopf, dem Marxbart. Für Fahnenstangen und blubbernde Röhren. Und wenn sich die Gammler und Gaffer verdoppelten, wenn sie heckten wie Wühlmäuse und Ratten, dann müßte Paule eben andere Saiten aufziehen: Mein Leipzig lob ich mir, weil ich der Hausherr bin! Fort mit den Trümmern, und eine Kirche war Opium fürs Volk. Ich konnte mir den Machtmann vorstellen, wie er in seinem Büro saß, die Beine gespreizt von sich gestreckt, auf die Nachrichten der Adjutanten wartend wie Napoleon an der Tabaksmühle. Die Napoleons und die Fröhlichs kommen und gehen. Vielleicht porträtierte ihn gerade ein Maler, um ihn in ein Gemälde über den Bau der Universität einzufügen, damit der Parteisekretär in die Geschichte eingehe als Wissenschaftsförderer, nicht als der Mann an der Lunte. Jahrelang hatte er auf den Tag der Sprengung hingearbeitet, immer noch konnte jemand in die Suppe spucken – kein Bischof, an die Kirchenoberen dachte Fröhlich nur mit Verachtung. Denen hatte man schöne, leiseschnurrende Autos gegeben, fast so schwer und genauso schwarzglänzend wie die der Politbüromänner – da hielten sie den Mund. Einer konnte sich vor der Kirche selbst verbrennen, dachte Fröhlich plötzlich mit Schauder, ein Dorfpfarrer, ein Fanatiker. Da wäre dann Geschrei in der Welt. Geschichte schrieb man am nachdrücklichsten mit Dynamit, genauso, wie das beste Urteil das Todesurteil war. Ob Fröhlich den Tod schon in seinen Adern spürte? Wenig später starb er ja unter Höllenschmerzen, sein Blut zersetzte sich, und kein Arzt wußte ein Mittel dagegen. Nie hatte er ein Todesurteil fällen dürfen. Wenigstens hatte er auf den Feldern um Torgau, in den Wäldern um Annaburg auf Hasen und Rehe und Wildschweine geballert, wie die meisten Mächtigen war auch er ein forscher Abknaller, eine Jagdhütte hatte er sich dort bauen lassen, an der Wand hingen die Skalpe. Wenn es sich um aufrechtgehende Zweibeiner handelte, hatte er lediglich zu seinem Stasi-Chef sagen können: Den Kerl will ich nicht mehr sehen! Dann hatten sie den für fünf, sieben, zehn Jahre nach Bautzen geschickt. Oder Fröhlichs Leute waren den windigen Burschen so lange auf die Zehen getreten, bis sie es vorzogen, sich nach dem Westen davonzumachen; damit war dann klar: Verräter waren sie, Handlanger des Klassenfeinds. Die Universität hatte er so von Ernst Bloch und Hans Mayer gesäubert, das Kabarett von Reinhold und Zwerenz, die Studentengemeinde vom Pfarrer Schmutzler. Von Bautzen und Waldheim würden leider einige wiederkommen, liberale Spinner, Jazznarren, Schreiberlinge, hoffentlich hatte man ihnen dort gründlich die Schnauzen gestopft. Aber niemand hatte ein Pülverchen erfunden, eine gesprengte Kirche aus ihren Brocken wieder zur alten Gestalt zusammenfliegen, aus Steinstaub zu Stein auferstehen zu lassen.

Tumult, da hatte sich jemand aufs Pflaster gesetzt und wurde weggetragen oder weggeschleift. Ich ließ mich zum Markt drängen, von dort war es nicht weit zu der Stelle hinunter, an der die Synagoge gebrannt hatte. Still war es dort. Katzenstein junior und seine Mitbomber hatten sich gerade dort ausgiebig gerächt. Nicht weit davon hatte Vojciech Gehwegplatten gelegt und war Gerüstleitern hinaufgeturnt – schief und bröckelnd jetzt alles, das Reich der Goldrute und der Akazie in diesem Jahr 1968 und heute erst recht. Ich schaute auf die Gedenktafel für die Synagoge und die jüdischen Leipziger, die von den Leipziger Nazis umgebracht worden waren. Über diesen Hof da, durch diesen Garten war Felix Linden gehetzt. Ich ging durch den Park, sah den Rathausturm hinter den Bäumen. Enten, Schwäne, Kinder und Großmütter um mich – zu ihnen war ich geflohen wie einer, der sich Augen und Ohren und Mund zuhält, sich das Herz verschließt, der seinen Vater vergessen möchte, der nicht verdient, einen Vater gehabt zu haben. Da kehrte ich zur Universität zurück und wollte hinein und zeigte meinen Ausweis vor, und ein Polizeioffizier sagte mir, längst sei Arbeitsschluß, und mir fiel nichts anderes ein, als zu antworten, ich wolle nach meinen Männern sehen. »Aber die sind doch seit zwei Stunden weg! Also morgen früh wieder!« Dann machte er sich daran, einen Lastwagen zu kontrollieren, sprang auf die Ladefläche, hob Säcke und Planen hoch, vielleicht fürchtete er, jemand wolle eine Orgelpfeife schmuggeln.

Am nächsten Morgen stand ich pünktlich auf. Es war ein wunderschöner Maitag. Leipziger Geschichte hat sich nie im Mai zugespitzt. Oktober und November, da war es turbulent zugegangen, die Kriege brachen im hohen oder späten Sommer aus, die Amis waren im April gekommen, doch da hatte die Sonne geschienen wie im Mai. Ich versuchte, Gesprächsbrocken aufzuschnappen, aber die Straßenbahn ratterte zu stark. Mit der »4« fuhr ich vom Weißeplatz durch viele Kurven, über die Riebeckbrücke hinweg, von der Höhe warf ich einen Blick auf Nikolaikirche und Rathausturm, von der Universität war zwischen den Häusern hindurch nichts zu sehen. Am Marxplatz stieg ich aus. Seile überall. Da ging ich auf der anderen Seite herum, am Schinkeltor vorbei, da hinten war eine Lücke. In meinen Ausweis wurde ein Stempel eingedrückt, noch einer zu den übrigen, ich wurde zum Einsatzstab III hinaufgeschickt, da sei ein Schild an der Tür im Gang links. Zwei meiner Männer konnten ihre Aufregung nicht verbergen, als sie mich sahen, einer sagte hastig: »Mensch! Mensch!« Der andere rief dem Offizier hinter den Plänen zu: »Unser Meester!«

»Da kann es ja losgehn mit Ihn. Hier is der Schwerpunkt.«
Ich muß wohl nicht richtig zugehört haben, oder so: Ich hab nicht zuhören können. Als der Offizier fragte: »Alles klar?« antwortete nicht ich ihm, das tat einer meiner Männer. Er faßte mich am Ellbogen und schob mich sachte an, da ging ich mit; an der Treppe sagte er: »Was denn mit Ihn los, Meester?« Ich fragte: »Habt ihr gebohrt?«
»Was denn sonst. Unter der Universität, in der Weinstube, an der Mauer zur Kirche hin...«
»Am Kreuzgang also.«
»Das ist noch 'ne Mauer!«
»Muß noch was erledigen«, sagte ich.
»Schon wieder?« Ein guter, brauchbarer Kollege fragte das, den ich seit Jahren kannte, Sorge lag in seinem Blick und in seiner Stimme. Etwas ging in mir vor, das merkte er. War ich krank? Fieber? Eine Erkältung?
»Mach dir keinen Kopp«, sagte ich.
Ich kam doch in die Kirche hinein, trotz der Sonderkontrollen der Sondereinheit, stieg die Wendeltreppe hinauf wie mein Vater und die beiden Männer aus der Nachbarschaft. Steinstaub auch hier, das Dröhnen der Bohrer in allen Mauern und Balken, es klang heller als das Brummen der Bomber damals. Für mich ging das alles ineinander über: Brandgeruch und Steingeruch, Brummen und Dröhnen, das Heulen der Sirenen wie das Schimmern von Kondensstreifen und ihr Spiegeln im Wasserbecken. Unter dem Dachgestühl war es dumpf, halbdunkel, überwarm. Ich tastete mich zu der Stelle, an der Felix Linden gelöscht hatte und eingebrochen war, den Brettern dort konnte man nicht ansehen, daß sie erst wenig älter als zwanzig Jahre waren gegenüber den mehrhundertjährigen anderen. Von dort bin ich am nächsten Nachmittag weggeholt worden, da besaß ich keinen Ausweis mehr, warum, weiß ich nicht. Einige meiner Leute hätten mich am Abend noch gesehen, haben sie später ausgesagt, Marianne hätte schwören wollen, ich sei nachts zu Hause ge-

wesen, aber ihre Aussage wurde wegen ehefraulicher Befangenheit kaum beachtet. Später sind meine Männer unsicher geworden, sie hätten sich auch um einen Tag geirrt haben können.

Am folgenden Tag wurde ich von zwei jungen Männern die Treppe hinuntergeschickt, einer ging vor, der andere hinter mir. In einer Ecke hinter dem Eingang sagten sie, ich sollte die Hände auf den Rücken legen und mich mit dem Gesicht zur Wand stellen, und sie müßten bei einem Fluchtversuch von der Schußwaffe Gebrauch machen. Dort stand ich eine Stunde lang, ich wunderte mich nicht allzusehr über diese nie erlebte, nie vorgestellte Situation, in die weder Carl Friedrich noch Fürchtegott, weder Vojciech noch Felix je geraten waren. Einmal hörte ich die Stimme eines meiner Kollegen: »Ja, das iss'r.« Und das leise hinzugesetzte: »Mensch, Freedi.«

Im Hof stand ein Kastenwagen, einem Bäckerauto ähnlich. In einem Käfterchen war gerade so viel Platz, daß ich sitzen konnte; hinter einer vergitterten Luke brannte eine Glühbirne. Ich versuchte mir die Kurven zu merken, links, rechts, links, nach höchstens zwei Minuten schon hielt der Wagen, ich stieg aus wie befohlen, schaute in einem engen Hof hoch, sah Reihen von vergitterten Fenstern – ich war, wie ich später erfuhr, im Gefängnis jener Institution, die mich kürzlich betreute, ehe ich in diese Klinik gebracht wurde. Eine Tür wie zu einer Zelle wurde aufgeschlossen, in ihr war ein Schreibtisch mit einem Stuhl dahinter und einem Schemel davor, auf dem Stuhl saß ein Mann in Uniform, der sofort fragte: »Warum haben Sie die Schläuche zerschnitten? Und warum haben Sie Sprenglöcher zubetoniert? Durch ein Geständnis können Sie Ihre Lage verbessern.« Man habe Fingerabdrücke gesichert, nun warte man nur noch auf mein Geständnis. An wen hätte ich meinen Ausweis übergeben und warum? Wer hätte mich beauftragt? Was hätte ich die Nacht über sonst noch auf dem Dachboden getrieben? Ob eine Westantenne auf meinem Dach stehe? Ein junger Posten der Sondereinheit sagte aus, ich hätte, als ich ihn passierte, einen grauen, wadenlangen Mantel getragen, eine Art Soldatenmantel wie aus dem Museum, dann wurde er unsicher: Er habe mich größer und breiter in Erinnerung, und auf die Uhrzeit könne er sich nicht festlegen. Ich wurde hinausgeschickt, die beiden mußten sich wohl beraten, und als ich wieder hereingeführt wurde, hatten sie sich auf eine neue Variante geeinigt: Ich hätte meinen Ausweis eben diesem großen Mann im abgeschabten Mantel übergeben. Meine Antworten waren karg, oft schwieg ich und dachte nach, wie denn das alles gekommen sei, allmählich breitete sich seltsame Ruhe in mir aus: Lächerlich, daß ich hinter Gittern saß, was war das schon verglichen mit dem Tod von Carl Friedrich, von Vojciech, von Felix. Ich fragte: »Ist die Kirche schon gesprengt?«

Einer altbekannten Redewendung nach gibt es drei Sorten von Menschen: die, die sitzen, die, die gesessen haben, und die, die sitzen werden. So betrachte ich Knastalltag mit seinen stupiden Abläufen, Ängsten und Hoffnungen als weithin bekannt. Apathie überkam mich, Wurstigkeit, Schläfrigkeit gar. Bei den Vernehmungen überhörte ich manche Frage. Immer wieder: Wer der Mann im Mantel gewesen sei, ob ich ihm den Ausweis übergeben hätte, ob ich selbst solchen Mantel besäße, woher ich den Mörtel zum Zuschmieren der Löcher bekommen hätte, wer meine Auftraggeber gewesen wären – imperialistische Geheimdienste? Dunkelmänner aus der Theologischen Fakultät? »Seit wann kennen Sie Pfarrer Rausch?« Ich versank immer mehr in eigene Gedanken.

Im Haus herrschten Geschäftigkeit, Schließen, auch Gebrüll. Das Auto, das mich hergebracht hatte, war wohl ständig ausgelastet, ich hörte in kurzen Abständen seinen Motor aufbrummen, die Türen schlagen. »Komm Se!« oder »Gesicht zur Wand!« oder »Hier wird nich gesprochn!«. So ging das tags, nachts. Vielleicht hatte jemand ein Holzkreuz auf die Kirche geschleppt wie einst Jesus zum Berge Golgatha. In diesen Tagen bedauerte ich, nicht beten zu können. Zum Gebet gehört, daß man sich den Gott vorzustellen vermag, an den man sich richtet.

Gleich am ersten Tag war gefragt worden, wem meine Festnahme mitgeteilt werden sollte, ich hatte Marianne angegeben. Ich stellte mir vor, wie der Schlesier, der auf dem Gipfelstein in die Wolken gestarrt und später unser Bohrgerät zur Kirche transportiert hatte, vor der Wohnungstür stand: Frau Linden? Möchte Ihnen mitteilen... Und dann natürlich: Hausdurchsuchung. Der Schädel auf dem Schrank. Ich fragte, ob ich einen Brief an meine Frau schreiben dürfe – das sei erst möglich, wenn die Vernehmung einen bestimmten Punkt erreicht habe, und den bestimmte durch ein umfassendes Geständnis natürlich ich. Diesen Brief entwarf ich in vielen leeren Stunden: Liebe Marianne, mach Dir keine Sorgen, ich werde bald... Vergeblich versuchte ich mich zu erinnern, wann ich zum letztenmal an Marianne geschrieben hatte. Wir waren ja immer zusammengewesen. Im Krieg, als ich in Zeithain ausgebildet worden war? Unter Mariannes Briefe an Erika hatte ich manchmal geschrieben: »Dein Vater«. Jetzt entwarf ich: Liebe Marianne, es tut mir so leid, daß ich Dir Sorgen mache, aber. Es sind ein paar seltsame Umstände zusammengekommen, alles wird sich aufklären, und bald, ehe wir es vermuten...

Eines Morgens hatte der Vernehmer eine Mappe vor sich, blätterte, las, ich streckte vergeblich den Hals. »Ihr Sohn setzt sich mächtig für Sie ein«, sagte er nach einer Weile. »Tja, haben ja einige Beziehungen zu den alten Mauern da. Und jemand hat Ihnen mal erzählt, wie man Bohrlöcher der Amis verstopfen muß, da könnte eine Idee hängengeblieben sein, meint er. Und Ihr Sohn hat Sie gewarnt, keinen Blödsinn zu machen? Warum haben Sie nicht auf ihn gehört?«

Ich sagte: »Vielleicht setzt sich mein Sohn auch ein wenig für sich selber ein?«

Eines Morgens begann alles ungleich stiller als sonst, niemand wurde zur Freistunde in die Steinkäfige hinabgelassen, keine Autos jaulten, keine Türen wurden geknallt. Von einer nahen Kirche hörte ich jeden Viertelstundenschlag. Keine Straßenbahn brummte den Peterssteinweg hinauf, sonst hörte ich die Motoren jedesmal die Tourenzahl erhöhen. Mein Blick stieß immerzu an, aber mein Ohr hatte sich geschärft. Ein Sprengmeister muß nicht nur Spürfinger haben, sondern auch ein empfindliches Ohr: Wenn in einem Zünder Rost knistert, zwinkert der Tod.
Ich setzte mich auf die Pritsche, die so hoch war, daß die Füße nicht auftrafen – eine sowjetische Erfindung. Anlehnen darf man sich nicht, dann kracht ein Posten an die Tür und brüllt: Von der Wand weg! Ein ermüdendes Balancieren. Da alles so unheimlich still wurde, scheute ich mich selbst vor dem kaum wahrnehmbaren Geräusch der ausgelatschten, mit Fußpilzsporen getränkten Kamelhaarpantoffeln beim Dreieckgehen. Neun Uhr, Viertel nach neun, halb zehn, dreiviertel zehn – den Zehnuhrschlag hörte ich nicht mehr. Es war der 30. Mai 1968, ein sonniger Tag. Früh am Morgen – ich erfuhr es später – war ein Sicherheitskreis von dreihundert Metern um die Kirche gezogen worden, den niemand betreten durfte, da angeblich Weltkriegsbomben unter den Trümmern lagen, die durch die Erschütterung hochgehen konnten: Die Stadtherren wollten die Leipziger weit genug von der Kirche fernhalten. Nur vom Johannisplatz aus konnte man ihr Dach sehen, dort drängten sich, wurde mir später erzählt, Tausende. Und doch wurde aus dem Hochhaus schräg gegenüber fotografiert – aber ich greife vor.
Ich spürte das Vibrieren, bevor ich den Knall hörte. Zwischen der Kirche und meiner Zelle waren es siebenhundert Meter, das Beben lief durch die Erde und die Mauern hinauf bis in meine Pritsche. In einem Stockwerk über mir begann ein Mann zu singen: »Ein feste Burg ist unser Gott«, er hielt das Lied durch alle Strophen durch, ohne im Ton oder im

Text unsicher zu werden, kein Posten rannte zu seiner Zelle und krachte mit dem Stiefel gegen die Tür. Ich saß noch zwei Stunden später, als sich das Leben im Haus allmählich zu regen begann, als wieder Autos in den Hof fuhren, bewegungslos auf meiner Pritsche, die Beine hingen herab, die Pantoffel waren mir längst von den Füßen gefallen. Durch den Spalt zwischen den Glasziegelschichten wehte Steinstaub herein.

13. KAPITEL

Nochmals: Was geschah mit den Granaten?

Montags dünne Kartoffelsuppe, dienstags dünne Griessuppe, mittwochs Erbsen oder weiße Bohnen, von denen ich nur ein paar Löffel probieren konnte, sonst hätte mich Sodbrennen gequält. Donnerstags Hering mit Pellkartoffeln, Gurke dabei und Zwiebel, freitags Kraut oder Möhren, Porree, Kohlrabi oder alles durcheinander, am Samstag blasse Graupen, am Sonntag Salzkartoffeln und Rotkraut, Soße und eine Scheibe Schweinebraten obendrauf. Die Schiffsglocke zum Wecken und zur Nachtruhe, sogenannte Freistunde, die zehn Minuten dauerte oder auch nur acht, am Morgen Zahnbürste und Handtuch und Seife in die Zelle, abends nicht, jeden Samstag unter die Dusche und so knapp Zeit, daß man entweder den Kopf oder den Bauch oder die Füße seifen konnte, wieder hopp-hopp hinauf. Ja, und die Vernehmungen.
Drei Männer klopften an mir herum, zuerst ein dicklicher Kerl, der von nichts eine Ahnung hatte, nicht vom Sprengen, nicht von der Kirche, nicht von meiner Stadt. Er dachte in einer einzigen Richtung: Ich sei sein Feind, überhaupt Feind, Feind schlechthin. Er päppelte im Kopf, was man Feindbild nennt, und kam seinem Auftrag, einen Feind zu entlarven, mit Hingabe nach. Ich stellte mir vor, wenn er mit zerquälten Brauen an einer Fangfrage bastelte, man hätte ihn, einen uckermärkischen Bauernburschen, unter die preußischen Dragoner gesteckt, die einen zitternden sächsischen Jungen nach Otterwisch trieben – da überhörte ich manchmal seine Frage, er hob die Stimme; zwecklos so was. Wann ich die Kirche betreten, wem ich meinen Ausweis gegeben hätte, mein Haß gegen den Sozialismus – ich erwiderte häu-

fig nur: »Mein Vater hat die Kirche gerettet.« Abgehacktes Gerede, kein Gespräch in dem Sinne, daß ein Faden von Frage und Antwort zu Gegenfrage geführt hätte. Ein Jüngelchen, getrieben wie ein Stück Rind, das zwischen Gatter hineingerät und nach vorn muß; und immer mal knicken die Zäune ab, da stolpert das Tier weiter, kann nicht wenden.

Der zweite Vernehmer war Kettenraucher, gelbgesichtig mit Falten von den Mundwinkeln abwärts, sicherlich magenkrank. Er übernahm die zweite Woche, sein Vorgänger hatte wohl eingesehen, daß er nicht weiterkam. »Die Sache liegt glar«, begann er, »deshalb wolln wir geine Faxen machn, nuwwer?« Dieses »nuwwer« beendete bei ihm jeden zweiten Satz, es ist echt sächsisch und aus »nicht wahr« zusammengezogen, bei ihm bedeutete es Einverständnis, beinahe Kumpanei. »Sie decken jemanden, nuwwer? Aber das hat doch nichn geringsten Zwegg! Vielleicht ham wir den Bruder ooch und wolln nur wissn, ob Sie ehrlich sin! Da war ein Gerl in 'nem langen Mantel – ham Se ihn gesehn, kenn Se ihn? Der hat Ihrn Ausweis gezeigt, woher hat er den? Da sin Se platt, nuwwer?« Ich versuchte, mir den Vernehmer als Meister vorzustellen, beauftragt, unter dem Völkerschlachtdenkmal eine Werkstatt einzurichten, da mußte er auf allerhand Widrigkeiten gefaßt sein. Biegen wir schon hin, nuwwer? Kurzhalsig war er nicht wie dieser Meister damals, aber ich konnte mir vorstellen, er würde genauso brüllen, wenn er es für nützlich hielt.

»Also, wer war der Gerl im langen Mantel?« Ich zuckte die Schultern, da holte der Vernehmer Luft, aber sie strich mit einem Laut aus den Lungen, der fast ein Stöhnen war. Dann griff er wieder zur Zigarette. »Nun mal raus mit der Sprache!« Ich stellte mir vor, wie er hinter dem Pult eines Baugeschäftes stünde und den polnischen Maurer Machulski befragte, wo der bisher gearbeitet habe, sich Zeugnisse zeigen ließe: Soso, na! Fleiß und Ordentlichkeit! Wer klaut, fliegt!

»Wie stelln Se sich Ihre Zukunft vor?«
»Sprengen ist für mich vorbei.«
»Darauf könn Se Gift nehm! Wir gem solchen Leuten doch nischt zum Knallen in de Foden! Und was wolln Se machen bis zur Rente? Na, ehe Sie rauskomm!« Dabei schaute er mich gespannt an, er war wohl gierig darauf, daß ich ängstlich fragte: Was bitte meinen Sie, wie lange ich sitzen muß? Wird doch nicht schlimm werden?
Der dritte Vernehmer wollte mich mit Kreuz- und Querfragen nervös machen, aber ich stellte mir vor, er wäre einer der Verteidiger der Festung Völkerschlachtdenkmal, drahtig und immer mit der großen Klappe, auch als Sherman-Panzer schon in Leutzsch über die Brücken rasselten: Wo der deutsche Soldat steht, kommt kein andrer hin! »Von Leuten wie Ihn lassen wir uns unser Konzept nicht vermasseln! Wir bauen Leipzig auf! Und wenn die Westpresse noch so geifert – wollen wohl Märtyrer werden? Seit wann kennen Sie Pfarrer Rausch?«
Hätte ihn nie gesehen, antwortete ich, und seinen Namen zum erstenmal durch die Zeitung erfahren.
»Als er seine Hetztiraden losgelassen hat, stimmt's?«
»Waren das welche?« Ich mußte auf der Hut sein. Das wurde mir an den nächsten Tagen immer klarer, als dieser Mann eine Brücke bastelte, über die ich stolpern sollte: Die Diskussionsrede dieses Pfarrers hätte mich angestiftet, Schläuche zu zerschneiden, meinen Ausweis wildfremden Menschen anzuvertrauen, Opfer sei ich, schlichter Arbeiter, arglos, verführt, aber nun sei es mir wie Schuppen von den Augen gefallen: Pfarrer Rausch habe mich auf die verderbliche Bahn geführt.
Auf einmal hatte ich das Gefühl, die Herren hatten ihren letzten Trumpf ausgespielt. Ich stellte mir vor, wie der Vernehmer über den Wall vor dem Denkmal stapfte, in Dekkungslöcher hinunteräugte und fragte: »Genügend Schußfeld? Haben Sie doch gelernt: Schußfeld geht vor Deckung!«

Ich stellte mir vor, wie er sagte: »Jetzt bin ich hier der Chef!« Ein hübscher Satz damals: »Jetzt hat sich's ausgeluftschutzt.« Dann hörte ich nicht mehr hin, sah nur vor mir, wie Mutter und Marianne die Fleischbüchsen anstaunten, die ich beim Ritterkreuzträger abgestaubt hatte.
»Denken Sie genau nach: Als Sie lasen, was Rausch gesagt hat, ging in Ihnen da nicht was vor? Von da an haben Sie wie unter Zwang gehandelt, stimmt's?«
Ich saß auf meinem Schemel, weit genug von der Wand weg, daß ich mich nicht anlehnen konnte, die Hände auf den Knien meiner gebiesten Drillichhose. Sachte rieb ich mit den Fingerkuppen über den Stoff, den kannte ich seit Lehrlingstagen. Würde keinen Arbeitsanzug mehr tragen, keinen Steinstaub schmecken. Die Zünder der britischen 250-lb.-Bombe – vorbei. In meinen Gedärmen gärte das nasse Stasibrot. Nach einiger Selbstüberwindung ließ ich, so hatten es die sächsischen Soldaten auf dem Lingekopf und vor dem Douaumont formuliert, die Düse offen, Wind auf Wind strich sanft aus mir hinaus. Carl Friedrich Lindner hatte im Karree geschissen, in den Löchern des Lingekopf hatte das Feldspatenblatt als Unterlage gedient, dann war der Haufen mit Schwung ins Verhau geschleudert worden, wo die toten Franzosen hingen. Die SS im Völkerschlachtdenkmal – ein weites Feld. Der Vernehmer saß in einigem Abstand, hatte das Fenster geöffnet, aber manchmal, wenn meine Winde günstig standen, verzog sich sein Gesicht.
»Wer uns hilft, dem helfen wir auch.«
Ich stellte mir vor, die Reiter oben in der Kuppel ritten nach Hause, die Schilde umgehängt, die Schwerter in der Scheide. Wieder ein Kapitel vorbei. Wie wäre denn das, ich als Pförtner am Denkmal, riß Karten ab, hielt keinen Vortrag über deutsch-russische Waffenbrüderschaft, über *Ami go home* und bei Kaub über den Rhein und *Ein Volk steht auf* und: Hände sollen verdorren, die; und: Schwerter zu Pflugscharen.

»Dem Rausch helfen Sie nicht und schaden Sie nicht. Und Sie wollen doch hier raus, oder?«
Die Denkmalsspezialisten hatten auf dem Bauch gelegen und sich vorgestellt, sie spähten über Bug und Dnjestr. »Kommt immer auf die Perspektive an.« Im Gesicht des Vernehmers begann es zu arbeiten.
Nach drei Tagen war er am Ende seines Lateins. »Werden schon sehen, was Sie davon haben!« tönte er hilflos. »Wollen ja schließlich Ihr Leben nicht als Pförtner verbringen! Werden schon erleben: Unser Arm reicht weit.«
Ein Wort hab ich nie leiden können: Grinsen. Ich hab nie grinsen wollen außer in dieser Minute.
»Ihn wird das Feixen schon vergehn!«
Da war Donnerstag, der Hering penibel geputzt, kein Häutchen in der Bauchhöhle, die Seitengrätchen ausgezupft, ich meinte, das machten Frauen, die in Haft waren wie ich, Küchenkalfaktorinnen. Sie wurden nicht abgelenkt durch Mann und Kindergeplärr und Fernstudium, alle Zärtlichkeit hatten sie den Heringen gewidmet. Ob wohl der Freitag ein Entlassungstag sein könnte, oder ob da die Wachtmeister zeitig nach Hause wollten zu ihren Frauen und Autos und Schrebergärten?
Es wurde Montag, ehe ich zur Effektenkammer geführt wurde, ich zog das Häftlingsdrillich aus und das Sprengmeisterdrillich an und wurde vors Tor geführt, da stand ich dann und blickte ins Licht und wußte nicht, was ich zu fühlen hatte. Keiner meiner Vorfahren war im Knast, seltsam genug in Deutschland. Ach Gott, was waren schon ein paar Wochen. Wieviel Knast entfällt in den letzten fünfzig Jahren durchschnittlich auf den Kopf eines Deutschen?
Den Peterssteinweg bummelte ich zum Leuschnerplatz hinauf und achtete auf das Aufbrummen der Straßenbahnmotoren, von meiner Zelle aus hatte ich genau unterschieden, ob eine Straßenbahn hinauf- oder hinabfuhr. Ich roch Steinstaub, hörte das Brummen von Lastwagen, das Poltern der

Universitätsbrocken aus den Baggergreifern auf den Stahlboden der Transporter. Das Abbrechen, Abfahren war im Gange, da durfte keine Minute verloren werden: Mein Leipzig lob ich mir, weil wir die Hausherrn sind! Ich stellte mir vor, wie sich Paul, der Kirchensprenger, jeden Tag die Zahlen vorlegen ließ, wieviel Tonnen Gotik oder Klassizismus abgerissen worden waren, jetzt Gestühl, Dachbalken; der Putzfleck in der Decke war längst zerbröselt. Die Leute gingen teils hastig, teils ruhig, eine Frau trug Milchflaschen im Netz. Am Leuschnerplatz hielten die Elektrischen wie immer, Richtung Gohlis, Richtung Connewitz, erst einsteigen, dann aussteigen. Klingbim. Draußen in seiner Bezirksleitung saß vielleicht gerade Fröhlich, vor ihm ein Maler, der legte Entwürfe vor: Ein Wandgemälde für die neue Universität, historische Gestalten und Szenen sollten sich mit zeitgenössischen mischen, Altrektor Mayer mittendrin, auf eine tanzende Studentin blickend, hoch flog der Rock, und der Maler sagte herzhaft: »Dich, Genosse Fröhlich, möchte ich hier plazieren, inmitten der Bauleute!« Und der Genosse lachte bescheiden: »Wenn du unbedingt darauf bestehst!«
Ich ging zum Marxplatz, zur Hälfte war er durch Gitter versperrt. Rasen war zertreten, Staub auf allen Blättern. In der Hand hielt ich meine geschabte Tasche, ein paar tausendmal hatte ich in ihr das Frühstück zur Arbeit getragen. Die Fassade der Universität stand noch. Frei dahinter der Turm von Nikolai, der Mendebrunnen eingezäunt – Baustelle, Betreten verboten! Fort mit dem Alten und was Neues.
Ich stieg in die »4«; bis zum Johannisplatz jagten drei Lastwagen an mir vorbei, hochgefüllt mit Kirchenschutt, die Leninstraße hinaus. Als ich ausstieg, war es halb zwölf, um diese Zeit war ich noch nie von der Arbeit gekommen. Ich trat in Mariannes Lebensmittelkonsum, sie saß an der Kasse. Neben ihr packten Kunden ihre Körbe aus, Makkaroni, Zukker, Silberpils. Ich stellte mich so, daß Marianne mich sehen mußte, wenn sie aufblickte. Ich sah ihre grauen Haare, die

Adern auf dem Handrücken. So viele Jahre zusammen, dachte ich, im großen und ganzen war alles gutgegangen, obwohl: Leicht hatte sie es nicht mit mir gehabt. Eine Kundin starrte mich an, bückte sich zu Marianne und flüsterte ihr ins Ohr, an der Bewegung der Lippen erkannte ich, was sie sagte: Ihr Mann! Da zuckte Marianne wie unter einem Schlag. Niemand im Laden bewegte sich mehr, alle Blicke richteten sich auf mich, und ich sagte, was hätte ich auch sonst sagen sollen: »Da bin ich wieder.«
Eine Kollegin fertigte rasch die Kunden ab, Marianne hängte ein Schild an die Tür: »Wegen Warenannahme vorübergehend geschlossen.« Im Gang zum Stübchen hinter dem Laden nahm sie mich in die Arme und küßte mich und fuhr mir durchs Haar, es war wie in unserer ersten Verliebtheit. Ob ich Hunger hätte, ob ich gesund sei, und ich behauptete, alles sei in Ordnung, aber Appetit hätte ich schon. Da bückte sich ihre Kollegin zum Kühlschrank, aus dem untersten Fach wurde gekochter Schinken gekramt, für Personal und Vorzugskunden reserviert, sie setzte Kaffeewasser auf; nun lachte Marianne halb unter Tränen doch. Sie öffnete eine Ölsardinenbüchse, Weißbrot, Salami, Käse – ich kaute und nuschelte mit vollem Mund: »Jetzt gibt's drin Kartoffelsuppe.« Das klang wie bei einem uralten Knastologen. Darüber mußte ich lachen. Gerade da begann Marianne zu schluchzen.
Hand in Hand, wie seit Jahren nicht mehr, gingen wir heim. Als ich hinter mir die Tür zu meinem Zimmer zuziehen wollte, sagte Marianne: »Haben sie dir gesagt, daß Mama gestorben ist?«
Wie erstarrt blieb meine Hand auf der Klinke liegen; jetzt müßte ich fragen: Wann? Aber ich rührte mich nicht, wartete auf Mariannes nächsten Satz. Mama gestorben – ich wunderte mich, noch nicht gefragt zu haben, wie sie denn mit der Nachricht von meiner Festnahme fertig geworden war, Klärchen Linden, Klara Magdalena.
»Vor zwei Wochen.« Marianne nahm meine Hand von der

Klinke und führte mich zum Tisch und drückte mich auf einen Stuhl. »Drei Tage hat sie nur gelegen.«
»Und hat sie gewußt?«
»Ja, ich hab ihr alles erzählt. Sie hat den Kopf geschüttelt und immer nur gesagt: Freedi, Freedi.«
»Nein, ich meine, ob sie gewußt hat, daß sie sterben muß?«
»Wahrscheinlich. Das Herz, weißt du. Zuletzt hatte sie vor jedem Atemzug Angst.«
Wir redeten kurze, einfache Sätze über den einfachen Tod einer alten Frau. »Hab nichts in die Zeitung setzen lassen«, sagte Marianne. »Für wen auch?« Das Lächeln wollte ihr nicht gelingen, als sie hinzufügte: »Dir hätten sie es ja da drin sowieso nicht gegeben.« Wer zum Begräbnis mitgegangen war, sogar, was Marianne angezogen hatte – ich dachte: Die Letzte einer Generation. Nun war ich der Nächste.
»Joachim hat ein Telegramm geschickt: Leider nicht abkömmlich.«
Wo sie liege, fragte ich; Marianne erklärte mir die Stelle.
Noch an diesem Nachmittag ging ich die Schönbach hinauf, schon nach einer Minute jagte der erste Lastwagen mit Trümmerschutt an mir vorbei. In dieser Richtung folgte ich, am Denkmal vorbei, an dem Damm entlang, in den wir unsere Luftschutzstollen getrieben hatten. Wieder ein Lastwagen, gesplitterte Balken, Ziegelschutt, ein gekrümmter Eisenträger obendrauf. Hinter dem Denkmal bogen die Kipper ein, dort in den Gruben hatten wir als Kinder gespielt. Jetzt war eine Halde aufgeschüttet, auf der eine Planierraupe kroch. Ein Schild: »Betreten verboten!« Daneben ein Polizist. Am Straßenrand ein Wagen der Verkehrspolizei, überall Uniform. Drüben wurde Schutt abgekippt, sofort schob ihn der Schild der Raupe breit, die Ketten mahlten. Gewiß hatten sie längst zerdrückt und eingepreßt, was etwa von der Rosette am Giebel geblieben war, niemand hatte ein Erinnerungsstück aufklauben dürfen, und ich kam sowieso zu spät. Einem Pfad, von Kindern getreten, folgte ich um die Kippe

herum, auch an der Rückseite lungerte ein Polizist. Das Grab der Universität und ihrer Kirche wurde bewacht, als könnten Steine auferstehen. Eine Handvoll Schutt hatte ich aufheben wollen, mir einbildend, er stamme vom Fleck, der vom Tod des Felix Linden geblieben war; den Schutt hatte ich über Mutters Grab krümeln wollen. Aber ich war noch nicht so lange aus dem Knast raus, daß ich etwas riskiert hätte.

Als ich das Grab gesucht hatte, war ich nicht über den seltsamen Gedanken hinweggekommen, was man an ihm zu empfinden habe – Trauer ist ja ein so ungenauer Begriff. Da drüben hatte meine Mutter die Wehen gespürt, vor fünfundfünfzig Jahren, beim Reisigsammeln. Sie hatte Bohnen- oder Kartoffelsuppe zur Baustelle getragen, Holz auf dem Rückweg mitgenommen – aber das war Tante Machul gewesen. In die feinen Häuser drüben in der Naunhofer hatte sie mich zum Waschen mitgenommen und zugeschaut, wie ich auf einer Käsehitsche die Dämme hinabgerodelt war. Meine Mutter, Klärchen Linden. Ich las vertrocknete Blumen vom Hügel und legte eine Kranzschleife gerade: Von den lieben Hausbewohnern.

Drei Tage später ging ich in meinen Betrieb, um zu kündigen. Die Papiere lagen schon bereit, als habe man meinen Entschluß erwartet. Der Kaderleiter redete nachsichtig mit mir, er sagte, er bedaure meinen Schritt, versuchte aber nicht im mindesten, mich umzustimmen. Ein tadelloses Zeugnis wollte er mir nachschicken, tja. Und was nun?

Marianne nahm Urlaub, wir fuhren für zwei Wochen in die Sächsische Schweiz und wanderten, ich war unendlich lange nicht rausgekommen. Behutsam gingen wir miteinander um, ja, auch ich mit Marianne. In dieser Zeit begriff ich, wie unbequem ich sein konnte, wie halsstarrig. Einmal sagte sie: »Weißt du, daß du manchmal tagelang mit mir höchstens zehn Sätze geredet hast?«

Ich fragte zurück: »War's wirklich so schlimm?«

»Das war's, Freedi.«
Als wir zurück waren, ließ ich mich beim Denkmal als Pförtner anstellen, mir schien, als seien die Verwaltungsleute schon auf mein Kommen vorbereitet gewesen. Ich bekam eine Uniformjacke, Hose und Mütze, für schwarze Halbschuhe sollte ich selber sorgen. Die Einführung war in fünf Minuten geschehen, dann wußte ich, wann ich als Kartenabreißer am Eingang oder als Wächter auf der Galerie Dienst hatte, an der Tür zum Aufgang oder im Kiosk. Ich stieg in die Krypta hinunter und schaute zu den vier Riesen hinauf, an meinen Vater, an Vojciech Machulski dachte ich, an Katzenstein und Thieme. Die Löwen stellte ich mir vor, wie sie den Gestalten auf die Schultern gesprungen waren. Da die Mauer, hinter der der Gang der SS begann, darin lagen meine fünf Granaten. Vom Gipfelstein schaute ich nach dem Berg hinüber, auf den der Maler sein Mahnmal nicht hatte stellen dürfen. Das Spitztürmchen der Universitätskirche fehlte in der gewohnten Silhouette.
Mein Leben als Pförtner am Denkmal verlief nicht eintönig; mir kommt es vor, als ob ich jeden Tag gern zur Arbeit gegangen wäre, wie das Wetter auch war, ob mein Klotz von der Sonne bestrahlt wurde oder im Nebel steckte, ob die Warnlampen aus der Dunkelheit herunterglühten. Von der Schönbach aus sah ich jeden Morgen den Brocken zum erstenmal zwischen Häusern und Bäumen, da zuckte mein Blick wie von selbst hinüber: Er stand noch da. Wenn ich in der Ruhmeshalle die Aufsicht hatte, brauchte ich manchmal eine ganze Schicht lang kein Wort zu reden. Die Besucher traten ein, verstummten, schauten in die Kuppel hinauf. Ich hätte mich geärgert, wenn hier Kinder gerannt wären. Ich hielt die Treppen sauber, kehrte Laub und Kippen weg. Mittags wärmte ich mir in der Pförtnerbude ein Töpfchen Suppe auf. Ich war fünfundfünfzig – das erscheint früh, um mit solcher Beschäftigung zufrieden zu sein. An manchen Vormittagen, besonders bei schlechtem Wetter und im Winter,

kam stundenlang kein Mensch. Mir blieb Zeit zu lesen, Romane und Erzählungen schmökerte ich durcheinander. Über das Denkmal und meine Stadt erschien ja nun wirklich nicht so viel. Zu Hause redete ich wenig, manchmal empfand ich, daß ich überhaupt keinen Menschen brauchte.
Von der Brüstung aus sah ich, wie am Karl-Marx-Platz ein Hochhaus wuchs. Es wurde Herbst, Winter, Frühjahr, hin und wieder hielt ein Bus mit sowjetischen Besuchern vor den Totenbunkern; nachdem er zur ›Iskra‹-Gedenkstätte weitergefahren war, hing Parfümgeruch noch eine Weile in der Halle. Manchmal hatte ich Dienst auf dem Gipfelstein; bei schönem Wetter waren hundert Leute oben, die in die Gegend zeigten, dann wieder war ich allein. Einmal tobte eine Horde Sportlerjungen hinauf, ihr Trainer hatte gerufen: »Laufschritt bis oben hin!« Keuchend taumelten sie auf die Plattform, die Gesichter gerötet und schweißnaß. Sie hielten sich an der Brüstung fest, und ihr Trainer, der nach einer Weile gelassenen Schrittes auftrat, lobte sie: Das wäre mal ein Konditionstraining gewesen! Ich hätte den Kerl am liebsten bei seiner Sportschule angezeigt, aber ob er von dort einen Rüffel bekommen hätte?
Um diese Zeit wurde Ulbricht abgesetzt; Honecker war Ulbrichts junger Mann gewesen, nun trat er seinem politischen Vater in den Hintern. Einmal, als Joachim nach langer Pause bei uns saß, berichtete er, wie in Berlin jeder bemüht war, den Alten zu vergessen, aus den Zeitungen war sein Name schon verschwunden, nun sollte er auch aus den Schulbüchern getilgt werden. Ich sagte: »Wäre es nicht gut, man würde seine Geburtsstadt gleich mit wegbaggern?« Und Joachim erzählte, wie sich hartnäckig das Gerücht hielt, es gäbe in Leipzig eine geheime Ulbrichtgruppe, die Honecker seinen jungen Ruhm neidete und am liebsten den alten Spitzbart aus dem Grab gezerrt hätte. »Jetzt kriegen andere Städte das Geld. Mit Leipzig ist es vorbei.« Und ich sagte: »Geschieht dieser Stadt ganz recht.«

Jede Stadt stirbt einmal. Bei manchen Städten bleiben Ruinen, Touristen durchwandern sie: Die Burg über Athen ist so ein Ziel, Venedig wird bald eine Ruinenstadt sein. Von manchen Hauptstädten überleben nur die Namen; Karthago, Sparta. An der Unstrut, Memleben, war einmal der Mittelpunkt des Deutschen Reiches. Wäre die Geschichte anders verlaufen, wäre nicht Berlin die Hauptstadt geworden, sondern Memleben geblieben. Über Geisterstädte bei Samarkand las ich, durch die der Wind weht, über Estergom, von wo aus bis zur Donaumündung und zum Kamm des Erzgebirges regiert wurde. Schade um Leipzig, das nur eine so kurze Blütezeit gehabt hatte.
Eines Tages wurde wieder eine Staffelei aufgestellt und das Denkmal gezeichnet, ich schaute einer jungen Frau über die Schulter und wunderte mich über ihre gradlinige, schroffe Art. Porzellanbildnerin sei sie, und ich hätte wohl nichts dagegen, daß sie hier skizziere? Über die Rechtslage würde sich ihre Firma später mit der Stadtverwaltung in Verbindung setzen. Ich trüge zwar eine Art Uniform, erwiderte ich freundlich, aber deswegen hätte ich doch nicht allzuviel zu sagen. Und was wäre das für eine Firma? Die Porzellanmanufaktur in Meißen, hörte ich. »Ich weiß noch nicht, was es werden soll«, sagte sie, »ein Teller oder eine kleine Skulptur. Hängt davon ab, was bei meiner Zeichnung herauskommt.«
»In mir haben Sie den ersten Kunden.« Da lachte sie.
Sie kam noch drei- oder viermal, fragte auch, ob ich ihr die metergenauen Maße ihres Objekts nennen könnte; die wußte ich natürlich aus dem Kopf. »Man könnte es in Böttger-Porzellan nachbilden«, sagte sie einmal. »Das kennen Sie doch, rötlichbraun?«
»Nicht strahlendweiß«, bestätigte ich. »Wäre ja irrsinnig komisch: mit Zwiebelmuster oder Streublümchen.« Wieder lachte sie, und ich fand sie sympathisch.
Wuchsen damals schon die Kuppeln um Leipzig auf? Wenig-

stens stellte ich noch nicht den richtigen Zusammenhang her. Dann und wann ging ich in der Stadt und der Umgebung spazieren. Die Stelle, an der die Paulinerkirche gestanden hatte, mied ich. Manchmal jedoch kam ich mit der Straßenbahn vorbei. Mit Betonplatten wurde dort montiert, mit ihren Querrinnen erinnerten sie an liederlich aufgehängte Wäsche. In ihnen sammelte sich später Kohlenstaub, den der Regen herauswusch und mit ihm die Flächen verschmierte. Ich kann gar nicht genug raten, Fotos der alten Universität mit der heutigen Schäbigkeit zu vergleichen.
Das neue Staatsoberhaupt fand nicht zu uns heraus. Jedes Jahr war es zweimal in der Nähe, wenn es die Messe besuchte. Dann wurden Hallen abgesperrt, Geheime wimmelten, und der Vorsitzende schritt im hellen Anzug hindurch, zur Herbstmesse mit seinem Strohhütchen; er stammte aus einem Ländchen, das sich die Preußen einmal unter den Nagel gerissen hatten. Hundert Jahre lang hatten sich die Saarländer gewehrt, innerlich Preußen zu werden, und ausgerechnet ein Dachdecker von dort mußte dann der oberste Neupreuße werden und uns Sachsen regieren – die Geschichte macht schon seltsame Sprünge. Ob von Berlin die Anordnung gekommen war, das Völkerschlachtdenkmal in Böttger-Porzellan nachzubilden? Heutzutage kommen doch alle Ideen für Sachsen aus Berlin.
Drei Jahre später – ich hatte längst nicht mehr an die Frau aus Meißen gedacht – entdeckte ich eine rötlichbraune Nachbildung auf den Regalen des Intershops. Sie war fünfzehn Zentimeter hoch und kostete einhundertvierzehn Mark West. Zwischen mir und ihr waren eine Verkaufstheke, anderthalb Meter Raum, zwei Verkäuferinnen und fehlende vierundneunzig Deutsche Mark. Erika hatte uns bei einem Besuch zwanzig Westpiepen dagelassen, mit denen wollten Marianne und ich ein Pfund Kaffee und ein bißchen Seife, vielleicht ein paar Gewürze kaufen. »Guck mal«, staunte ich, und Marianne sagte: »Hab ich gerade gesehen.«

»Ob's das bloß hier gibt?«
Am nächsten Morgen telefonierte Marianne von ihrem Geschäft aus durch die halbe Republik, bis sie in Berlin jemanden an der Strippe hatte, der ihr versicherte, all die rötlichbraunen Dingerchen gingen direkt in den Export oder eben in die Intershops. Am Abend sagte Marianne zu mir: »Und wenn's tausend Ostmäuse gekostet hätte, ich hätte nichts dagegen gehabt. Wäre eben dein Weihnachten gewesen.« Wir kannten niemanden, bei dem wir Ost- gegen Westgeld hätten tauschen können.
Ich ging wieder hin und lungerte vor den Plastiken herum. Sie waren nicht viel größer als meine Faust, dennoch hatte die Künstlerin alle wesentlichen Details untergebracht, die Vortreppe mit der Brüstung, den Erzengel und die Wächter am Gipfelstein. Drei Plastiken standen im Intershop am Messegelände, je vier in Hotels der Innenstadt. Einmal ließ ich mir ein Exemplar zeigen und wog es in der Hand, ich mußte die Versuchung niederringen davonzurennen und zu versuchen, mit meiner Beute unterzutauchen. Da war ich schon beinahe sechzig; ich wäre gewiß nicht weit gekommen. »Wunderschöne Arbeit«, erkannte ich an. Die Verkäuferin sprach den Verkäuferinnensatz: »Wird gern gekauft.« Ich gab das Denkmalchen zurück, wir lächelten uns an, in unseren Blicken lag unausgesprochen: Tja, ist eben nicht für uns, ist für die anderen.
In dieser Zeit hörte ich manchmal Redereien, man dürfe sich die Intershops und den Wucher in den Exquisitläden nicht gefallen lassen, was sei denn das für ein Arbeiter- und Bauernstaat! Die Leute erzählten sich, irgendwo weit weg, wo es nicht nachprüfbar war, seien Steine in Schaufenster geschmissen worden, in Sangerhausen oder Rudolstadt, Güstrow oder Gransee.
In diesen Tagen ertappte ich mich dabei, wie ich die Intershops daraufhin musterte, ob und wie man eine kleine Sprengladung anbringen könnte. Kein Mensch dürfte zu Schaden

kommen. »Astoria« und »Stadt Leipzig« schieden aus, dort waren Gästezimmer über den Läden und Bars und Speisezimmer dicht daneben. Abgelegener schien mir der Verkaufsraum im »Hotel am Ring«, aber die Straße davor war auch nachts belebt. Ideal hingegen der Intershop am Messegelände: ein Flachbau, der abends geschlossen wurde, tot und leer dann die ganze Gegend.

Die Zerstörung von drei, vier Plastiken als Ziel mit Gefahr für andere und mich – das Mißverhältnis wurde mir klar. Ich spielte den Plan zuerst nur so durch – ob ich in diesem Intershop als Pförtner angestellt werden könnte? Aber das hätte natürlich den Verdacht sofort auf mich gelenkt: ein ehemaliger Sprengmeister seit kurzer Zeit hier. Und wenn sich Marianne bemühte, dorthin versetzt zu werden, ich könnte sie dann aushorchen – aber diesen Gedanken ließ ich rasch wieder fallen.

Ein Zeitzünder? Ich schaute mich um, wo man vor Feierabend eine Ladung deponieren könnte. Im Vorraum standen meist leere Kisten, dort mußte die Bombe entsprechend groß sein, um durch die Tür hindurch und in den Verkaufsraum hineinzuwirken, die Plastiken von ihren Borden zu schleudern. Da fielen mir meine fünf Flakgranaten ein. Ich stellte mir vor, wie ich eine Granate aus ihrem Versteck holte. Mit einem Handwagen, unter Reisig verborgen, zog ich sie durch den Park und über die Brücke nach Hause, im Schuppen überprüfte ich den Zünder. Als Marianne zur Arbeit war, nahm ich den Zünder mit in die Küche, weil ich gutes Licht brauchte, befreite alle Teile von altem Fett und ölte sie frisch ein. Ich überlegte, eine Abschußrampe zu bauen wie Terroristen, aber eine Granate ist eben keine Rakete. Ja, wenn ich noch ein paar Panzerfäuste verborgen hätte.

Es war ein Spiel meiner Phantasie. Eines Tages, wenn alles zu Ende gedacht war, würde ich triumphieren: Ich könnte es euch zeigen! Nach dem Anschlag müßte ich mich natürlich wie jeder Untergrundkämpfer lauthals zu meiner Tat beken-

nen, müßte die Volkszeitung anrufen und erklären, die Aktionsgruppe »Rache für Leipzig« trage die Verantwortung. Als mir dieser Einfall kam, mußte ich lachen.
Wieder war Messe, wieder besuchte der Staatschef meine Stadt. Vom Straßenrand aus schaute ich zu, wie die schwarzen schwedischen Limousinen auf die geräumten Parkplätze kurvten, der kleine Saarpreuße stieg aus und winkte ruckartig in die Luft, es hätte ja sein können, daß jemand ihm von ferne zujubelte. Ein paar Leute standen herum, die meisten waren verärgert, weil sie nicht in die Hallen durften; nun verloren sie ein paar Stunden. Ich stellte mir vor, wie er von Stand zu Stand wieselte, Hände drückte und fröhliche Worte wechselte. »Na«, sagte er vielleicht, »tausend kleine Völkerschlachtdenkmälchen gefällig?«
Da wuchsen Hügel um die Stadt herum – verhökerte er vielleicht auch sie? Von einem Riesenkraftwerk nördlich der Stadt war die Rede, das die Luft mit Schwefel sättigen, das Grundwasser abgraben und die Wälder zerstören würde, und das alles, um Strom nach West-Berlin zu verkaufen. Viele Quadratkilometer Sachsen verscherbelte Honecker, warum nicht eine Stadt?
Manchmal saß Joachim bei uns, wortkarg, übermüdet. Er redete von der komplizierten Lage, und wenn wir nicht die lange geschmähte und höhnisch totgesagte Braunkohle hätten, wären wir längst am Ende. Sie gäbe eine Überlebensfrist von zwanzig Jahren, bis dahin müßten Atomkraftwerke gebaut sein, und da dachte ich: Wenn wir schon Strom aus Braunkohle verkaufen, warum nicht auch aus Uran? Was bedeutet Leipzig schon für einen Mann aus einem Wohnparadies mit Dornenhecke, der auf Leipzig zweimal im Jahr durch die Gardinen seines Autos blickte? Es war die alte Geschichte: der Dragoner aus der Uckermark, der preußische Gouverneur in Dresden, arme Sachsen vor Verdun, die preußischer sein wollten als die Preußen, Ulbricht, der zum Preußen geworden war. Nun der Kleine mit dem Strohhut.

Marianne hörte mit sechzig zu arbeiten auf, um diese Zeit fuhr sie zum erstenmal rüber zu Erika. Sie kam zurück und erzählte das Übliche: In den Geschäften gebe es *alles*. Ich fragte nach rötlichbraunen Völkerschlachtdenkmälchen, die hatte sie allerdings nirgends gesehen. Da lachte ich und glaubte, ich hätte ein Argument gegen ihr »alles« gefunden.
Marianne starb, erst vierundsechzigjährig, von einem Monat auf den anderen. Eine Drüsengeschichte, wie der Arzt sagte. Nach einer Woche wurde sie in die Frauenklinik gebracht, ich besuchte sich jeden Nachmittag. Wir saßen auf einer Terrasse mit dem Blick auf die Spitze der Russischen Kirche. Ich sagte: »Weißt du noch: Maria und Tadeusz da drüben?« Marianne lächelte: »Ach, Freedi, du mit dein alten Geschichten.« Manchmal fragte ich, ob ich ihr etwas zu trinken holen sollte, ob sie das Kissen anders wünschte und ob es ihr warm genug sei. Wir spürten, daß das Unabänderliche auf uns zukam, aber wir wollten es nicht wahrhaben. »Na, Frau Linden, wie geht's denn heute?« taten die Schwestern munter. Marianne sagte: »Schon viel besser.« Und wir lächelten alle.
Einmal fragte Marianne: »Wirste denn zurechtkomm?«
»Red nich so was.«
»Mußt dich um deine Zähne kümmern. Am besten oben alles raus. Sieht wirklich nich schön aus.«
»Hat's dich denn gestört?«
»Und den grauen Anzug schmeißte gleich weg. Ich wollt's schon immer mal machen, hab mich aber nich getraut.«
Dann stand sie nicht mehr auf, aß kaum noch und trank höchstens zwei kleine Schlucke, wenn ich ihr die Tasse an die Lippen hielt. Mit dem Arzt redete ich auf dem Gang, der meinte, wir wären doch beide Männer.
Marianne starb nachmittags gegen zwei, so daß von den Schwestern noch während der normalen Arbeitszeit alles erledigt werden konnte, die Überführung in die Totenhalle,

der Schriftkram, das Neubeziehen des Bettes. Als ich kurz nach sechs kam, war das Zimmer schon gelüftet, ich konnte ihre Habseligkeiten mitnehmen. Waschzeug, Eßbesteck, eine Vase.
Es sind nur ein paar Meter von der Frauenklinik bis zu meiner Wohnung, dazu brauchte ich drei Stunden. Immer wieder blieb ich stehen und starrte vor mich hin oder auf die Bahngleise, einmal fragte mich eine Frau, ob mir übel wäre und ob sie mir helfen könne.
Marianne wurde in der südwestlichen Ecke des Friedhofs beigesetzt, die nächsten drei Löcher waren schon ausgehoben, auf der anderen Seite waren Hügel mit frischen oder welkenden Kränzen bedeckt. Ein paar Leute aus unserem Haus und ein paar ehemalige Kolleginnen von Marianne gingen mit. Ich warf Erde auf den Sarg und dachte an Marianne und an die armen Besiegten der Völkerschlacht, die nackt im Schlamm gelegen hatten, drei Häufchen auf der Brust. Zurück gingen wir dort entlang, wo die Architekten der Totenburgen ihre Modelle gebaut hatten und wo sie unter Steinplatten lagen, Granit aus Beucha. Mein Klotz ragte links hinter den Bäumen. Durch diesen Teil des Friedhofs war ich bei Kriegsende um mein Leben gerannt.
Dann verstrichen ein paar Jahre, eines wie das andere. Wer genau schaute, horchte, merkte das Rutschen, Gleiten; ein Gletscher bewegt sich millimeterweise, ehe er kalbt. Draußen in Probstheida wurde noch immer Fußball gespielt, längst nicht mehr vom VfB, sondern von der Lokomotive-Mannschaft. Dort hatte mein Vater seine Steinbruchpranken den Bällen entgegengestreckt, wer wußte das schon noch. Damals waren Männer zum Zuschauen gegangen, die Jungen hatten an den Barrieren gelehnt, einen Meter von ihren Helden entfernt. Jetzt ragten dort Zäune mit Spitzen obendrauf. Vom Denkmal aus sah ich Kinderbanden ziehen, schwarzgelb die Heimischen, in roten oder blauweißen Kampfuniformen die anderen, brüllend. Ich sah die Polizeiautos in die

Bereitstellungsräume rücken, es war jedesmal ein kleiner Feldzug. Hundert Mann Bereitschaftspolizei auf Lastwagen, Flitzer der Verkehrspolizei, die jede Straßenbahn begleiteten, sie stoppten an den Haltestellen, fuhren an, stoppten. Ich sah Autos mit scharfen Schäferhunden in einem Käfig. Einmal baute die Polizei auf der Fläche südlich vom Denkmal eine Funkzentrale auf, dort liefen alle Meldungen zusammen. Vor dem Stadion mußten die Jungen ihre Jacken öffnen, wurden abgetastet. Ich wäre gern mal hingegangen, aber wenn dann einer gesagt hätte: Opa, mach mal die Jacke auf! – nee. Schließlich mußten alle Kioske und Kneipen vom Hauptbahnhof bis zum Stadion an Fußballtagen schließen, ein Korridor durch die Stadt wurde trockengelegt, damit sich die Kinderbanden nicht betränken. An den Rolläden hingen Schilder: »Aus technischen Gründen geschlossen.« Das hätte ich alles gern meinem Vater gezeigt und dann gefragt: Hättste gedacht, Felix, daß es so in deiner, in meiner Stadt wird?
Dann wurde das Denkmal nicht mehr jeden Abend angestrahlt, um Energie zu sparen, nur noch zur Messe, damit die Gäste denken sollten, wir hätten's reichlich. Einmal zu Pfingsten strömten Jugendliche in Massen die Dämme hinauf, an diesem Tag waren die Scheinwerfer im Dienst, und zum Abschluß wurde gar Feuerwerk spendiert: Es hatte sich nichts geändert seit 1813: Man selber müsse Waffen tragen, der andere nicht oder weniger als bisher, man selber aber brauche genauso viele Waffen und noch bessere. Schildchen mit dem alten Spruch: »Schwerter zu Pflugscharen« wurden aus Ärmeln geschnitten – du Schwert an meiner Linken, was soll dein verdammtes heitres Blinken? Ich schaute zum Westrand der Stadt, wo der verwundete Körner gepflegt worden war, das Dummköpfchen. Wenn jetzt wieder die Erde aufgebrochen, wenn der einbeinige Vojciech herausgestiegen wäre, wenn Fürchtegott seine Schädel vorgestreckt hätte, wenn der Bomberpilot Katzenstein... Das Denkmal ist nur für die

Toten der einen Seite gebaut, das wird sein Fehler bleiben.
Eines Morgens jagten die Straßenbahnen in der Leninstraße stadtwärts, keine kam zurück. Dann preschten Autos nach Norden, Trabbis vor allem, diese lärmenden sächsischen Kunststoffkisten, mit denen sich kein anderer Volksstamm der Welt zufriedengeben würde, die überall verspottet werden und ohne die so viele Sachsen nicht mehr leben wollen. Zu uns gehört der Trabbi wie unsere Sprache.
Es war Oktober. Wieder war die Stadt umringt von Feinden, die Bagger fraßen sich heran, von Süden hörte ich jeden Tag die Explosionen krachen, wenn eine Steinschicht weggesprengt wurde, unsere letzte Bastion. Der Dunst, der Gestank der Kraftwerke hüllte uns ein, meine Sprengmeisternase nahm dazu noch den scharfen Biß der Detonationen wahr. Ich stellte mir vor, wie sich in den Partheniederungen die letzten sächsischen Bataillone sammelten, Carl Friedrich Lindner ängstlich unter ihnen, wie sie sich aus dem Dreck hochmühten, die Bajonette vorstreckten und gegen die Bagger marschierten, wie die neunzehn letzten sächsischen Kanonen Feuer spien und die E-Loks der Grubenbahnen in direkten Beschuß nahmen, die Loren zersiebten, daß die gute alte sächsische Erde nicht mehr durch Abraum verunstaltet werden konnte. Im Süden würde sich an meinem Granitbrocken aus Beucha jedes Baggermaul die Zähne ausbeißen, an der Parthe wachten sächsische Karrees im nassen Grund, und im Norden lag die Autobahn als schützender Wall. Davon war bei uns jeder überzeugt: Über die Autobahn würden die preußischen Bagger nicht dringen.
Ich fuhr mit der Straßenbahn hinaus. Die Leipziger waren in Massen auf den Beinen, als gälte es, ein Turnfest zu feiern oder das Denkmal einzuweihen. Schaufeln und Spaten trugen manche bei sich, als wollten sie Sperren aufwerfen wie damals in Leutzsch, als die Sherman-Panzer herangeklirrt waren. Zur Autobahn, sagten sie einander, wenn wir die

Autobahn nicht halten, ist es aus. Dann fällt Gohlis, dann fällt Möckern. Breitenfeld ist ja schon erledigt, wißt ihr das nicht? Die Preußen kommen, aber an der Autobahn ist für sie Schluß.
Der Wind wehte von Norden heran, mit Regen und Nebelfetzen vermischt. Auf dem Feld aufs Plattenwerk zu brannten Wachtfeuer, Männer in Wattejacken und grauen Mänteln, Burschen in Jeans und Kutten trugen Holz aus den Siedlungen heran. Der Wind drückte in die kahlen Kronen der Obstbäume. Trabbis überall. Ich hörte, in die Durchlässe unter dem Damm der Autobahn seien Barrikaden gekeilt, dort käme niemand durch. Zehn Kilometer lang sei der kritische Abschnitt, der müßte gehalten werden. Vielleicht wurde ich als alter Mann angesehen, dessen Haus in der Gefahrenzone lag und der noch etwas bergen wollte, ein Fotoalbum oder ein paar Bücher oder die Geburtsurkunden. Jetzt müßte man weit vor der Autobahn die Straßenbäume kreuz und quer übereinandersprengen, dachte ich, siebenmal Knallzündschnur herumgewunden oder Bohrpatronen oder Sprengpäckchen angelegt und auf einen Schlag gezündet, da würde den Baggern der Spaß vergehen.
Da sah ich den Maler; er schleppte seine Staffelei einen Pfad, den Jungen getreten hatten, auf den Wall zur Autobahn hinauf. Überall zischten Raketen hoch, diesmal schossen die Leipziger nicht vor Freude ihre Sterne in den Himmel, sondern um zu signalisieren: Wir haben uns genug gefallen lassen, jetzt ist Schluß! Da waren auch Leute, die dagegenredeten, Agitatoren, gewiß hatte sie Fröhlichs Nachfolger in Marsch gesetzt, auch einer von denen, die von Ulbricht großgepäppelt worden waren und nun seinen Namen nicht mehr kannten. Von höherer Notwendigkeit lärmten sie, von Einsicht, eines Tages würden hier unsere Urenkel in einer wunderbaren Seen- und Hügellandschaft leben: weiße Segel, Zelte, Jauchzen überall! »Laßt euch nicht in die Sümpfe lokken!« rief einer. Ich kannte ihn.

Die Trabbis patrouillierten auf der Autobahn, sie fuhren langsam und mit aufgeblendeten Scheinwerfern an diesem nebligen Tag. Auf dem Grünstreifen stand der Maler, einmal riß der Wind seinen Bogen an einer Ecke los. Er skizzierte einen Menschen, der weitausholend marschierte, ein Bein strich er mit Kohle schwarz, das andere blieb weiß. Eine Hand war zur Faust geballt, Arme und Beine zusammen bildeten ein Kreuz. Schwarz der eine Arm, weiß der andere, und an einem Bein floß Blut. Oder waren es die Streifen eines Generals, der in der Schlacht gegen meine Stadt siegte und gleichzeitig unterging? Klein der Kopf, schwarz verbrannt wohl schon, ohne Platz für Hirn und Augen oder gar ein Lächeln. Der Mann rannte, schwebte, tief unter ihm ein Strich, der ihm die Richtung gab und von dem er nicht loskonnte. Waren das Orden an seiner Brust oder Einschüsse? Ich stand hinter dem Maler; einmal wendete er den Kopf. Wie furchtbar lange war das her, daß er den blauen Himmel über der Stadt gemalt hatte.
Zehn Kilometer Autobahn, ein Wall, bewachsen mit Rotdorn und Buchen, deutschen Eichen. Keine Leipziger Linden. Beton, Brücken, meterdicke Schotterlagen. An einer Stelle, an der die Autobahn nicht höher als das Umland verläuft, ritten schließlich preußische Dragoner an. Thielmanns Kanonen waren nicht vorangekommen, nun hackten die Reiter mit ihren Säbeln auf die Dächer der Trabbis ein. Kunststoff splitterte wie Schädeldecken. Da flohen die Fahrer hinter ihren Lenkrädern weg, und die Anstürmenden und die Fliehenden verschmolzen wie auf dem Bild des Malers, sie hatten gleichzeitig die geballte Faust und die schwarzverbrannte abwehrende Hand, das gesunde sportliche Bein und das stiefelbewehrte mit der Blutspur. Hinter den Reitern klirrten die Bagger.
Auf der Flucht trugen der Maler und ich das Bild, hinter Trabbifenstern sahen wir angstnasse, wutgeblähte Gesichter. Die Bäume in den Gärten waren kahl, die Zäune zertre-

ten. Einmal wandte sich der Maler an mich, er zeigte nach Westen, dort ersoff die Sonne im Schwarz. Wir verloren uns am Rand einer Sandgrube. Ich rutschte hinunter, er kam nicht nach. Unten zog ich die Schuhe aus und schüttete Sand heraus. Neben mir die Menschen mit gesenkten Köpfen. Trabbis blieben stecken, Spaten wurden weggeworfen wie einst Gewehre, man würde sie nicht mehr brauchen. Ich ging fast einen Tag, ein alter Mann, schaute aufs Krankenhaus, zu dem Vojciech die Steine gefahren hatte. Dort hatte die Luftschiffhalle gestanden, zwei Soldaten waren hinaufgerissen worden – preußisch sein heißt, eine Sache um ihrer selbst willen tun.
Ein Jahr noch, noch eines – in Stötteritz sproß Gras aus den Dachrinnen, die Schornsteinköpfe neigten sich, der Frühjahrsputz, so spottete eine Kollegin, fiel von den Wänden, die Goldrute hatte längst alle Bahndämme erobert. Zu Beginn meines Jahrhunderts waren Stötteritzer Straßen mit Rotdorn gesäumt worden, nun starben die Bäumchen ab, und keiner kam auf die Idee, die Lücken wieder zu bepflanzen. Was half mir meine Philosophie von der Endlichkeit einer jeden Stadt?
Täglich ging ich die Schönbach hinauf zur Arbeit, von der Brüstung aus schaute ich über die Stadt, vom Gipfelstein über deren Ränder hinaus, und so sah ich die Kuppeln aufwachsen, von denen behauptet wird, es wären simple Müllkippen. Ich bin ja dabeigewesen, als der Staatschef mit den Herren vom Rhein und von der Saar das geheime Geschäft abgeschlossen hat, das unendlich weit über den Verkauf von Porzellanplastiken hinausgeht und doch im Prinzip das gleiche ist. Nun wäre einzuwenden, ich könnte unmöglich solch einem Gespräch zugehört haben – mir genügt, daß ich es mir vorstellen kann. Von wem der Vorschlag ausgegangen ist, spielt keine Rolle, zwei Interessen paßten sich einander an. Die Herren der Westrepublik mußten sich, wo auch immer in ihrem Land ein Kernmeiler gebaut wurde, mit Protestie-

rern herumschlagen, Polizei knüppelte in den Laubendörfern – jeder kennt das aus der Tagesschau. Und da waren diese Schlauköpfe nun auf die Idee gekommen, die Reaktoren zu exportieren. Oder mein Saarpreuße hatte für gutes Geld dazu eingeladen. Was war zuerst da, das Ei oder die Henne? Ob nun Elster und Pleiße auf achtzig Grad aufgeheizt wurden: Wo eh keine Fische sind, ist das den Fischen egal. Ob der Rotdorn in Stötteritz und die Gehölze im Südfriedhof durch Giftregen umgebracht würden oder durch einen ausgeschlüpften Atomstrahl, was machte das aus? Wir Leipziger lebten voller Risiko, aber gutes, hartes Westgeld komme ins Land, moderne Brennöfen für Meißner Porzellan könnten dafür gekauft werden, Zwiebelmuster und Streublümchen gingen wieder hinaus – ein feiner Kreislauf. Unsre klapprigen Regierenden konnten sich zu ihren schwarzen schwedischen Limousinen passende weiße schwedische Sanitätsautos kaufen, die immer mitfuhren; falls es einen am Herz oder an der Leber packte, wäre dann gleich schnellwirkende Technik zur Stelle. Ich stellte mir vor, wie unser kleiner Chef ein Glas mit Saarwein hob und auf ein dickes, rundes Meilergeschäft anstieß, zwölf Kernöfen im Ring um Leipzig, das war doch was! Die Stadt war eingekesselt wie vor hundertsiebzig Jahren durch Kanonenschlünde, sie krepierte sowieso, vielleicht nun etwas schneller. Womöglich kochte die Elster einmal kurz auf, alle Phenolbänke an ihren Ufern lösten sich in dikken lilafarbenen Nebel auf, der quoll hinunter nach Wandlitz, dann würde unser Saarländer mit einem weißen Hubschrauber auf eine kleine weiße sandige Ostseeinsel flüchten, die neuerdings auf Landkarten nicht mehr verzeichnet ist. Dort würde er abwarten und zurückkommen, wenn ihm seine Späher meldeten, die Luft sei sozusagen rein.
Meine Stadt, ich wußte es endlich, war ihres Wahrzeichens nicht mehr wert. Ich zog Pläne aus meinen Schubladen, maß und rechnete, brachte Tabellen aus alten Sprengmeistertagen ans Licht und ermittelte einen Punkt, an dem zwei

Hauptpfeiler eng nebeneinander stehen, die Bodenplatte ließe den Druck nicht nach unten ausweichen, von oben her würde ich verdämmen müssen. Wenn zwei Pfeiler auseinandergepreßt würden, brach die Kuppel ein, die Vorderfront verschüttete den Erzengel, die Brocken stürzten bis in den Teich. Trümmer auch auf der Leninstraße, das Grab derer v. Pussenkomm würde zerschlagen werden, niemand könnte den Fluchtstollen der SS wiederfinden und rekonstruieren, auf welche Wege ein Rächer ins Denkmal gedrungen war.

Das Denkmal war aus »technischen Gründen« geschlossen worden. Uns Wärtern hatte man gesagt, die Kuppel sollte innen gestrichen, die Reiterfiguren sollten gereinigt werden; ein halbes Jahr würde das dauern. Ein paar von uns Wärtern wurden in die Museen der Innenstadt versetzt, ich nahm Urlaub, dann saß ich an der Kasse des Zoos. Hin und wieder ging ich natürlich die Schönbach hinauf.

Eines Morgens stieß ich auf Reifenspuren, da mußten Lastwagen gefahren sein, wo die SS ihren Nachschub herangebracht hatte. Die Türen waren verschlossen, kein Laut drang heraus. Am nächsten Tag fand ich frische Rillen, diesmal tiefer eingedrückt, wohl von schwerer beladenen Wagen. Den Aufgang zur Brüstung versperrten übermannshohe Gitter, die mit Ketten und Schlössern an die Geländer gezurrt waren. Eine Frau, die ich gelegentlich beim Spazierengehen traf, sagte, das sei doch alles recht seltsam, sie wohne drüben in der Gletschersteinstraße, und immerzu rollten nachts Autos, sie habe Scheinwerfer gesehen und das Dröhnen gehört. Von einer Bank aus schauten wir übers Wasserbecken, in einer Ecke hatte der Wind allerlei Dreck und Papier zusammengetrieben, dort wuchs Schilf. Müßte entschlammt werden, dachte ich, aber auch: Dort würden die Brocken des Gipfelsteins einschlagen.

Ja, ich wollte das Denkmal sprengen, ich beanspruche keine mildernden Umstände; ich bin nicht etwa aus freien Stücken

vom Vorsatz zurückgetreten, wie es in der Juristensprache heißt. Eines Nachts schob ich die Platte über der Gruft der Pussenkomms beiseite und stieg hinunter. Der Fluchtstollen der SS hatte sich an manchen Stellen gesenkt, so daß ich auf die Knie mußte. Ich schob eine Taschenlampe vor mir her, der Versuch, sie mit meinen alten Zähnen zu halten, mißlang. Da lagen die fünf Granaten, endlich war der Gang so hoch, daß ich mich aufrichten konnte. Ein gleichmäßiges Summen oder Brummen drang aus der Krypta. Ein paar Schritte tat ich in diese Richtung, sah das VM im Beton, dort mußte die Mauer sein, die ich nach Kriegsende aufgerichtet hatte, aber ich stieß auf eine eiserne Tür mit zwei Riegeln und einer Klappe; sie war so neu, daß ich die Farbe roch. Dahinter das Brummen.
Ich spürte keine Angst, als ich die Riegel löste, eher Ratlosigkeit. Ich zog die Tür auf, gleichmäßige, angenehm gelbliche Helligkeit fiel heraus, ich trat in sie ein, es war, als ob das Licht summte oder als ob dieses Summen das Licht erzeugte. Ich vermutete, den Ruhmesmalen gegenüberzustehen, die die Opferfreudigkeit und die Tapferkeit symbolisierten, jede vierhundert Tonnen schwer, aber an ihrer Stelle standen Pulte mit Schalthebeln und Manometern, Bildschirmen und Kontrollämpchen, aus dem Fernsehen kannte ich Ähnliches von Raumfahrtstationen. Noch ein paar Schritte, ich hielt eine Granate mit beiden Händen vor dem Leib, eine Flakgranate vom legendären Kaliber acht-acht...
Die Männer, die auf mich zustürzten, trugen gelbe Overalls, ich sagte es schon. Sie eilten auf Gummischuhen, jedenfalls lautlos, einer war bebrillt, einer bärtig. Sie waren im höchsten Grade erschrocken, einer wich zurück, einer faßte mich am Arm und schrie: »Nicht fallen lassen, bloß nicht fallen lassen!« Dann packte er nach der Granate, nun umklammerten wir sie beide. Ein anderer war mit zwei Schritten an einem Telefon. Er riß den Hörer ans Ohr, wobei er den Blick nicht von mir ließ. »Terroristenüberfall!«, artikulierte er be-

müht deutlich. »Hier Gorleben zwei, Zentrale! Terroristenüberfall! Sofort kommen nach Gorleben zwei!«
Die Männer wanden mir die Granate aus den Händen, ich wehrte mich nicht. Sie tasteten mich ab und faßten in meine Taschen, dann führten sie mich hinauf. In der Kuppelhalle mußte ich warten, legte den Kopf in den Nacken, nach einer Weile schien es mir, als ritten die Reiter da oben nach Hause, immer im Kreis, immer im Kreis.

Inhalt